新时代
共享发展
论丛

新时代
残障治理与无障碍
共享发展

（2022）

杨会良　常晓茗　吴玉霞　等◎著

DISABILITY GOVERNANCE AND
ACCESSIBILITY SHARED DEVELOPMENT IN THE NEW ERA
（2022）

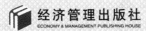

经济管理出版社
ECONOMY & MANAGEMENT PUBLISHING HOUSE

图书在版编目（CIP）数据

新时代残障治理与无障碍共享发展. 2022 ／ 杨会良等著. —北京：经济管理出版社，2022. 11

ISBN 978-7-5096-8806-9

Ⅰ. ①新… Ⅱ. ①杨… Ⅲ. ①残疾人—社会服务—研究报告—江苏—2022 Ⅳ. ①D669. 69

中国版本图书馆 CIP 数据核字（2022）第 215060 号

组稿编辑：王光艳

责任编辑：王光艳

责任印制：黄章平

责任校对：徐业霞

出版发行：经济管理出版社

（北京市海淀区北蜂窝 8 号中雅大厦 A 座 11 层　100038）

网　　　址：www. E-mp. com. cn

电　　　话：(010) 51915602

印　　　刷：北京市海淀区唐家岭福利印刷厂

经　　　销：新华书店

开　　　本：720mm×1000mm /16

印　　　张：18. 25

字　　　数：318 千字

版　　　次：2023 年 6 月第 1 版　　2023 年 6 月第 1 次印刷

书　　　号：ISBN 978-7-5096-8806-9

定　　　价：88. 00 元

编委会

序

新中国成立特别是改革开放四十多年以来，残障人生活状况和社会境遇得到了显著改善，逐步建立和完善了面向残障人的各项支持与保障体系，我国残疾人事业和特殊教育事业蓬勃发展，取得了举世瞩目的成就。党的十八大以来，以习近平同志为核心的党中央特别关心、关注残疾人事业发展，提出了"全面建成小康社会，残疾人一个也不能少"的明确要求，为新时代如何做好残疾人工作、促进残疾人事业全面发展提供了强大的思想武器和行动指南。

"十四五"时期是开启第二个百年征程的发轫之始。新时代全面建设社会主义现代化为残疾人事业的高质量发展既带来了新契机，也带来了新挑战。党的二十大报告强调"增进民生福祉，提高人民生活品质"，明确要求"完善残疾人社会保障制度和关爱服务体系，促进残疾人事业全面发展""强化特殊教育普惠发展"，标定了残疾人事业发展新的历史方位，为在中国式现代化进程中残疾人事业的发展指明了前进方向、提供了根本遵循。展望残疾人事业发展的未来进路与方向，构建更加有效的残障治理体系、更加科学合理的残障治理机制，大力推进特殊教育普惠发展，从而实现残疾人事业和特殊教育事业高质量发展，成为我们必须认真应对的重要时代课题。

"新时代共享发展论丛"（以下简称"论丛"）是江苏共享发展研究基地推出的系列成果。江苏共享发展研究基地是经江苏省哲学社会科学界联合会于 2019 年 8 月批准成立的江苏省决策咨询研究基地，并于 2023 年 1 月顺利通过综合评估。该基地是由南京特殊教育师范学院联合北京大学人口研究所、江苏省老龄协会、江苏省残疾人事业发展研究会，在整合各方优质资源的基础上搭建的决策咨询研究平台，侧重于利用各方长期耕耘的研究领域深入探索与坚持共享发展、促进共同富裕相关的决策服务。经过老、中、青三代学者的努力，四年来，江苏共享发展研究基地在决策咨询服务方面取得了丰硕的成果。本书将其中部分优秀成果结集出版。

本书是"论丛"的第二部，首要聚焦的是新时代残障治理与无障碍共享发展，共分为四篇：特殊教育提升与高质量发展、残障治理与权利保障、残疾人事业进步与共享发展和无障碍环境建设与通用设计。党的十八大以来，以习近平同志为核心的党中央格外重视中国的残障特殊困难群体，习近平总书记就残疾人事业发展作出了一系列重要论述，指出让广大残疾人安居乐业，衣食无忧，过上幸福美好的生活，是我们党全心全意为人民服务宗旨的重要体现，是我国社会主义制度的必然要求。《中华人民共和国国民经济和社会发展第十四个五年规划和二○三五年远景目标纲要》的核心是高质量发展和共同富裕，《"十四五"残疾人保障和发展规划》的目标同样是残疾人事业高质量发展，在共同富裕的道路上，残疾人一个也不能少。"十四五"时期，要切实完善残疾人社会保障制度和关爱服务体系，加快提升残疾人全面发展和共同富裕的水平，推动残疾人事业高质量发展，进一步增强残疾人的获得感、幸福感和安全感。残疾人事业高质量发展的基础，是要大力推进构建残疾人共同富裕的长效机制；残疾人事业高质量发展的动能，是要着力促进残疾人就业增收；残疾人事业高质量发展之源，是要强化特殊教育普惠发展；残疾人事业高质量发展之径，是要加强无障碍环境建设，不断提升残疾人的生活品质；残疾人事业高质量发展之要，是要切实保障残疾人的合法权益，依法保障残疾人权利和尊严。基于此，本书聚焦于残疾人事业高质量发展中的特殊教育、就业、共同富裕和无障碍环境等方面的焦点、热点、痛点问题，共收录了15篇文章，既有响应江苏省哲学社会科学界联合会的号召提交的决策咨询报告，也有江苏共享发展研究基地开放课题的资助成果。本书收录的文章既注重顶层设计探讨，又加强实践路径研究，在制度、机制、问题解决等方面多角度、多方法深入研究，以提出多维实践路径和政策建议。

未来，江苏共享发展研究基地将继续积极探索科研成果转化社会服务，努力实现为江苏省委、省政府及各级地方政府、相关部门的共享发展建设提供高水平的决策咨询、智力支持、政策服务和学术引导的建设目标。

由于时间紧迫且人力有限，本书难免有不足之处，欢迎学术界方家同人批评指正。

江苏共享发展研究基地首席专家、二级教授 杨会良

2023 年 5 月 16 日

目　录

第三篇　残疾人事业进步与共享发展

第四篇　无障碍环境建设与通用设计

第一篇
特殊教育提升与高质量发展

基于主成分分析法的
我国特殊教育财政投入绩效评价研究*

杨会良　杨雅旭**

内容摘要：随着特殊教育日益受到重视，我国对特殊教育财政投入的规模不断扩大，特殊教育财政投入绩效也引起社会各界的关注。通过构建特殊教育财政投入评价指标体系，选择中国 2004~2018 年的时间序列数据为样本，运用主成分分析的方法对中国特殊教育财政投入绩效进行综合评价。研究发现，近15年来特殊教育财政投入的绩效水平呈现逐年提高的趋势，但经费投入的使用效率相对偏低，评价指标权重排在前三的分别是社会捐赠经费、民办学校中创办者投入以及教育基础建设本年完成自筹资金投资。财政性教育投入的进步程度相对缓慢，教育资源配置的合理性有待提高，政府应加大对特殊教育的财政支持力度，特殊教育本身也要加强财务管理，共同实现特殊教育的高质量发展。

关键词：特殊教育；教育财政投入；绩效评价；主成分分析

一、引言

特殊教育是我国教育体系的重要组成部分。根据 Ataman（2009）给出的定

　＊　原刊载于《科技理论与实践》2020 年第 2 期。

　＊＊　杨会良，南京特殊教育师范学院管理学院教授，博士生导师，江苏共享发展研究基地首席专家；主要研究领域为公共管理、教育经济与管理、残疾人事业管理。杨雅旭，河北师范大学法政与公共管理学院副教授，博士；主要研究领域为公共管理、教育经济与管理。

义，特殊教育是一种教育形式，目的是让有特殊需要的儿童获得技能，帮助有特殊需要的儿童成为独立的、有生产力的个体。特殊教育的目标是获得个人成长，使有特殊需要的人作为一个公民实现社会角色，与他人建立良好的人际关系与合作，在社会中独立生活，培养基本生活技能使用的特殊的教育方法。① 改革开放以后，特殊教育相关的基础设施不断完善，教学资源总量也在逐年增加，这对促进我国特殊教育的发展有十分重要的意义。《国家中长期教育改革和发展规划纲要（2010—2020 年）》明确提出，要提高国家财政性教育经费支出占国内生产总值的比例，从 2012 年起，国家财政性教育经费占 GDP 比例连续四年超过 4%。我国特殊教育财政投入也不断增长，教育经费来源与经费支出方面有显著的改善，教育经费投入体制也越发完善。虽然经费规模的增长在一定程度上缓解了教育经费紧张的局面，但是在教育资金的使用效率和效益方面，仍存在资源浪费的现象。提高我国特殊教育财政绩效，不仅要继续加大对特殊教育的财政投入力度，而且要提高财政资金投向的利用效率，优化财政支出结构。在此现实情况下，对高等教育财政支出绩效的评价显得尤为必要。本文从特殊教育的财政投入绩效评价研究出发，探究我国特殊教育发展问题，将绩效评价纳入我国特殊教育学校工作范畴。

二、文献述评

特殊教育是我国教育事业的重要组成部分，是残疾人平等地进入社会生活的重要保障，是一项具有社会公益性质的事业。20 世纪以来特殊教育的发展取得巨大进步，在这个发展过程中，Buchem（2013）将其区分为四个阶段，包括：①排斥阶段：残疾人或有特殊需要的人被排除在所有社会环境（家庭、学校、社区）之外；②隔离阶段：人们理解这是特殊教育发展的需要，但仍然与社会隔离；③融合阶段：在这个阶段，公立学校要求为有特殊需求的学生创造新的空间，使他们能够与其他非残疾学生进行社交。在这些空间中，有普通教室和特殊

---

① Ataman A. Ozel Gereksinimli cocuklar ve ozel egitime giris（Children with Special Needs and Family Education）. Development and Education Studies ［M］. Ankara：Hiper Yayin, 2009, 75-96.

教育教室；④包容阶段：社会结构（教室、学校、社区）和社会教育行动从开始就考虑到有特殊需求的学生①。Coleman 在 1966 年的一篇报告中提出教育财政效率分析，之后学者对教育领域的效率开始研究。美国政府在 20 世纪 80 年代末就开始对美国公立中小学的效率进行评估，从投入和产出结果分析教育质量。英国在 1998 年就开始对教育的投入产出直接进行衡量。此外，还有日本、澳大利亚等国从不同方面加强了教育财政支出绩效管理。国外学者主要采取数据包络分析方法、随机前沿面分析方法等对教育财政效率进行分析。

国内对特殊教育财政投入绩效的研究尚处于起步阶段，总体来说研究分为两种不同视角，分别为特殊教育财政投入的效率与公平以及特殊教育财政投入与产出。赵小红（2008）提出改革开放以来，中国的特殊教育在政策、体系等方面都获得了较大发展，然而，在新时期还需加快特殊教育法治建设进程，针对此问题提出相关政策建议，促进中国特殊教育事业不断发展②；刘冉（2018）通过对特殊教育公共财政支出的绩效分析，从公平和效率视角分析我国特殊教育发展的均衡性和充分性，采用数据包络分析方法对 2005~2015 年全国特殊教育投入产出效率进行分析③；吕春苗（2017）提出我国特殊教育经费研究主要集中在特殊教育经费的投入和使用情况、特殊教育投入与产出及教育经费投入公平性、特殊教育财政制度、国外特殊教育经费制度的分析研究四个方面，并提出了三点建议，即研究视角多元化、研究方法多样化与研究体系完善化④；魏怡鑫等（2016）基于 2004~2013 年《中国教育经费统计年鉴》中有关特殊教育经费进行了统计分析，研究发现，全国及各地区总经费与生均经费投入逐年增长，西部地区经费增长速率快，但也存在地区间总经费、生均经费和财政性经费与非财政性经费来源不均衡以及东部地区在经费上明显高于中、西部地区等不足⑤；赵小红等（2014）基于《中国教育经费统计年鉴》对我国 2001~2010 年特殊教育学校经费状况进行分析后发现：国家财政性教育经费投入逐年增长，特殊教育学校生均教

① Buchem I. Diversitat und Spaltung. En：Ebner, M. y Schön, S. (Eds.). Lehrbuch für Lernen und Lehren mit Technologien [M]. Berlin：Epubli GmbH, 2013, 387-395.

② 赵小红. 改革开放 30 年中国特殊教育的发展及政策建议 [J]. 中国特殊教育, 2008 (10)：35-41.

③ 刘冉. 公平与效率视角下我国特殊教育公共财政支出绩效研究 [D]. 兰州：兰州大学, 2018.

④ 吕春苗. 近年来我国特殊教育经费研究综述 [J]. 绥化学院学报, 2017, 37 (4)：124-127.

⑤ 魏怡鑫, 齐培育, 赵斌. 近十年我国特殊教育经费投入情况及地区差异分析 [J]. 绥化学院学报, 2016, 36 (7)：125-129.

育经费支出不断增长，生均教育经费支出数额与当年我国人均国内生产总值总体接近①；樊丽文和陈玺名（2013）研究残疾人教育经费投入的发展变化趋势与原因，并对与此相关的经费投入机制、投入规模、投入结构等问题进行了初步的探讨，最后阐述了兼具人力资本投资与社会公益事业的残疾人教育事业在发展过程中存在的问题及可能面对的挑战②。

特殊教育的经费投入水平是决定特殊教育事业发展的关键性因素，对特殊教育经费投入绩效进行研究成为特殊教育研究的重要课题。上述研究成果对于特殊教育财政投入绩效评价的研究具有很强的指导意义，但仍存在可以继续研究的空间。多位专家学者针对特殊教育财政投入提出了极具建设性的意见，但由于缺乏独立的研究视界，相应的指标体系设计很少考虑到特殊教育的特殊性。相关研究缺少对总体样本的综合评价，同时评价指标体系的构建标准没有定论，现有研究多为定性研究，定量分析有待深入。基于上述问题，本文以 2004 ~ 2018 年时间序列数据为样本，建立我国特殊教育财政投入绩效评价指标体系，综合评价与分析特殊教育财政投入的年份发展差异、影响因素差异，以期较为科学、合理、全面地认识特殊教育财政投入的绩效情况，为政府相关部门以及特殊教育本身发展提供决策依据及理论参考。

三、评价方法及指标体系的构建

（一）评价方法

特殊教育财政投入绩效评价主要涉及的是对指标数据的定量分析，采用主成分分析的方法，建立绩效评价体系。主成分分析法是一种利用降维思想把多个指标化成少数几个指标的多元统计学方法，它将几个相关变量转换为几个线性不相

---

① 赵小红，王丽丽，王雁. 特殊教育学校经费投入与支出状况分析及政策建议 [J]. 中国特殊教育，2014（10）：3-9.

② 樊丽文，陈玺名. 我国特殊教育经费收入实证研究 [J]. 绥化学院学报，2013，33（10）：125-129.

关变量，能够在保证原始数据信息损失最小的情况下，以少数的主成分取代原有的多维指标变量，既能减小系统变量的数量复杂度，又能保留原系统绝大部分有用信息的特征[①]。主成分分析法被应用于将高维数据集转换为低维数据集，只使用最初的几个主成分，这样转换后的数据的维数就会降低。根据 Kaiser 指数，重要主成分的个数等于相关矩阵的特征值的个数[②]。计算步骤如下：

步骤 1：计算所有数据的均值向量。

$$\bar{x} = \frac{1}{N \sum_{n=1}^{N} x_n}$$

步骤 2：从所有数据的每个数据点中减去均值向量，即 $\hat{x}_n = x_n - \bar{x}$。

步骤 3：令 $\hat{X} = [\hat{x}_1, \hat{x}_1, \cdots, \hat{x}_D]$ 为一个标准正交数据矩阵，可得到其协方差矩阵：

$$S = \frac{1}{N}\hat{X}\hat{X}^T$$

步骤 4：计算协方差（或相关）矩阵的特征值和特征向量，按特征值降序排列。

步骤 5：选取 K 个最大特征值对应的 K 个特征向量，构造具有列构成正交系统的 U_K 矩阵。这 K 个向量，也被称为主分量，形成了一个子空间，它接近于标准正交数据矩阵。

步骤 6：将所得的标准正交数据矩阵投影到子空间。

步骤 7：所得最终数据是新空间中数据点的坐标。

$$Z = U_K^T \hat{X}$$

原始数据可以用新数据进行估计，如下式所示：

$$x \approx U_K Z + \bar{x}$$

（二）评价指标及数据选取

长期以来，我国教育经费主要来源于国家财政性投入，国家财政性教育经费

① 王曼利，田时中. 基于主成分分析的高等教育财政投入绩效评价研究：来自中国 2006～2015 年的时间序列数据 [J]. 财政监督, 2017（10）：47-51.

② Mahmoudi MR, Heydari MH, Qasem SN, et al. Principal component analysis to study the relations between the spread rates of COVID-19 in high risks countries [J]. Alexandria Engineering Journal, 2021, 60（1）：457-464.

包括公共财政预算教育经费、各级政府征收用于教育的税费、企业办学中的企业拨款、校办产业和社会服务收入用于教育的经费和其他属于国家财政性的教育经费①。专家学者对特殊教育投入绩效评价指标体系的相关研究，为特殊教育财政投入评价指标体系的构建提供了思路。借鉴已有的研究结果，通过系统的文献分析，依据目的性原则和数据可获得性、可操作性原则，结合特殊教育财政投入的实际，选择评价指标并构建评价体系。鉴于上述原则，本文对特殊教育财政投入的评价从影响投入的因素出发，考虑投入的数量以及带来的效益等，根据 2004～2018 年《中国教育经费统计年鉴》设置四维准则层，分别为：财政性教育投入、社会投入、事业投入与基础建设投资，选取的指标变量有国家财政性教育经费（X_1）、公共财政教育经费（X_2）、民办学校中创办者投入（X_3）、社会捐赠经费（X_4）、事业收入（X_5）、学费（X_6）、其他教育经费（X_7）、本年完成国家预算内投资额（X_8）以及本年完成自筹资金投资（X_9），共计九个指标变量（见表1）。

表1　特殊教育财政投入绩效评价指标体系

目标层	准则层	指标层	单位	指标代码
特殊教育财政投入绩效评价	财政性教育投入	国家财政性教育经费	万元	X_1
		公共财政教育经费	万元	X_2
	社会投入	民办学校中创办者投入	万元	X_3
		社会捐赠经费	万元	X_4
	事业投入	事业收入	万元	X_5
		学费	万元	X_6
		其他教育经费	万元	X_7
	基础建设投资（按资金来源分）	本年完成国家预算内投资额	万元	X_8
		本年完成自筹资金投资	万元	X_9

---

① 杜玮薇. 中国高等教育经费监管机制研究 ［D］. 昆明：云南财经大学，2014.

四、计算结果与分析

(一) 数据统计结果

采用 SPSS 软件对 2004~2018 年我国特殊教育财政投入的九个指标展开主成分分析，对相关数据进行加工与计算。主成分分析前，首先进行 KMO 和 Bartlett's 球形检验，KMO 检验系数>0.5，说明变量之间是存在相关性的，p<0.05 时，才能进行因子分析。表 2 为 KMO 和 Bartlett's 球形检验结果。其中，由 Bartlett's 球形检验可以看出，Bartlett's 检验值为 135.231，p=0.000<0.05，KMO 检验系数 0.527>0.5，说明各变量间存在较强的线性关系，适合做主成分分析。根据表 3 公因子方差可知，一般来说大于 0.5 即可说明此变量可以被表达，本文所选取指标变量的公因子方差均大于 0.5，所有变量均被成功表达。

为展开分析我国特殊教育财政投入绩效评价，需提取前几个主成分。各指标解释的总方差如表 4 所示。表 4 中前三个主要成分的方差贡献率累积相加达到 86.024%。依据方差贡献率累积相加超过 75% 规则展开判断，认为低于 75% 以下的指标对财务数据解释程度较低，故可以选取前三个指标，由图 1 碎石图可清晰看出，前三个指标起到了主要的影响作用。

主成分对应变量的初始因子载荷矩阵系数如表 5 所示。由表 5 可知，第一主成分中国家财政性教育经费 X_1 与公共财政教育经费 X_2 具有较高载荷，因此可以认为第一主成分主要是用来反映特殊教育财政性教育经费绩效水平的综合性因子。第二主成分中本年完成自筹资金投资 X_9 与事业收入 X_5 具有较高载荷，第三

表 2　KMO 和 Bartlett's 球形检验

取样足够度的 Kaiser-Meyer-Olkin 度量		0.527
Bartlett's 球形检验	近似卡方	135.231
	df	36
	Sig.	0.000

表 3　公因子方差

	初始	提取
X_1	1.000	0.961
X_2	1.000	0.963
X_3	1.000	0.774
X_4	1.000	0.865
X_5	1.000	0.810
X_6	1.000	0.842
X_7	1.000	0.735
X_8	1.000	0.867
X_9	1.000	0.924

注：提取方法为主成分分析。

表 4　解释的总方差

成分	初始特征值			提取平方和载入			旋转平方和载入		
	合计	方差的 %	累积 %	合计	方差的 %	累积 %	合计	方差的 %	累积 %
X_1	4.114	45.710	45.710	4.114	45.710	45.710	2.992	33.243	33.243
X_2	2.308	25.639	71.349	2.308	25.639	71.349	2.484	27.602	60.845
X_3	1.321	14.675	86.024	1.321	14.675	86.024	2.266	25.179	86.024
X_4	0.475	5.275	91.299						
X_5	0.318	3.531	94.830						
X_6	0.284	3.151	97.981						
X_7	0.129	1.437	99.418						
X_8	0.052	0.576	99.995						
X_9	0.000	0.005	100.000						

注：提取方法为主成分分析。

主成分中民办学校中创办者投入 X_3 与学费 X_6 具有较高的载荷，可用来反映特殊教育财政投入绩效基本水平。

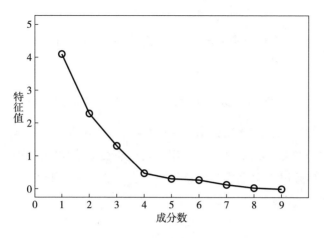

图1　碎石图

表5　旋转成分矩阵 a

	成分		
	1	2	3
X_2	0.970	−0.114	0.094
X_1	0.968	−0.134	0.076
X_7	0.667	−0.534	0.075
X_9	−0.331	0.896	−0.107
X_5	−0.227	0.858	−0.152
X_8	0.419	0.691	−0.462
X_4	−0.176	0.061	−0.911
X_6	−0.189	−0.377	0.815
X_3	0.515	−0.078	0.709

注：①提取方法为主成分分析法。②旋转法为具有 Kaiser 标准化的正交旋转法。③a. 旋转在 7 次迭代后收敛。

本文在样本中设置九个指标，将这九个指标构建成一个九维的随机变量，用 $X = [X_1，X_2，\cdots，X_9]$ 来表示，设 μ 为随机变量的均值，e 表示协方差矩阵，则对九个指标 $X = [X_1，X_2，\cdots，X_9]$ 进行线性变化可得下式：

$$
\begin{cases}
Y_1 = a_1^T X = a_{11}X_1 + a_{21}X_2 + \cdots + a_{91}X_9 \\
Y_2 = a_2^T X = a_{12}X_1 + a_{22}X_2 + \cdots + a_{92}X_9 \\
\qquad\qquad\qquad \vdots \\
Y_n = a_n^T X = a_{1n}X_1 + a_{2n}X_2 + \cdots + a_{9n}X_9
\end{cases}
$$

将上述线性变化公式化简得出 $Y_i = a_i^T X = a_{1i}X_1 + a_{2i}X_2 + \cdots + a_{9i}X_9$，其中 a_i^T 是用来表示 X 协方差矩阵的特征值，并以此对应正交单位化特征向量。将每个主成分相对应特征值除以提取主成分的总特征值之和的比例，用于计算主成分权重的综合模型，如下式所示：

$$
Y = \frac{\lambda_1}{\lambda_1 + \lambda_2 + \lambda_3}Y_1 + \frac{\lambda_2}{\lambda_1 + \lambda_2 + \lambda_3}Y_2 + \frac{\lambda_3}{\lambda_1 + \lambda_2 + \lambda_3}Y_3
$$

根据上述信息，计算评价指标权重，由于指标权重存在负值，故将指标权重进行标准化和归一化。依据线性求和理论即可计算出相关的特殊教育财政投入评价的综合指数（见表6）。

表6　成分得分系数矩阵

	成分		
	1	2	3
X_1	0.338	0.046	-0.015
X_2	0.340	0.060	0.000
X_3	0.160	0.165	0.355
X_4	-0.032	-0.183	-0.478
X_5	0.009	0.393	0.109
X_6	-0.131	-0.041	0.368
X_7	0.187	-0.195	-0.093
X_8	0.237	0.305	-0.114
X_9	-0.026	0.412	0.144

注：①提取方法为主成分分析法。②旋转法为具有 Kaiser 标准化的正交旋转法。③构成得分系数。

(二) 评价结果分析

旋转成分矩阵中各因素的载荷值与表6中主成分作比对应特征值的平方根即为各成分的权重，也就是三个主成分中九个指标的对应系数。具体 F_1、F_2、F_3 如下：

$$F_1 = 0.338X_1 + 0.34X_2 + 0.16X_3 - 0.32X_4 + 0.009X_5 - 0.131X_6 +$$
$$0.187X_7 + 0.237X_8 - 0.026X_9$$

$$F_2 = 0.046X_1 + 0.06X_2 + 0.165X_3 - 0.183X_4 + 0.393X_5 - 0.041X_6 -$$
$$0.195X_7 + 0.305X_8 + 0.412X_9$$

$$F_3 = -0.015X_1 + 0X_2 + 0.355X_3 - 0.478X_4 + 0.109X_5 + 0.368X_6 -$$
$$0.093X_7 - 0.114X_8 + 0.144X_9$$

根据权重由高到低排序，如表7所示。九个指标权重中，依据线性求和理论即可计算出相关指标权重。分析得出，权重排在前三的分别是：社会捐赠经费 X_4 为 0.231、民办学校中创办者投入 X_3 为 0.227 以及教育基础建设本年完成自筹资金投资 X_9 为 0.177。

表7 指数权重排序

指标	权重值	排名
X_1	0.123	7
X_2	0.133	6
X_3	0.227	2
X_4	0.231	1
X_5	0.170	4
X_6	0.065	8
X_7	0.034	9
X_8	0.143	5
X_9	0.177	3

五、结论与建议

（一）结论

通过主成分分析并进行线性求和得出，我国特殊教育财政投入绩效评价指标权重排在前三的分别是：社会捐赠经费 X_4、民办学校中创办者投入 X_3 以及教育基础建设本年完成自筹资金投资 X_9。这说明当前我国社会投入与教育基础建设投入较大程度影响特殊教育财政绩效，要增强社会投入与基础建设投入对教育事业活动的投入效率。而国家对特殊教育财政性教育经费投入不足，要加强对特殊教育财政投入方面的重视程度，提高特殊教育财政性经费占总教育经费投入的比重。

通过对 2004~2018 年特殊教育财政投入绩效评价指标的具体数据计算，整体上看，样本考察期内，特殊教育财政投入的绩效水平呈上升趋势，但中间还有少许的下降以及增幅不明显，提高特殊教育财政支出的绩效水平还有很长的路要走。以主成分分析方法评价我国特殊教育财政投入绩效水平，一方面，可为教育决策者提供科学决策依据，帮助其深入了解特殊教育财政发展的实际状况，准确定位特殊教育在各级各类教育中的发展水平；另一方面，绩效评价结果可为教育政策制定者提供有用财务信息，督促管理者慎重制定目标，以更好应对多变的政策环境。采用主成分分析法评价特殊教育财政绩效，以提高财政投入效率，更好地应对特殊教育的发展需求。

（二）建议

1. 加强对特殊教育财政经费投入渠道来源优化

财政经费投入是特殊教育事业发展的物质基础，是国家长远发展和进步的基础性投资的基本支撑。特殊教育的发展水平是衡量一个国家教育水平以及整个文明程度的重要尺度，对特殊教育的投入不仅具有短期的社会和经济效益，而且具有长期的促进经济发展和社会文明进步的历史意义。特殊教育财政投入的核心就是政府财政对公益事业的支持，其投入水平应该随着财政机制能力的增强而提高。然而我国目前还未建立起一种稳定的、可持续增长的、同社会主义市场机制相适应的、满足特殊教育需求的教育财政投入体制。因此，应明确政府部门的特殊教育财政投入的责任，建立完善的特殊教育财政投入保障机制，以切实可行的政策制度支持特殊教育经费投入稳定增长。

2. 厘清政府和民间机构之间特殊教育经费投入的关系

对于特殊教育而言，经费投入应以国家财政性经费为主，其他渠道投入为辅的经费来源模式，由各级政府与民间投资主体共同承担的办学模式投入相应的教育经费。而特殊教育可以由民间投资主体在符合政府审查资质条件的基础上自主兴办，独立承担教育经费。只有理顺各级政府与民间的教育经费投入关系，才有可能聚集较为充足的特殊教育财政资金，以实现我国特殊教育充足而公平的发展。

3. 完善对特殊教育财政投入绩效评价制度与监督体系的建设

特殊财政投入绩效评价制度是满足各国政府对特殊教育财政投入进行管理和国家对特殊教育制度进行制度约束的有效手段。由于特殊教育是一种福利性质的教育，所需投入较大且见效较慢，教育经费来自社会团体与公民个人办学部分的较少，造成了对此部分经费管理体制不完善、经费配置效率低的问题，给特殊教育经费被挪用、侵占和浪费提供了可乘之机①。通过建立特殊教育财政投入绩效评价制度，特殊教育经费的分配和使用必须严格按照规章制度，相关部门及行政人员切实贯彻相关政策，做到专款专用，加强对特殊教育经费监督体系的完善，确保我国特殊教育经费切实用于特殊教育事业发展。

参考文献

[1] Ataman A. Ozel Gereksinimli cocuklar ve ozel egitime giris（Children with Special Needs and Family Education）. Development and Education Studies［M］. An-

---

① 王爱桃. 关于我国特殊教育经费投入和使用的建议［J］. 中国电力教育，2013（7）：225-230.

kara：Hiper Yayin, 2009, 75-96.

［2］Buchem I. Diversitat und Spaltung. En：Ebner, M. y Schön, S. (Eds.). Lehrbuch für Lernen und Lehren mit Technologien ［M］. Berlin：Epubli GmbH, 2013, 387-395.

［3］赵小红. 改革开放30年中国特殊教育的发展及政策建议 ［J］. 中国特殊教育, 2008 (10)：35-41.

［4］刘冉. 公平与效率视角下我国特殊教育公共财政支出绩效研究 ［D］. 兰州：兰州大学, 2018.

［5］吕春苗. 近年来我国特殊教育经费研究综述 ［J］. 绥化学院学报, 2017, 37 (4)：124-127.

［6］魏怡鑫, 齐培育, 赵斌. 近十年我国特殊教育经费投入情况及地区差异分析 ［J］. 绥化学院学报, 2016, 36 (7)：125-129.

［7］赵小红, 王丽丽, 王雁. 特殊教育学校经费投入与支出状况分析及政策建议 ［J］. 中国特殊教育, 2014 (10)：3-9.

［8］樊丽文, 陈玺名. 我国特殊教育经费收入实证研究 ［J］. 绥化学院学报, 2013, 33 (10)：125-129.

［9］王曼利, 田时中. 基于主成分分析的高等教育财政投入绩效评价研究：来自中国2006—2015年的时间序列数据 ［J］. 财政监督, 2017 (10)：47-51.

［10］Mahmoudi MR, Heydari MH, Qasem SN, et al. Principal component analysis to study the relations between the spread rates of COVID-19 in high risks countries ［J］. Alexandria Engineering Journal, 2021, 60 (1)：457-464.

［11］杜玮薇. 中国高等教育经费监管机制研究 ［D］. 昆明：云南财经大学, 2014.

［12］王爱桃. 关于我国特殊教育经费投入和使用的建议 ［J］. 中国电力教育, 2013 (7)：225-230.

学习参与理论下残障大学生学业
质量评估模型建构研究

蔡翮飞[*]

内容摘要： 时下，我国高等教育已由大众化进入普及化阶段，残障大学生的实际在学人数有了显著增长，残疾人高等教育亦获得一定程度的发展。那么，残障大学生在学习和生活中的表现如何，其学习经历有何特质、是否适应大学校园生活，这都需要对残障大学生的学习参与做进一步界定。而大学生学习参与理论的一个重要产生背景是"过程性指标"的兴起和运用，这与美国在20世纪90年代末对教育质量的热切关注有较大关联。残障大学生学业质量评估指标体系及评估模型的建构有助于提高残疾人高等教育的质量，促进高等教育质量的整体优化。经理论分析和实证研究，对400余名残障大学生进行现场调研。研究发现，残障大学生的学习参与由六个维度组成，它们分别是校园物理参与、校园机构参与、同伴交往、合理生活安排、生师互动和深度学习参与。在院校层面，校园物理参与和校园机构参与是残障大学生学习参与的特有内容，保障了日常学习的有序进行；他们学习参与的整体状况一般，其不同维度间呈现差异性，即校园物理参与、合理生活安排、深度学习参与均为一般水平，而校园机构参与、生师互动、同伴交往处于低水平状态。在此基础之上，残障大学生学业质量的评估指标体系（以学习参与指标为主，辅以院校环境指标和个体特征指标）及评估模式得以建立。通过建立高等融合教育支持性环境、完善院校环境支持体系、提升残障大学生学习参与度、激活残障大学生积极的心理因素等，提高残障大学生的学

---

* 蔡翮飞，南京特殊教育师范学院研究员，博士，社会工作师；主要研究领域为教育社会学、高等教育学。

习参与度，以实现其学业质量的提升。

关键词：残障；残障大学生；学业质量；学习参与；评估；残疾人高等教育

一、引言

在我国，高等教育质量评估工作主要关注"教育资源和教学条件"，评估目标旨在规范"高等院校保障教育教学的外部条件"，而对高等教育内涵发展的关注相对薄弱。大学生学习参与理论的一个重要产生背景是"过程性指标"的兴起和运用，这与美国在20世纪90年代末对教育质量的热切关注有较大关联。时下，我国高等教育已由大众化步入普及化阶段，残疾人高等教育亦获得一定程度的发展。随着《特殊教育提升计划（2014—2016年）》《第二期特殊教育提升计划（2017—2020年）》《残疾人参加普通高等学校招生全国统一考试管理规定》等的颁布，更多的残障学生有机会、有条件进入高等院校接受更高水平的教育。以上表明，我国残障大学生的在学人数获得显著增长。但是，需要注意的是，残障大学生在学习和生活中的表现如何，其学习经历有何特质、是否适应大学校园生活等，这些都需要对"残障大学生的学习参与"这一核心概念做进一步界定，也指明我国对教育公平的关注转向对教育过程的质量关注。

本文主要探究解决如下问题：首先，残障大学生的学习参与是什么？他们学习参与的具体维度和主要内容是什么？与其他群体相比，残障大学生学习参与存在哪些共性和个性？促成残障大学生有效学习参与的具体策略是什么？其次，在融合教育背景下，他们学业质量评估的指标体系以及评估模式分别是什么？最后，残疾人高等教育质量作为高等教育质量评估中的一项重要指标，如何促进高等融合教育的发展，并促进高等教育质量的整体优化？

二、残障大学生学业表现的特征

各国出台的法律法规对残障大学生的入学机会和学习参与充溢着机会与挑

战，改善了他们可获得的服务和参与机会，如美国《残疾人法案》（*the Americans with Disabilities Act*，1990）、澳大利亚联邦《残疾歧视法案》（*the Australian Federation with Disability Discrimination Act*，1992）和英国《残疾歧视法案》（*the UK Disability Discrimination Act*，1995、2005）等的颁布及实施，体现出残障学生逐步享有获得平等机会和学业适应的权利。同时，很多高校为残障学生创设了独立的服务机构，以解决他们在学习（生活）经历中遇到的困难与障碍。在美国，社区学院是接收残障学生的最大组织，他们在社区学院的入学率高达71%[①]。大多数社区学院都设置了校园无障碍办公室，负责为残障学生提供必要的学业支持项目[②]。博茨瓦纳某所高校的残疾支持服务办公室成立于1982年，为残障学生提供了丰富的教育经历，并为促进其平等参与提供相应的支持。这类机构具有不同的名称，如学习资源中心、残疾服务办公室、校园无障碍办公室等，所提供的服务可以归纳为特殊性服务和通用性服务两大类。

自1970年以来，美国残障（如身体、心理或学习障碍等方面）大学生的数量增加了三倍。据美国流行病学数据估计，20%的大学新生可能被标识为精神残障，并且需要提供相应保健[③]。美国国家纵向变迁研究（National Longitudinal Transition Study）统计数据显示，接受高等教育的学习障碍学生人数从1990年的11.4%上升到2005年的34.5%[④]。同时，据残疾人全国理事会（National Council on Disability）记载，1998年，美国几乎所有的公立高等教育机构（98%）都招收了残障学生。这些数据表明：在美国，越来越多的残障学生进入不同类型的院校，吸引和刺激了残疾人高等教育的快速发展。另据美国教育部（Department of Education）统计，在1995年大约有6%的大学生报告自身拥有残疾或障碍，2000年这一数字上升到9%，2008年则攀升至11%[⑤]。这些数据表明了接受高等教育的残障学生人数在不断地增多，同时，也很有可能低估了实际的人数，因为有研

① McClearly-Jones V. Learning Disabilities in the Community College and the Role of Disability Service Departments [J]. Journal of Cultural Diversity, 2007, 14 (1): 43-47.

② Johnson S G, Fann A. Deaf and Hard of Hearing Students' Perceptions of Campus Administrative Support [J]. Community College Journal of Research and Practice, 2016, 40 (4): 243-253.

③ Offer D, Spiro R P. The Disturbed Adolescent Goes to College [J]. Journal of American College Health, 1987, 35 (5): 209-214.

④ Newman L, Wagner M, Cameto R, et al. Comparisons Across Time of the Outcomes of Youth with Disabilities up to 4 Years after High School [M]. Washington, DC: US Department of Education, 2010: 8-11.

⑤ O'Shea A, Meyer R H. A Qualitative Investigation of the Motivation of College Students with Nonvisible Disabilities to Utilize Disability Services [J]. Journal of Postsecondary Education and Disability, 2016, 29 (1): 5-23.

究显示很多大学生并未自我披露残障。①②

据《中国残疾人事业发展统计公报》记载，近年来，我国官方统计的年度残障学生进入高校接受高等教育的人数均超过一万名。自 2017 年开始，中国残疾人联合会在全国遴选北京联合大学、长春大学、四川大学、武汉理工大学、郑州工程技术学院、南京特殊教育师范学院六所高校开展残障学生高等融合教育试点工作，并成立相应的支持机构。同时，相关研究表明③，残疾人高等教育需要更多的支持性条件，以提升受教育者的学习和生活质量。现阶段，残障学生接受高等教育的模式是窄化的，与社会经济发展的需求相比较，仍有不少差距，实现他们"美好生活"的愿望并非能够一蹴而就。

从时间维度来看，残障大学生的数量获得了显著增长；从空间维度来看，不同地域残障大学生的数量与类别变化具有各自的特征；从受教育层次来看，残障大学生接受了不同层次的高等教育；从学科与专业来看，残障大学生在不同的专业进行学习；从学生本体来看，不同残障类别的大学生具有个性化的教育需求。总而言之，残障大学生的大学学习和生活经历体现出了动态性、类别化与个性化。上升至学理层面，残障大学生的学习和生活经历系指学习参与度，而其具有的相关特征表明，他们学习参与是复杂且多元的个体行为方式及状态。也就是说，残障大学生的学业质量需要考虑发展性、过程性等综合因素。

三、残障大学生学习参与的内容

(一) 残障大学生学习参与的理论基础

根据韦德曼 (Weidman) 提出的"本科生社会化模型"和帕斯卡雷拉 (Pas-

---

① Ryan A G. Life Adjustments of College Freshman with and without Learning Disabilities [J]. Annals of Dyslexia, 1994, 44 (1): 227-249.

② Sparks R L, Lovett B J. College Students with Learning Disability Diagnosis: Who are They and How do They Perform? [J]. Journal of Learning Disabilities, 2009, 42 (6): 494-510.

③ 蔡翮飞，凌亢."双一流"建设背景下残疾人高等教育质量的提升 [J]. 现代特殊教育，2021 (8): 26-32.

carella）等学者提出的"整体变化评价模型"，残障大学生的学习参与是指个体参与学习的具体行为以及状态。其中，学生个体特征是影响其参与的重要因素，应作为变量加以控制；院校教育环境则是影响他们学习参与的直接因素。美国托莱多大学的卡宾（Karabin）在其申请博士学位的论文中提出，残障大学生的学习参与是由校园物理参与、机构参与、学术性参与以及社会性参与等组成①。借鉴韦德曼、帕斯卡雷拉以及卡宾的观点，本文提出，在院校层面，残障大学生的学习参与是可以量化的概念，是由校园物理参与、校园机构参与、同伴交往、合理生活安排、生师互动和深度学习参与六个基本成分组成。

首先，校园物理参与是指学生通过校园物理结构及其可访问性参与校园的生活，并将依靠自身身体条件通过各类物理设施与物理障碍。校园机构参与则是残障大学生参与与校园政策相关的活动，还包括参与学校机构的服务活动。基于院校机构在制度或政策方面的原因，他们在校园机构参与中往往会遭遇困难。由于身体损伤及环境障碍，校园物理参与和校园机构参与是残障大学生学习参与的特有内容，是有别于健全学生的个性化维度。

其次，同伴交往着眼于残障学生在校期间的朋辈关系体验。合理生活安排即指残障学生依照自身的身心特征和实际能力对日常活动进行有序安排。不难看出，同伴交往和合理生活安排属于他们的社会性活动参与。

最后，深度学习参与表现为高层次、高质量学习，生师互动则是基于具体的学习情境或教育环境。深度学习参与和生师互动是学习参与中的学术性活动参与。残障大学生的社会性参与和学术性参与是互融共生的关系，加上个性化的参与项目，其学习参与的六维度理论假设模型是较为合理的。

（二）残障大学生学习参与的量化操作

本文采取自编问卷《残障大学生的学习参与》进行调查研究。基于目的性抽样和滚雪球抽样，整个调研发放调查问卷 439 份，最终得到有效样本为 399 份。其中，女性残障大学生有效样本有 203 份、男性残障大学生有效样本有 196 份，来自全国各地的 17 所高等院校。同时，被试包括视障、听障、言语障碍、

---

① Karabin B L. Student Engagement for College Students with the Hidden Disability of Orthostatic Intolerance [D]. Doctoral Dissertation, Ohio, Toledo：University of Toledo, 2009：22-25.

肢体障碍和多重障碍，残障等级为 1~4 级，这符合我国残疾人高等教育的发展现状，智力残疾和精神残疾暂不在本次调查范围之内。

残障大学生学习参与的测量内容聚焦于个体参与，能够体现出较好的结构效度。具体来说，残障大学生的校园物理参与内容包括，"在校园无障碍行走""在教室无障碍上课""在食堂无障碍就餐""在礼堂等场地无障碍参加学校活动""在图书馆无障碍借阅书刊资料""适应结构性住宿安排（如宿舍成员组成）"等。残障大学生的校园机构参与是指，"参加学校的心理咨询活动""去学校成立或联系的康复中心接受康复训练""参加学校相关机构（如院、系）组织的学习和生活方面的服务活动""参加学校就业指导部门提供的服务活动（如就业讲座）"四个方面的内容。残障大学生的同伴交往是由"与健全大学生交流""与地域来源不同的大学生交流""与经济背景不同的大学生交流""与和自己观念有差异的大学生交流"等组成。合理生活安排则包括"作息正常，生活规律""独立处理日常生活并作自我调节""合理安排并及时调整'任务时间表'""预先计划好想做的事情"等具体项目。生师互动是指"课堂外和老师讨论学习问题""和老师一起做研究""和老师讨论自己的职业计划和想法"。深度学习参与是"在课堂讨论或完成作业时能从不同视角考虑问题""反思并评价自己的学习过程""要达到教师的期望和标准，需要付出比预期更大的努力"。测量的程度包括两类：一是指描述校园物理参与、合理生活安排以及深度学习参与的"参与情况"，正向分值从"非常不符合"到"非常符合"分别对应"1~4分"；二是描述校园机构参与、同伴交往、生师互动的"参与频率"，从"从不"到"非常频繁"分别对应"1~4 分"。

（三）残障大学生学习参与的现实状况

研究发现，残障大学生学习参与的均值为 2.53，其参与度（符合度）[①] 百分比为 51.00%，也就是说，他们学习参与的总体情况较为普通、参与水平较为一般。细言之，在具体的向度中，残障大学生合理生活安排的符合度百分比（67.67%）位于最高水平，校园物理参与和深度学习参与的符合度百分比（均为

---

① 参与度（符合度）百分比计算方法：参与度（符合度）百分比=（均值-1）/（量表点数-1），其中，百分比小数位数保留 2 位。它是指这一项目的参与度（符合度）感受的描述性统计量。详见：吴明隆. 问卷统计分析实务：SPSS 操作与应用 [M]. 重庆：重庆大学出版社，2010：313.

62.67%）处于次之水平。然而，残障大学生的校园物理参与、合理生活安排、深度学习参与均为一般水平。他们同伴交往的参与度百分比（49.00%）处于比较低水平，而生师互动、校园机构参与的参与度百分比（分别为 34.67% 和 29.33%）则非常低。进一步分析后发现，残障大学生独有的个性化参与维度（如校园机构参与）、学术性参与维度（如生师互动）、社会性参与维度（如同伴交往）都属于非常低水平或较低水平的程度，由此可以印证，残障大学生总体的学习参与度不高（见表1）。

表1　残障大学生学习参与的现状描述

项目	人数	极小值	极大值	均值	标准差	参与度 （符合度）百分比（%）
校园物理参与	399	1	4	2.88	0.600	62.67
校园机构参与	399	1	4	1.88	0.690	29.33
同伴交往	399	1	4	2.47	0.676	49.00
合理生活安排	399	1.5	4	3.03	0.518	67.67
生师互动	399	1	4	2.04	0.646	34.67
深度学习参与	399	1.33	4	2.88	0.470	62.67
（整体）学习参与	399	1.25	4	2.53	0.385	51.00

四、残障大学生学业质量的评估

（一）残障大学生学业质量评估指标体系

参照院校影响力模型（如帕斯卡雷拉的"整体变化评价模型"），与残障大学生学业发展相关的三个关键性因素是学习参与、院校环境以及个体特征指标。基于此，经理论分析和实证研究，残障大学生学业质量评估指标体系包括如下三个方面。一是残障大学生的学习参与指标。它是由校园物理参与、校园机构参与、同伴交往、合理生活安排、生师互动和深度学习参与六个具体指标组成。其中，校园物理参与、校园机构参与是残障大学生学业质量评估的个性化指标，为其高质量地参与课内外学习和校园生活提供了基础性保障。二是院校环境指标。院校环境主要是指高校为满足残障学生的学习需要所提供的学习环境与教育资源，其指标可以细化为为残障大学生提供支持性项目。三是个体特征指标。这一指标包括家庭背景变量、残障特征变量、人口统计变量、个体就学特征变量。除了客观评价指标的量化分析，个体特征指标还应加入残障大学生的能动性因素（如心理层面的积极因素），从而利于追求"有温度"的评价体系。

（二）残障大学生学业质量评估模式

残障大学生学业质量评估模式的建立依赖于以下路径。一是提升残障大学生的学习参与度。学习参与是保障残障大学生学业质量最为关键的过程性指标。对这一指标进行内化，即指关注残障大学生的个性化参与维度、学术性参与维度以及社会性参与维度。一方面，其整体的学习参与水平不高；另一方面，同伴交往、生师互动和校园机构参与的参与水平处于低位状态。相关指标体系的建构应充分考虑残障大学生学习参与的整体水平与局部差异，以构建较为合理的学业质量评估模式。在此基础上，残障大学生的学业质量评估模式还依赖于其他重要内容。二是改善残障大学生所处的院校环境。院校为残障大学生提供契合的学习环境与教育资源，要充分考虑为其提供兼具合理性及有效性的支持项目，以保障对残障大学生的学习参与产生积极的、正向的影响。三是关注具有不同个体特征的残障大学生。从家庭背景变量、残障特征变量、人口统计变量、个体就学特征变量分析，残障大学生的这些个体特征是较为固化的，很难发生改变，然而，残障大学生的学业质量评估要关注个体特征引发的不同类别学生在学业方面的差异化表现，以提出个性化的评价方式，如增值评价。四是激活残障大学生心理层面的积极因素。个体积极的心理因素包括希望、自我效能、韧性、乐观以及价值理想五个维度①。这些个体能动因素的激活能够有效改善残障大学生的学业水平。基于上述路径的有效开展，残障大学生的学业质量评估还依赖于一定的教育环境，

---

① 蔡翻飞，余秀兰. 残障学生大学学习经历的重新解读：基于心理资本的认知框架 [J]. 中国特殊教育，2019（1）：11-17.

即融合教育环境。融合教育环境能够为残障大学生的学习和生活提供保障，并使其有所收获。

五、残障大学生学业质量的提升策略

大学生作为高等教育质量保障的主体之一，是高校开展相关教与学活动的关键性参与者，学习参与的程度是评价他们学业质量的关键指标和重要项目。评估残障大学生的学业质量理应关注学生的学习参与。在我国，学习参与可作为残障大学生学业质量评估的新理念，即侧重于增值评价。大多数高校均有残障学生，保障他们接受高质量的高等教育是提升内涵式发展的前提与基础。为保障他们基本的受教育权，促进教育过程及结果公平的实现，抑或说，至少促成不平等的减少，院校应实施残障大学生学业质量评估的新模式，即以提升其学习参与水平为宗旨。而高校除了关注残障大学生本身的学习参与外，还包括残障大学生的个体特征及心理状态、院校支持性环境以及较为宏观的融合教育环境。

（一） 建立高等融合教育支持性环境

首先，政府发挥相关职能。各级政府设立专项资金，加大在残疾人高等教育、高等融合教育方面的资金投入，通过实施行政策略来干预社会问题和教育难点，以促进教育公平、社会公平，满足残障大学生美好生活的愿望，实现共同富裕，增进社会福祉。政府还需制定及完善相应的政策法规和制度文件，包括原则性条款与激励性制度，硬性的、易操作的、量化的支持性内容，并落实切实可行的问责追究制度，以确保高等融合教育政策的有效执行，维护残障大学生的合法合理权益。其次，社会营造良好的文化氛围。在"平等、参与、共享"的新型残疾人观念下，社会需要营造全民教育、零歧视以及完全接纳的文化氛围。社会还应理性消除对残障大学生、残障群体在"身体损伤"方面的歧视、在"社会性障碍"方面的忽视、在"弱势角色"方面的刻板印象，平等对待每一位受教育者，真正地接纳残障者，从而保障他们具有平等的受教育权，特别是拥有能够接受更高层次教育的机会。再次，非政府组织提供支持性服务。作为第三方社会组织，非政府组织也可以为残障大学生提供合适的援助及支持。最后，残障大学生发挥能动性。他们作为大学自治的主体之一，同时也是社会整体中的一员，应有机会参与和制定高等融合教育政策相关的活动。

（二）完善院校环境支持体系

在我国，残疾人接受高等教育的院校是以普通高等院校和高等特殊教育学院为主体，相关高校努力发挥高等融合教育人才培养、科学研究、社会服务等基本职能。第一，高校在日常管理方面发挥人才培养职能。院校根据残障学生的个体特征、行业需求以及社会需要，形成"学生—行业—社会"三位一体的校本文化与专业课程改革的互融互促。高校可以建构适合不同残障类别、不同残障等级大学生的专用性课程群，在职培训具有深度专业素养和特殊教育、融合教育类通识知识的教师团队。与此同时，院校还应注重残障大学生的自我发展和社会性活动参与；重视中、高等教育之间的衔接，并创造残障大学生接受更高层次教育的机会，如天津理工大学通过单考单招招收聋人硕士生。高校还可以成立实体机构（独立建制或挂靠某一职能部门）为残障大学生提供专业类服务；依靠职能部门开展与高等融合教育相关的工作，如实施校园无障碍环境建设。第二，高校积极发挥科学研究职能。学校开展残障大学生发展、残疾人高等教育、残疾人教育融合和社会融合等方面的理论基础研究与实践模式探究，保证教学及育人过程的与时俱进和创新发展，确保科研工作与教学工作相辅相成，以增强相关院校的内涵建设，并促进其高质量发展。例如，美国罗切斯特理工大学国家聋人技术学院设立诸如认知与语言中心等各类研究中心，对相关项目展开系列科学研究。第三，院校有效开展社会服务职能工作。相关高校濡化培养残障大学生在社会融合方面的主动意识，强调其具有社会主体责任，拥有普通学生所拥有的基本权利和义务，鼓励其开展社会服务活动。高校需要改变原有的评价方式，通过增值评价、过程评价等评判他们对社会服务的贡献度。同时，高校还应将教研与科研成果进行技术转化或者是实物转化，服务于特殊群体乃至整个社会。

（三）提升残障大学生学习参与度

残障大学生学习参与度的提升是实现其学业高质量发展的重要内容，有益于残疾人高等教育获得发展，亦保障了高等教育质量的整体优化。那么，如何提升其学习参与水平，需要从以下几个层面予以考量。一是对残障大学生的校园机构参与、生师互动、同伴交往进行重点关注。残障大学生学业质量的评估指标由其学习参与的 6 个具体维度组成，在现实中，其不同维度间具有一定的差异（为一般、较低、非常低三个等级）。基于此，高校应对校园机构参与、生师互动、同伴交往等指标的关注有所侧重，提出具有针对性的教育策略和建议，从而实现学习参与在不同层面及整体的发展。二是对残障大学生的个性化参与、学术性参与、社会性参与进行分类指导。基于残障状况，残障大学生在参与学习的过程中面临种种障碍，并产生了个性化参与维度，其优化较多依赖于外部环境因素。社会性参与和学术性参与旨在促使残障大学生的社会属性和自然属性相统一，其优化较多依赖于个体内在因素。三是对残障大学生学习参与的整体进行提升。在实证研究中，残障大学生学习参与的均值和参与度百分比都处于一般水平，同时，其个性化参与、学术性参与及社会性参与均为低水平的参与维度。这些都表明，其学习参与有进一步提升及优化的空间。残障大学生学习参与水平的提升是必要的，受到个体特征、院校环境等不同因素的影响。

（四）激活残障大学生积极的心理因素

残障大学生积极的心理因素与其大学学习和生活经历是相互关联的。残障大学生心理层面因素的激活依赖于高等院校提供的支持性环境、残障大学生自身的学习参与度以及个体的能动性。第一，高校采取相关措施。根据残障大学生的个体特征（如家庭背景、残障类别及等级），高校有针对性地开展与其心理健康教育、综合能力提升有关的教育教学类活动和社会实践类活动；通过多种途径培养他们拥有向上的、健康的心理品质，激活其特有的心理资本，如学业表现出色的残障大学生的价值理想。同时，高等院校可以对残障大学生进行有针对性的心理干预，监测其心理发展状况，并将此作为一项常态化的教育活动。高校还能够为残障大学生制订"一人一案"式支持计划，关注他们的心理变化，助其解决学习和生活中遇到的问题，做到持续跟踪及有效解决。第二，残障大学生采取有效行为和应对策略。作为学生，他们首先应增强自我的专业认同感，制定学业规划、职业生涯发展规划，强化专业实训和实习，增强专业学习兴趣，为日后的职业发展打下坚实的基础。他们需积极应对学习经历中的各种压力，不断增强解决突发性事件的能力；在融合的教育环境中，与健全大学生相互接纳，并能够悦纳自我；通过长期进行适度的体育锻炼，提升或改善心理层面的能动因素，如懂得应对和处置负面情绪；在学习和生活中发现自身专长，有效提升自我效能。

［基金项目］本文系 2021 年江苏共享发展研究基地第一批开放课题"学习参与理论下残障大学生学业质量的评估及提升策略研究"（立项号：21gxjd10）的研究成果。

［课题组成员］余秀兰、孙荪。

参考文献

［1］Evans N J, Forney D S, Guido-DiBrito F. Student Development in College：Theory, Research, and Practice ［M］. San Francisco, CA：Jossey-Bass, 1998：35.

［2］蔡翾飞. 残障大学生的教育支持：问题、影响因素及提升策略 ［J］. 当代青年研究, 2017（4）：91-96.

［3］查颖. 关于我国大学生发展问题的研究综述 ［J］. 江苏高教, 2016, 185（1）：115-118.

［4］德里克·博克. 大学的未来：美国高等教育启示录 ［M］. 曲强, 译. 北京：中国人民大学出版社, 2017：191.

［5］谷贤林. 大学生发展理论 ［J］. 比较教育研究, 2015, 307（8）：26-31.

［6］杨立军, 何祥玲. 大学生发展指数：概念、架构与关键技术 ［J］. 高教探索, 2018, 180（2）：109-114.

［7］张豫南, 周沛. "网络资源—综合赋权"：残障大学生高等融合教育支持研究：基于高等融合教育试点的双案例分析 ［J］. 中国特殊教育, 2022（3）：17-24.

［8］赵勇帅, 邓猛, 汪斯斯. 残障大学生的身份体验 ［J］. 青年研究, 2021（1）：84-93+96.

融合教育视域下残障大学生支持体系研究

范莉莉*

内容摘要： 本文梳理了我国残障大学生支持体系从萌芽起步期、基本形成期到快速发展期的发展历程，并分析和总结了支持体系发展的特点和趋势。通过对首批残障人高等融合教育试点高校四川大学、长春大学、北京联合大学、武汉理工大学、郑州工程技术学院、南京特殊教育师范学院残障大学生的抽样问卷调查，走访残障大学生及其教师、家长、教育管理部门和残联部门等相关人员，从政府支持、学校支持、家庭支持和社会支持这四个维度了解残障大学生现有支持体系现状。研究发现，存在政府政策和资金支持不足、学校的管理与支持系统不健全、家庭关心和支持不够以及社会的关注和支持力度较弱等问题。进一步分析发现，影响残障大学生支持体系的主要因素是政府、学校、家庭和社会，各主体之间职能不同，分工不同，相互合作，共同对残障大学生进行支持。互动、合作、多元、主动是支持体系运行机制的关键。从政府、学校、家庭、社会等不同层面提出重视融合教育理念的推广，完善融合教育的法律法规，多渠道筹措高等融合教育经费支持；完善无障碍设施建设，加强融合教育教师培训，重视就业支持工作；加强情感支持和信息支持；加强资源链接和互动协作的完善策略。

关键词： 融合教育；残障大学生；支持体系

---

* 范莉莉，南京特殊教育师范学院研究员，硕士；主要研究领域为残障人高等教育。

一、引言

在教育国际化和高等教育普及化的背景下，融合教育已成为残障人高等教育发展的必由之路，其发展会影响新时代我国高等教育发展的总体质量和水平。随着新时代残障人高等教育新使命的提出和残障大学生高等融合教育试点工作的开展，残障大学生支持体系的构建具有重要的理论和现实意义。全面推进融合教育是《中国教育现代化 2035》提出的我国特殊教育现代化的重要任务，也是促进残障人社会融合的重要措施和主要途径。近年来我国残障大学生数量呈快速增加态势，高等融合教育已成为残障生接受高等教育的主要形式。在残障学生自身存在身体缺陷的情况下，国家、学校、家庭以及社会各界等需为其接受高等融合教育提供各项支持，确保其在高等教育的起点公平、过程公平以及结果的相对公平。因此，进一步完善我国残障学生支持体系已成为我国高等教育发展过程中的必然趋势。

1994 年，联合国教科文组织在西班牙萨拉曼卡市召开了"世界特殊教育大会"，颁布了《萨拉曼卡宣言》，明确提出了"融合教育"的理念，主要内容包括：强调每一个人都有受教育的基本权利；教育体系的设计和教育方案的实施应充分考虑到每个人的特点、兴趣、能力、学习需要与需要的广泛差异；有特殊教育需要者必须有机会进入普通学校，这些学校应该将他们吸收在能够满足其需要的教育活动中；各国政府应当重视特殊教育，制定法律、法规和规划，保证经费投入，建立示范性项目，确保师资培训，鼓励家长、社区和残障人组织参与决策，应扩大和加强国际合作，有效地支持和参与全纳教育并将特殊教育作为其各项教育项目中不可分割的部分而发展等[①]。

我国残障学生主要通过两种途径跨入高校，一是参加全国残障人单独招生考试，这类考试主要是针对中、重度听力语言残障、视力残障的学生，由各具备残障人单招资格的学校单独出卷，如北京联合大学、长春大学和南京特殊教育师范

---

① 刘晓艳，李波. 从理念到实践：西藏推展全纳教育的几点启示［J］. 西藏大学学报，2019，34（3）：218–223.

学院等都有独立招生资格。这类学生进入高校后往往会集中在某一个或者几个学院，单独编班，独立进行授课和教学，除此之外，他们和其他健全学生一样共同参与校园生活，属于相对融合的状态。二是参加全国普通高考，主要是针对肢体障碍、轻度视力障碍、轻度听力障碍的学生，这类学生通过参加高考进入普通高校如四川大学、武汉理工大学等，他们往往能完全融入校园的学习和生活之中，属于完全融合。融合教育视域下各高校融合程度的高低、融合范围的大小取决于各高校不同的管理模式，各有千秋，各具特色。

二、残障大学生支持体系的发展历程

在半个多世纪的时间里，我国残障大学生支持体系的发展经历了萌芽起步、基本形成和快速发展的过程，至今仍然在持续地改进与完善。

（一）萌芽起步阶段：中华人民共和国成立初期至 20 世纪 80 年代末

中华人民共和国成立之后，党和政府高度重视残障人教育事业的发展，开始制定相关特殊教育的政策法规并确立特殊教育的发展方针，1988 年 11 月，国家教育委员会、民政部和中国残障人联合会召开了全国特殊教育工作会议，对中国残障人教育的改革和发展作了研究和部署。1982 年，《中华人民共和国宪法》颁布，规定公民享有受教育权。这是我国首次将残障人教育问题写进国家的根本大法，才使得残障人有了接受高等教育机会的保障。这一阶段，虽然涉及残障人高等教育支持的政策没有真正启动，但是特殊教育的发展为残障人高等教育支持体系的形成奠定了基础。

（二）基本形成阶段：20 世纪 80 年代末至 90 年代末

1988 年，中国残障人联合会首次代表大会在北京召开，宣布了中国残障人联合会的成立，标志着我国残障人事业进入了一个新的发展阶段①。随后，我国部分高校如长春大学、滨州医学院、天津理工大学、北京联合大学等开始招收符合录取条件的残障高考生进入普通高校接受融合教育，同时也开始尝试专门录取盲、聋、肢残学生到专设的特殊教育院（系、班），接受高等教育。这一阶段基本形成了由政府、高校、残联、家庭等共同组成的残障人高等教育支持体系。

（三）快速发展阶段：21世纪初至今

进入21世纪以来，残障人教育进入全面深入发展阶段。国务院批准了《中国残疾人事业"十五"计划纲要（2001—2005年）》，制定了《中华人民共和国残疾人保障法》和《残疾人就业条例》，颁布了普通高等院校招收残障考生的政策，增加了高等院校对残障人的招生数量，开展了放宽体检标准的试点，拓宽残障学生接受高等教育的渠道。② 高等教育自学考试逐步向残障人开放，国家开放大学面向残障人实施远程教育，使残障人足不出户就可以接受高等教育。③ 在这一过程中，高校对残障生的支持也不断完善，从招生录取到专业选择、从课堂教学到环境创设等方面都给予了较大的支持。

整体而言，我国残障大学生的教育支持体系经历了从无到有，从零散到综合，从有到不断完善的过程，已经形成了由残障人高等教育的法律法规政策支持体系、高校内部的支持体系以及社会支持体系等组成的支持系统。在这一发展历程中，残障人教育法律法规体系的形成，为支持体系的发展提供了制度保障；多元化的残障人教育经费投入机制，为支持系统的发展提供了经济保障；高校对残障学生的引入和培养，为支持系统的发展提供了学习保障；中国残联的建立和发展，为支持系统的发展提供了资源保障；社会各界的合作和扶持，共同营造了我国残障大学生融合教育的环境，不断推动着残障大学生支持体系的发展。

---

① 赵川芳. 近30年来残障儿童立法政策综述 [J]. 当代青年研究, 2015 (4)：124-128.

② 张洪杰. 新时期高校学生弱势群体的扶持对策 [J]. 现代教育管理, 2010 (12)：95-97.

③ 杨国斌. 少数民族地区残障人远程教育的实践与对策：以内蒙古地区为例 [J]. 广播电视大学学报 (哲学社会科学版), 2014 (1)：111-115.

三、残障大学生支持体系发展现状

（一） 调查方法

1. 问卷调查

为进一步了解残障大学生在高等融合教育中所获得的教育支持情况，我们开展了对首批残障人高等融合教育试点高校（四川大学、长春大学、北京联合大学、武汉理工大学、郑州工程技术学院、南京特殊教育师范学院）残障学生的调查，共发出问卷 500 份，回收有效问卷 480 份，问卷的有效回收率高达 96%。

本文采用自制《高等院校残障大学生支持现状调查》，问卷调查的内容分为三部分：第一部分是基本情况调查，从残障类型、残障程度、专业背景、地域背景、所读专业及其选择方式这几个方面探究残障大学生的个人基本状况；第二部分是残障大学生支持现状调查，从政府支持、学校支持、家庭支持和社会支持这四个维度探究残障大学生所获支持的现状；第三部分是残障大学生支持的需求调查，进一步了解残障大学生的个性化支持和服务需求，探究残障大学生的发展需求及困境的解决策略。本次问卷在试测的基础上，结合残障大学生的建议进一步调整了细节。

2. 个案访谈

我们选取了与体系相关的教育管理人员、省市残联系统人员、残障大学生家长、残障大学生、高校教师等作为访谈的对象，从而做到量化研究与质性研究的结合，有利于客观地认识和把握残障人高等融合教育支持体系的现状。

（二） 调查过程与结果

1. 政府支持现状分析

残障大学生支持体系的主体是政府，政府对残障大学生的支持主要体现在政策和经济支持方面。随着 2017 年残障人高等融合教育试点工作的推行，各试点高校每年招收的残障大学生的人数和类型也逐年增加。在这一过程中，残障大学生在入学时的信息支持与各类服务就显得非常重要。调查结果显示，有51%的残障大学生明确表示曾获得来自教师、家长以及其他人所提供的高校参考信息，未曾获得参考消息的残障学生只占25%，也有24%的残障大学生不能确定是否获得了信息的支持。52%的残障大学生在入学报到时接受过专门的服务与帮助，20%的残障大学生表示没有获得过专门的服务。有一半的高校在接待残障大学生入学报到时能考虑到残障大学生的特殊需求，但也有近1/3的学生没有得到专门的服务。

同时，国家通过制定和实施相关法律法规及政策来开展对残障大学生的支持，这方面的支持主要体现在对残障大学生入学时的各类支持政策上。调查显示，仅有35.2%的残障大学生了解国家对残障大学生支持的相关法律法规和政策，即使他们已经在接受高等教育，但64.8%的残障大学生并不了解国家的教育支持法律法规和政策，凸显出相关的支持政策宣传和实施并不到位。在调查中，48.2%的残障大学生表示了解国家对残障大学生的资助政策，这与整体样本中来自农村的学生家庭比例较为一致，说明来自农村家庭的残障大学生十分关注国家助学政策。从表1还可以发现，仅有36.2%的残障大学生获得过相关部门或组织提供的帮助，可见对残障大学生的入学支持覆盖面还有很大的提升空间。

表1　残障大学生对政府政策支持知晓情况　　　　　　单位:%

问题	是	否	不确定
1. 您了解国家对残障大学生支持的相关法律法规和政策	35.2	25.7	39.1
2. 您了解国家对残障大学生的资助政策	48.2	29.3	22.5
3. 您在高考中获得相关部门或组织提供的帮助	36.2	31.5	32.3

经济支持作为对残障大学生入学后的首要支持，直接与残障大学生的生活息息相关。调查结果显示，42.6%的残障大学生曾经申请大学生助学贷款，30.5%的残障大学生获得过奖学金、助学金，有超过一半的残障大学生在大学期间被减免过学费、住宿费等，仅有22.4%的残障大学生参加过勤工助学（见表2）。在后续访谈中了解到，从组织层面提供经济支持的主要是政府相关部门、学校、残联等，学校主要是通过减免学费和住宿费，提供奖学金、助学金和勤工助学的方式给予支持。整体而言，残障大学生得到家庭成员、同学朋友以及残联、学校的

经济支持较多，老师、企业以及非政府组织等提供的经济支持较少。

表2　政府对残障大学生日常经济支持状况　　　　　　　　单位：%

问题	是	否	不确定
1. 您曾经申请大学生助学贷款	42.6	37.3	20.1
2. 您在大学期间曾经获得过奖学金、助学金	30.5	41.9	27.6
3. 在大学期间您曾经被减免过学费等费用	53.2	40.2	6.6
4. 您曾经参加过勤工助学	22.4	60.3	17.3

访谈调查发现，在校残障大学生能够获得的助学金较多，但奖学金却很少，学生反馈这主要是在评奖评优方面，他们的机会很少，因为目前的评选办法主要是基于健全学生进行的，很少考虑残障学生的特殊性。

2. 高校支持现状分析

残障大学生的学业支持主要包括专业选择、学习资源、教师资源、学业评价、实习实训方面的支持等。各项具体调查结果如下：

一是专业选择的支持。残障学生因残障类型及程度不一，对专业的选择往往容易受到限制。调查结果显示，只有35.6%的残障大学生认为可供选择专业比较充分，33.7%的学生认为可供选择专业不充分，30.7%认为不确定，说明目前残障大学生的可供选择专业还不够充分。例如，视障学生表示除了可以选择推拿，他们还应该有学习心理咨询、音乐表演等专业的机会，听障学生对专业选择的需求也不再仅限于服装设计这样的传统专业，他们更希望学习视觉传达与设计、动漫设计等新兴专业。

二是学习资源的支持。学习辅助器具资源支持主要包含教材翻译、盲用电脑、阅读器、电子书籍，这部分支持也是学生最为关注的，主要集中在视障学生群体中，而肢体障碍的学生更关注的是生活辅助器具资源。调查结果显示，19.23%的残障大学生表示基本没接受过相关服务，这说明图书馆的资源开放渠道还没有与残障学生完全衔接。在访谈过程中，部分视障学生表示图书馆的电子阅读器容易出故障，同时提供的可用资源较少、更新速度不及时。在这其中最为关键的是学校是否设立了融合教育资源中心，目前南京特殊教育师范学院、长春大学和郑州工程技术学院都设有类似的中心，因而在这三所学校的学生所获得的支持项目和支持数量明显高于其他高校。

三是教师资源的支持。教师的配备直接决定了学生学业支持的质量，教师能否在授课过程中给予学生有效的个别化支持显得尤为重要，特别是在课堂教学位置的安排、课堂教学的授课方法、课堂教学资料的提供、课后作业辅导等方面，直接影响了学生的学习效果。调查结果显示，42.7%的残障大学生认为任课教师的教育教学称职，但也有27.3%的残障大学生认为他们不称职，有30%的学生说不清楚他们所接触到的教师是否称职。

四是学业评价的支持。残障学生学习的特殊性决定了需要开展多元化的学业评价支持，特别是在考试过程中，无论是考试的内容、方式、时间、设备等都需要特别的支持与帮助。调研结果显示，45.7%的残障大学生获得过学校提供的改变考试方式、延长考试时间、提供放大试卷等方面的支持，33.2%的学生表示没有得到相关支持。访谈中了解到这部分学生主要集中在听力障碍群体之中，他们对考试的支持需求不高，因而并没有提出过相关申请。而有21.1%的学生对这项支持工作并不清楚，也不知道通过何种途径去争取支持。

五是实习实训方面的支持。残障大学生参与实习实训既是人才培养的重要环节，也是提升其专业能力和水平的重要途径。调查结果显示，58.2%的残障大学生表示有参加实习实训方面的经历，访谈中了解到大部分学校为残障大学生提供了实习实训的机会，残障学生与健全学生一同参加专业的实践教学。但也有23.7%的残障大学生表示在实习过程中，没有获得相关的支持，这部分群体主要集中在视力障碍和肢体障碍（主要是脑瘫类型）之中，访谈结果表明这部分学生的实习工作比较困难，亟待得到关注和支持。

六是无障碍环境方面的支持。环境支持主要包含人文环境支持和物理环境支持两个方面，人文环境主要指残健融合的观念、包容的校园文化等；物理环境支持主要指无障碍设施建设、信息无障碍建设等。调查结果显示，53.2%的残障大学生可以选择与健全学生一同上课、共同参与各类学校活动；57.7%的学生能与学校师生平等相待、融洽相处；55.1%的学生在日常学习和生活中与健全学生交往顺利。整体而言，有半数以上的学生表示融合教育的校园文化正在逐步形成，这说明我国残障人高等教育中，融合教育基本上被高校大部分师生所接受（见表3）。

残障大学生对校园无障碍设施建设的调查结果显示：37.4%的学生觉得学校能够提供比较完善的无障碍校园环境，同时也有38.8%的学生感到无障碍建设环境还有待进一步提升（见表3）。结合个案访谈，我们发现学生满意度和残障学生残障类型之间有着一定的关联：感到非常满意的主要是听力障碍学生，感到比较满意的主要是肢体障碍学生，感到不满意的主要是视力障碍学生。视障学生希望能进一步完善盲文标识、大字标识和语音标识，特别是电子设备的无障碍化（宿舍楼内充卡、打水的机器以及洗衣机都是触屏的且无语音提示）；肢体残障学生希望能完善宿舍楼和食堂的无障碍坡道，教室门口能增加可供轮椅进出的踏板；所有残障学生都表示希望能在更新和补充无障碍设施的同时，能够有专人定期维护设施。

表3 学校对残障大学生校园环境支持状况 单位：%

问题陈述	是	否	不确定
1. 您在学校可以选择与健全大学生一同上课、共同参与各类学校活动等	53.2	31.2	15.6
2. 您认为学校师生对您平等相待、融洽相处	57.7	25.8	16.5
3. 您在日常学习和生活中与健全学生交往顺利	55.1	23.4	21.5
4. 您所在大学具有较便利的无障碍设施	37.4	38.8	23.8

七是就业方面的支持。目前各高校都设有大学生就业指导中心，主要负责就业信息的发布与落实大学生就业的实施等工作。调查结果显示，只有23.6%的残障大学生参加过残障人专场招聘会或就业讲座，56.3%的残障大学生从没有参加过类似的活动，仅有少部分高校会组织残障人专场招聘会、开设就业讲座等，这说明许多高校只重视以普通学生就业为主的就业讲座或招聘会，残障大学生的参与率不高。

3. 家庭支持现状分析

调查结果显示（见表4），68.7%的残障大学生表示家长和家庭成员对其关心和支持主要集中在经济支持上，主要表现为提供学费和生活费。经常与学生沟通的家长仅占41.3%，随着学生逐渐成年，家长对学生的关心也相应地减少，有42.7%的残障大学生表示家长不太经常与自己沟通。仅有9.2%的学生表示在日常沟通中家长会主动关心学生的学习情况，68.3%的学生明确表示父母不经常关心自己学习。在对残障大学生的访谈中，了解到家长和学生沟通的主要内容是生活适应、饮食习惯、人际关系等。在对家长的访谈中了解到家长认为孩子大了，不需要太关注了，因此几乎没有家长能够主动与学校沟通的，仅有1.8%的家长表示曾经主动和学校沟通，主要是孩子不接听自己的电话，担心出事才会联系学校。由此可见，家长对于残障大学生的学习情况了解甚少，关于学校对残障大学生的各类支持政策了解更少，至于参与学生的学习和管理更无从谈起。

表4　家庭对残障大学生支持状况　　　　　　　　　单位:%

问题	是	否	不确定
1. 您的家人为您提供了经济支持如学费、生活费	68.7	20.7	10.6
2. 您的家人经常与您沟通了解您的生活情况	41.3	42.7	16.0
3. 您的家人会经常关心您的学习情况	9.2	68.3	22.5
4. 您的家人会主动与学校联系	1.8	32.5	65.7

4. 社会支持现状分析

社会对残障大学生的支持是多方面的，支持的主体也是多元的，主要有非政府组织如残联、非营利机构、企业、爱心人士等。如表5所示，有48.1%的残障大学生觉得社会对残障人读大学持支持和肯定的态度并且给予了不同层面的照顾，但是也有33.7%的学生表示受到了轻视和否定，有部分人认为残障人读大学没必要也没有意义。46.2%的残障大学生表示曾经获得过除政府、学校和家庭外的支持，其中最主要的支持来源于残联，残联主要为其提供辅助器具、学费支持、就业咨询等。企业或个人曾经提供帮助的仅占21.6%，主要提供的是学费支持和就业岗位支持等，37.8%的残障大学生明确表示未曾受到过企业或个人提供的帮助。访谈中，残障大学生表示最期待得到企业的帮助，希望企业能够提供合适的岗位，实现就业。虽然各级残联已经意识到残障人高等教育的重要性，但是残联系统对政府和学校仅仅停留在呼吁和倡议层面，而且给予的实际支持也不多，能够真正落实的就更少；也有高校老师表示残联目前主要集中在对特殊教育高校的支持，较少关注到普通高校的支持，至于普通高校中的残障学生就更难得到关注了。

表5　社会对残障大学生支持状况　　　　　　　　　单位:%

问题	是	否	不确定
1. 您觉得社会对残障人读大学是持支持和肯定态度	48.1	33.7	18.2
2. 您获得过除政府、学校和家庭外的支持	46.2	20.3	33.5
3. 残联曾经对您读大学提供过帮助和支持	32.7	34.6	32.7
4. 企业或个人曾经对您读大学提供过帮助和支持	21.6	37.8	40.6

四、残障大学生支持体系发展中存在的问题

（一）政府的政策与经费支持力度仍显不足

我国政府对残障人教育十分关注与重视，但是在对残障人高等融合教育的支持远比不上对残障人基础教育在政策与经费投入方面的支持力度，问题主要表现在政策制定和落实以及经费特殊支持等方面。

1. 政策支持力度不足

尽管我国出台了关于残障人教育的相关法律法规如《中华人民共和国残疾人保障法》和《中华人民共和国残疾人教育条例》，但是相关的条目缺乏对残障人接受高等融合教育应有的规定和可供具体操作的实施方案①。另外，虽有保护残障人教育权益的法律规定，如《中华人民共和国残疾人保障法》中规定"有关教育机构拒不接收残障学生入学，或者在国家规定的录取要求以外附加条件限制残障学生入学的，由有关主管部门责令改正，并依法对直接负责的主管人员和其他直接责任人员给予处分"②，但真正获实的并不多。

2. 运行经费紧张

试点期间，各高校都将融合高等教育的运行经费纳入年度预算，并且多方筹措资金，确保高等融合教育持续地开展。经费的用途主要是建设残障学生档案库、建设高等融合教育资源中心、添置各类无障碍教育教学设备、购置残障大学生的助听、助视、助学等辅助器具、开展校园无障碍环境的改造和建设等。但因经费投入较大且需长期持续，如融合教育资源中心建成后，各项设备运维需要投入充足资金支持，以持续满足学生个性需求，但真正获实的并不多。目前试点高校在高等融合教育运行方面普遍面临经费短缺，现有的资金支持难以满足融合教育的深入持续开展，亟须残障大学生专项经费的支持与投入。

---

① 武砀，王翠艳，胡胜．台湾高校资源教室服务功能解读及启示［J］．绥化学院学报，2016，36（4）：15-19.

② 王丹．国外高校图书馆残障读者服务研究及启示［J］．图书馆理论与实践，2019（9）：63-67.

（二）高校的管理与支持系统不健全

1. 无障碍建设需完善

目前各高校都已在积极开展无障碍物质环境、人文环境以及信息环境的建设，可仍受限于场地、资金、人力等多种因素，各高校的无障碍建设工作虽都在持续改进中，也有了一定程度的改善，但和学生的实际需求相比，还存在一定的差距。比如盲道还没有覆盖整个校园，无障碍标识也并不显著、无障碍信息还不够流畅、无障碍设施还有待改善，融合教育的教室没有进行特殊改造等。

2. 高等融合教育师资不足

目前普通高校的教师面对残障学生往往都会面临"无计可施"的困境：一是不了解不同残障类型和程度学生的身心特点，往往不知该如何与学生沟通；二是不了解如何针对残障学生特点的学习评价调整技巧和策略，因为残障学生的学习能力和方式与普通学生存在较大差异，如何科学、合理地设计学习评价也考验着每位教师的专业能力。各高校需要进一步提升残障学生教师的综合素质，使其转变教育理念、革新教学方法，以便更好地提高人才培养质量。

3. 开展就业支持服务的主动性支持不足

就业既是残障大学生职业发展的目标和起点，也是其融入社会、实现自我的体现，然而残障大学生作为残障人群体中的佼佼者，他们正面临着就业的严峻考验。目前残障大学生在学校所接受的就业训练、创业指导和帮助十分有限，他们亟须在就业信息、就业能力、就业技巧和就业转衔方面获得全面支持，从而能够获得更多的就业机会。

（三）家庭的关心与支持程度明显降低

残障大学生家庭对其的关心和支持、其父母职位的高低、家庭教养方式的宽严、家庭资本的多寡都在很大程度上影响着残障大学生的个体发展。随着残障子女就读高校，家长及其成员对其在学校的关注度明显减弱，主要表现为家长主动与学校的沟通极少，对于相关的高校管理制度和支持政策了解就更少。大多数家长基本不再关心子女在学校的学习情况和心理情绪变化，更多的是对子女生活和就业的关心，忽略了子女对家人情感的需求，也忽略了家校沟通，缺少对子女学习状态的关注。

（四） 社会的关注与支持较弱

著名作家海伦·凯勒曾说：最使盲人感到重压的不是目盲本身，而是明眼人对他们的态度。[①] 可见，社会对残障大学生的关注和支持显得非常重要。这其中，残联是主体，各级残联具有代表、服务、管理三种职能，代表了残障人共同利益，维护残障人合法权益；团结帮助残障人，为残障人服务；承担政府委托的任务，管理和发展残障人事业。目前虽然各级残联已经意识到残障人高等教育的重要性，但是残联系统对残障大学生的支持还停留在文字层面，落实在实际行动中的支持偏少。例如，我国残联对政府的政策建议以及自身发展规划均缺少对残障人高等融合教育明确的支持意见，对于高校残障大学生就业政策的落实很少发挥有效的作用。同时，残障大学生特别期待企业的支持，尤其是在就业机会和就业岗位方面，目前得到的关注和支持较少。

五、残障大学生支持体系的影响因素

残障大学生支持体系的主体主要是政府、学校、家庭和社会，各主体之间职能不同，分工不同，相互合作，共同对残障大学生进行支持。它们围绕各自的职责，发挥着不同的作用，共同对残障大学生的支持体系产生影响。

一是政府发挥着主导作用，主要是通过出台政策和经费管理来发挥作用。政府从法律层面的支持是残障大学生开展融合教育的前提和基础，政府支持残障大学生主要通过两种路径，其一，制定相关支持政策和法律法规，通过各类制度的执行实现残障大学生受教育的权利，同时各政策实施的结果与建议会反过来影响新政策的出台或是原政策的修订；其二，开展相应的经费支持和资金监管，通过下拨保障金、减免学费、助学贷款等形式，保障残障大学生顺利完成学业。整体

---

① 肖放，落合俊郎，朴在国. 中国大学生对残障人态度的调查研究 ［J］. 中国特殊教育，2008（8）：3-10.

而言，在整个残障大学生支持体系中，政府发挥着举足轻重的引导作用。

二是高校发挥着主体作用，主要通过人才培养方案的实施来发挥作用。高校对残障大学生的支持主要体现在招生录取方面，如提供盲文试卷、大字试卷、手语翻译等必要条件和合理便利。在专业学习方面，设计符合残障大学生特点的培养方案、课程设置、教学方式和个别支持。同时，开展生活帮扶、环境支持、管理支持和就业支持。高校是培养残障大学生的主体，不仅为残障大学生提供学习和生活的全过程支持与服务，而且与政府、家庭、社会等主体发生联系与合作，共同支持残障大学生的个体发展。

三是家庭发挥着保障作用，主要通过经济支持和情感支持来发挥作用。家庭对残障大学生的支持主要体现在经济支持方面，如提供学费、生活费和住宿费等；情感支持方面，如给予其来自家人的关心和慰藉等。家庭是残障大学生最初的保障，抚育残障大学生长大成人，支持其完成学业，实现个人价值。同时家庭与政府、学校等其他主体保持沟通与联系，从而争取更多的支持和帮助。

四是社会发挥着重要作用，主要通过非政府组织的资源支持来发挥作用。社会对残障大学生的支持主要体现在舆论支持、实物援助和经济支持等方面的资源支持。这其中残联发挥着资源链接的重要纽带作用，不但要发挥其自身的支持作用，还要加强残障大学生与其他各类支持主体的信息沟通，以不断满足残障大学生的需求，从而更好地支持残障大学生。

事实上，各支持主体不仅仅是对残障大学生的支持，还需要对实施残障人高等融合教育的学校给予大力支持。互动、合作、多元、主动是创新残障大学生支持体系运行机制的关键。因此，需要积极协调好支持体系内政府、高校、家庭和社会之间的关系，形成相互合作的良好关系，以此共同支持残障大学生的发展。

六、残障大学生支持体系完善的策略

（一）政府层面——重在理念传播和制度设计

1. 重视融合教育理念的推广

理念先行，实践至上。政府相关部门需要进行融合教育理念的多维立体架构，开展广泛的宣传和引导，以丰富多样的途径进行推广，增强社会的文化认同感。在全社会广泛宣传融合教育的理念，从观念上营造融合的社会氛围，使其深入人心，为融合教育的实现奠定理念及文化基础。

2. 完善融合教育的法律法规

当今世界各国均以各种相关的法律法规、政策文件等来保证像残障人这样的弱势群体享有平等的受教育权，并且对残障人接受教育还在法律法规中赋予了其他群体以外的特殊权利和机会。当前需要明确促进融合教育大学生就业的支持主体就是国家和政府，采取优先安排融合教育大学生就业的非歧视政策，要根据融合教育大学生的总体受教育水平、学科和专业分布、残障类别、就业创业特点等提供支持性、补偿性政策支持。

3. 多渠道确保高校等融合教育经费支持

国外研究表明，残障人所需经费投入至少是普通学生的三倍，随着高校融合教育办学成本的不断增加，需要国家给予经费上的支持，可以以教育经费划拨、购买服务、资助等多形式开展①。最重要的是国家对高校贫困生的资助体系，残障大学生家庭贫困比例较高，需要政府提供更多的经济援助。政府可以集合残联、基金会、社会捐助等各类社会力量，多渠道筹资，构建残障人经费保障机制，以保证更多残障人能够接受高等教育，并使残障人高等融合教育质量得到提升。

（二）高校层面——重在人才培养和支持服务

1. 完善无障碍设施建设，开展融合文化宣传

要建设符合残障大学生需要的无障碍设施，特别是校园内的道路如盲道、坡道等，建筑（如教室、宿舍、餐厅、图书馆等）、无障碍标识、无障碍服务的设施和设备等。同时，还需要营造残健融合的校园文化环境，让残障学生真正享受到与健全学生平等的各项权利。

---

① 王珍珍．中州大学聋人高等教育的现状、问题及对策［J］．中州大学学报，2013，30（3）：91-94.

2. 加强融合教育教师培训，提高师资专业化水平

高校需重视对既有教师的培训和继续教育工作，以"集中培训，分组活动，专题引领，专业发展"为宗旨，注重融合教育理念、目标、方法、内容的整体构建，提升培训的专业性、针对性和实效性。此外，还要提高融合教育教学管理等教辅人员对高等融合教育的认识及相关业务水平，共同营造融合教育的良好氛围。

3. 重视就业支持工作，加强与各部门沟通合作

各高校需高度重视残障学生的就业支持服务，特别是残障学生的就业能力、就业技巧和就业信息的提供，做好就业转衔准备。当然，在这一过程中，仅仅靠学校是无法实现有效转衔的，还需要学生本人、学生家长、用人单位和教育行政机构、民政、残联等部门的通力合作，共同支持。

（三）家庭层面——重在情感支持和信息支持

家庭支持主要包含情感支持、经济支持和信息及物品支持，目前家庭对残障大学生的支持主要是经济支持和实物支持，所以需要重视的是对残障大学生的情感支持和信息支持，主要是对残障学生的关心、鼓励和帮助；信息支持主要是各类学习、实习、生活、就业等信息的提供。首先，建立互相关心、和睦友爱的家庭氛围，为残障大学生提供包容、信任、安全的情感支持，激励残障大学生积极上进；其次，家庭成员应加强与残障大学生的联系与沟通，及时关注学生的心理、情感的变化，培养他们积极向上、自信自强的品格；最后，残障大学生家长可加强与学校的联系，通过与教师或辅导员的沟通，介绍学生的成长经历、性格特点等，了解学校个性化人才培养与服务等各方面的信息，共同支持残障大学生的成长。

（四）社会层面——重在资源链接和互动协作支持

一方面，加大与政府的合作力度。残联作为残障人利益的代表，需在残障人政策制定、经费投入、特殊教育计划、残障大学生就业等方面，加强与政府的合作，争取获得政府的支持，从多个层面为残障大学生提供支持；另一方面，开展各类资源链接，残联在残障人康复、教育培训、职业咨询等许多方面具有独特的

优势，可以为残障大学生提供不同的项目服务，如英国的类似机构就为在校的残障大学生提供职业能力的培养和培训、残障人师资队伍的技能培训和建设等。互动、协作、多元、主动是创新残障人高等融合教育支持体系运行机制的关键，因此需要残联积极协调好支持体系内非政府组织与政府、高校、社区之间形成相互合作的良好关系，以此共同支持残障学生的发展。

融合教育的目标是从我国现阶段国情、社会发展对教育的总体要求出发的，是我国残障人高等教育的发展方向。残障大学生支持体系是一项综合性、系统性、持续性的国家事业，要落实到治理体系和治理能力现代化上，就需要政府、高校、家庭、残联、社会的通力协作，共同探索和形成具有中国特色的残障大学生支持体系。

［基金项目］本文系 2021 年江苏共享发展研究基地项目"融合教育视域下残障大学生支持体系研究"（立项号：21gxjd04）的阶段性成果。

［课题组成员］章彤、张洪杰、李静、陈洁、熊琪、陈洁、韩同远、沈群芳。

参考文献

［1］刘晓艳，李波. 从理念到实践：西藏推展全纳教育的几点启示［J］. 西藏大学学报，2019，34（3）：218-223.

［2］赵川芳. 近 30 年来残障儿童立法政策综述［J］. 当代青年研究，2015（4）：124-128.

［3］张洪杰. 新时期高校学生弱势群体的扶持对策［J］. 现代教育管理，2010（12）：95-97.

［4］杨国斌. 少数民族地区残障人远程教育的实践与对策：以内蒙古地区为例［J］. 广播电视大学学报（哲学社会科学版），2014（1）：111-115.

［5］武砀，王翠艳，胡胜. 台湾高校资源教室服务功能解读及启示［J］. 绥化学院学报，2016，36（4）：15-19.

［6］王丹. 国外高校图书馆残障读者服务研究及启示［J］. 图书馆理论与实践，2019（9）：63-67.

［7］肖放，落合俊郎，朴在国. 中国大学生对残障人态度的调查研究 ［J］. 中国特殊教育，2008（8）：3-10.

［8］王珍珍. 中州大学聋人高等教育的现状、问题及对策 ［J］. 中州大学学报，2013，30（3）：91-94.

优势视角下激发残疾大学生就业
内生驱动力研究

于　莉*

内容摘要：从优势视角分析残疾大学生就业的个人优势及环境优势，即个人优势有较高的回归愿望、较好的就业心态、较强的动手能力、较高的形象思维能力、较好的抗干扰能力、较强的适应能力、较强的团队协作能力、较强的自强精神以及较强的意志品质；环境优势有政府支持性的社会政策、实践性的职业技能、针对性的就业岗位、重要性的家庭关怀、关爱性的社会环境、系统性的救助网络以及潜在性的创业机会等。这些优势都是健全大学生所不能比拟的，残疾大学生可以充分地利用自身资源更好地择业与创业，残疾大学生就业的过程就是个人优势激发内生驱动力驱动个体行动的过程，也是把外部因素（环境优势）内化的过程，使残疾大学生平等地充分参与社会生活，共享社会物质文化成果。

关键词：优势视角；残疾大学生；就业内生驱动力

一、引言

目前，我国有 8500 多万残疾人，残疾人就业已成为残疾人事业的重要内容，政府相关部门也已出台多项政策努力保障残疾人的相关权益，但政策制定相关部

---

* 于莉，南京特殊教育师范学院副研究员，硕士；主要研究领域为教育管理、思想政治教育。

门只是从问题视角制定政策，没有深入挖掘残疾大学生在就业方面的优势等。只有将问题视角取向转为优势视角取向，才能更全面、更科学地、更有针对性地对其实施就业政策，从而有利于顺利实施政府职能，有利于保障残疾人的合法权益，有利于社会的和谐与稳定，更有利于推进南京成为高校毕业生高质量就业试点城市。2021年，南京荣获"中国年度最佳促进就业城市"奖项，在稳就业、促就业工作中树立了优秀的城市榜样，如能进一步使残疾大学生更充分更高质量就业，南京的就业工作将更优秀、更有特色，也更符合《南京市"十四五"残疾人事业发展规划》的期望，"能使残疾人家庭人均收入年均增速与经济增长同步"，不断满足广大残疾大学生对美好生活的向往。

优势视角（Strength Perspective），是20世纪80年代在美国出现的一种重要的社会工作理论和实务模式。它完全解构了以往社会工作针对服务对象采取的问题视角取向的服务模式，而是建立起了一种优势视角取向的服务模式。它反对将服务对象问题化，认为问题的标签对服务对象有蚕食的效应，重复次数多了，会改变服务对象对自身的看法和周围人对自己的评价。它强调以优势的视角看待服务对象及问题，而这种优势包括个人优势和环境优势。在习近平新时代中国特色社会主义思想指导下的中国，更加重视人的权利和尊严，因此，我们应该把注意力聚焦在残疾大学生自身所拥有的资源和优势上，帮助他们挖掘自身内在的潜力和外在环境的资源。残疾大学生就业的过程就是个人优势激发内生驱动力驱动个体行动的过程，也是把外部因素（环境优势）内化的过程。

本文在优势理论的研究视角下，以T学院毕业生为例，通过与残疾大学生人数和专业相似的健全大学生就业情况相对比，采取调查问卷、随机访谈、数据分析等形式，得到残疾大学生就业现状的第一手资料，进一步了解残疾大学生就业的个人优势及环境优势，即个人优势有较高的回归愿望、较好的就业心态、较强的动手能力、较高的形象思维能力、较好的抗干扰能力、较强的适应能力、较强的团队协作能力、较强的自强精神以及较强的意志品质；环境优势有政府支持性的社会政策、实践性的职业技能、针对性的就业岗位、重要性的家庭关怀、关爱性的社会环境、系统性的救助网络以及潜在性的创业机会等，从而有针对性地激发残疾大学生就业的内生驱动力，提高残疾大学生的就业质量，提升政府及高校对残疾大学生就业的服务水平，使残疾大学生能更好地共享美好生活。

二、研究结果与分析

通过线上、线下调研的方式共向大学生发放调研问卷 212 份，回收 212 份，有效调研问卷 200 份，问卷有效率 94%。

（一）残疾大学生就业的个人优势

经调研（见表 1），残疾大学生认为自身的个人优势对激发就业内生驱动力的影响由大到小分别为：自信（confidence）>能力（competencies）>热望（aspirations），其中有 48.18% 的残疾大学生认为"较强的自强精神"对自身就业有很大帮助，这就要求政府要进一步地加强残疾大学生"四自精神"的宣传与肯定；只有 21.57% 的残疾大学生认为"较好的就业心态"对自身就业有很大帮助，这就需要高校及家庭帮助残疾大学生调整就业心态。

表 1　残疾大学生就业的各项个人优势调研占比　　　单位：%

个人优势		很大帮助占比	比较有帮助占比	有点帮助占比	没有帮助占比	总占比
热望（aspirations）	较高的回归愿望	31.37	30.53	30.25	7.85	100
	较好的就业心态	21.57	32.04	37.55	8.84	100
能力（competencies）	较强的动手能力	29.41	38.55	28.11	3.93	100
	较高的形象思维能力	39.41	29.76	26.90	3.93	100
	较好的抗干扰能力	39.41	32.17	24.49	3.93	100
	较强的适应能力	47.25	30.19	16.67	5.89	100
	较强的团队协作能力	43.33	33.37	17.41	5.89	100
自信（confidence）	较强的自强精神	48.18	28.92	20.02	2.88	100
	较强的意志品质	39.22	36.14	20.72	3.92	100
平均占比		37.68	32.41	24.68	5.23	100

1. 较高的回归愿望促进残疾大学生融入社会

残疾大学生由于先天或后天的残疾，较为自卑，通过后天的刻苦学习，更迫切地想证明自身的价值，更好地融入主流社会，有较高的回归社会的愿望。以"您认为，回归社会愿望对残疾大学生就业的影响程度？"为题，调查残疾大学生个人优势对激发就业内生驱动力的影响程度，由表2可知，31.5%的残疾大学生认为较高的回归社会愿望对就业有很大帮助，61%的残疾大学生认为比较有帮助或有点帮助，7.5%的残疾大学生认为较高的回归愿望对自己没有帮助，这部分大学生需要得到就业指导师与家庭的关注与引导，帮助其更好地融入主流社会。

表2　较高的回归愿望对残疾大学生就业的影响程度

影响程度	频率	百分比（%）	有效百分比（%）	累积百分比（%）
很大帮助	63	31.5	31.5	31.5
比较有帮助	61	30.5	30.5	62
有点帮助	61	30.5	30.5	92.5
没有帮助	15	7.5	7.5	100

2. 较好的就业心态帮助残疾大学生成功就业

残疾大学生对自身的工作期望比较符合实际，有较好的就业心态，能够脚踏实地地做好初入社会后的第一份工作。以"您认为，较好的就业心态对残疾大学生就业的影响程度？"为题，调查残疾大学生个人优势对激发就业内生驱动力的影响程度，由表3可知，21.5%的残疾大学生认为较好的就业心态对就业有很大

表3　较好的就业心态对残疾大学生就业的影响程度

影响程度	频率	百分比（%）	有效百分比（%）	累积百分比（%）
很大帮助	43	21.5	21.5	21.5
比较有帮助	64	32	32	53.5
有点帮助	77	38.5	38.5	92
没有帮助	16	8	8	100

帮助，70.5%的残疾大学生认为比较有帮助或有点帮助，8%的残疾大学生认为没有帮助，这些同样需要得到就业指导师的关注。而"较好的就业心态"是残疾大学生最不认可的一项个人优势，这也从一个侧面反映高校就业指导师对残疾大学生就业指导不够，应针对性地加以引导，帮助残疾大学生成功就业创业。

3. 较强的动手能力、较强的形象思维能力、较好的抗干扰能力助力残疾大学生就业

残疾大学生尤其是聋哑人通过手势语言和别人进行交流，手指灵活，动手能力强，如聋哑人大学生集中在美术、视觉传达设计、动漫、计算机科学与技术、广告装潢设计、文物修复与保护、绘画、口腔医学、服装与服饰设计、摄影摄像技术、汽车运用与维修技术、舞蹈表演、中西面点工艺等专业学习；盲人大学生集中在针灸推拿、音乐学、声乐表演、应用心理学等专业学习。身体的缺陷也使脑力得到功能性补偿，有较强的思维能力，如盲人大学生的记忆力超强，这些都是健全大学生很难做到的。同时，在健全人专注于某一件事情时，分散健全人注意力的主要是声音，由于聋人大学生可以自然地排除外部的声音干扰，因而可以更专注地学习和工作，有较好的抗干扰能力。其他类型残疾大学生也因身体某方面功能受限，抗干扰能力强，更能集中注意力工作。

以"您认为，较强的动手能力对残疾大学生就业的影响程度？"为题，调查残疾大学生个人优势对激发就业内生驱动力的影响程度，由表4可知，29.5%的残疾大学生认为较强的动手能力对就业有很大帮助，66.5%的残疾大学生认为比较有帮助或有点帮助，4%的残疾大学生认为没有帮助。

表4 较强的动手能力对残疾大学生就业的影响程度

影响程度	频率	百分比（%）	有效百分比（%）	累积百分比（%）
很大帮助	59	29.5	29.5	29.5
比较有帮助	77	38.5	38.5	68
有点帮助	56	28	28	96
没有帮助	8	4	4	100

以"您认为，较强的形象思维能力对残疾大学生就业的影响程度？"为题，调查残疾大学生个人优势对激发就业内生驱动力的影响程度，由表5可知，

39.5%的残疾大学生认为较强的形象思维能力对就业有很大帮助，57%的残疾大学生认为比较有帮助或有点帮助，3.5%的残疾大学生认为没有帮助。

表5 较强的形象思维能力对残疾大学生就业的影响程度

影响程度	频率	百分比（%）	有效百分比（%）	累积百分比（%）
很大帮助	79	39.5	39.5	39.5
比较有帮助	60	30	30	69.5
有点帮助	54	27	27	96.5
没有帮助	7	3.5	3.5	100

以"您认为，较好的抗干扰能力对残疾大学生就业的影响程度？"为题，调查残疾大学生个人优势对激发就业内生驱动力的影响程度，由表6可知，39.5%的残疾大学生认为较好的抗干扰能力对就业有很大帮助，56.5%的残疾大学生认为比较有帮助或有点帮助，4%的残疾大学生认为没有帮助。

表6 较好的抗干扰能力对残疾大学生就业的影响程度

影响程度	频率	百分比（%）	有效百分比（%）	累积百分比（%）
很大帮助	79	39.5	39.5	39.5
比较有帮助	64	32	32	71.5
有点帮助	49	24.5	24.5	96
没有帮助	8	4	4	100

4. 较强的适应能力增加残疾大学生就业忠诚度

以"您认为，较强的适应能力对残疾大学生就业的影响程度？"为题，调查残疾大学生个人优势对激发就业内生驱动力的影响程度，由表7可知，47.5%的残疾大学生认为较强的适应能力对就业有很大帮助，46.5%的残疾大学生认为比较有帮助或有点帮助，6%的残疾大学生认为没有帮助。

表7　较强的适应能力对残疾大学生就业的影响程度

影响程度	频率	百分比（%）	有效百分比（%）	累积百分比（%）
很大帮助	95	47.5	47.5	47.5
比较有帮助	60	30	30	77.5
有点帮助	33	16.5	16.5	94
没有帮助	12	6	6	100

5. 较强的团队协作能力促使残疾大学生更有集体荣誉感

残疾大学生因身体缺陷，互帮互助的意识和现象较为明显，有较强的团队协作能力，这些都可以很好地应用在工作中。以"您认为，较强的团队协作能力对残疾大学生就业的影响程度？"为题，调查残疾大学生个人优势对激发就业内生驱动力的影响程度，由表8可知，43.5%的残疾大学生认为较强的团队协作能力对就业有很大帮助，51%的残疾大学生认为比较有帮助或有点帮助，5.5%的残疾大学生认为没有帮助。

表8　较强的团队协作能力对残疾大学生就业的影响程度

影响程度	频率	百分比（%）	有效百分比（%）	累积百分比（%）
很大帮助	87	43.5	43.5	43.5
比较有帮助	67	33.5	33.5	77
有点帮助	35	17.5	17.5	94.5
没有帮助	11	5.5	5.5	100

6. 较强的自强精神、较强的意志品质激发残疾大学生就业内生驱动力

在求学过程中，由于身体及家庭等因素，不断地有残疾人辍学，能够进入大学的都是残疾人中的佼佼者，这使残疾大学生比普通残疾人更自信，更有自强精神。残疾大学生虽然从小受到生理和心理的磨难，但是身残志坚，有较强的意志品质，即使在工作中遇到困难，也可以更好地迎难而上，这些也成为他们在就业中的优势。

以"您认为，较强的自强精神对残疾大学生就业的影响程度？"为题，调查残疾大学生个人优势对激发就业内生驱动力的影响程度，由表9可知，41%的残疾大学生认为较强的自强精神对就业有很大帮助，53%的残疾大学生认为比较有

帮助或有点帮助，6%的残疾大学生认为没有帮助，而"较强的自强精神"也是残疾大学生认可度最高的一项个人优势，是激发残疾大学生就业的主要内生驱动力。

表9 　较强的自强精神对残疾大学生就业的影响程度

影响程度	频率	百分比（%）	有效百分比（%）	累积百分比（%）
很大帮助	82	41	41	41
比较有帮助	58	29	29	70
有点帮助	48	24	24	94
没有帮助	12	6	6	100

以"您认为，较强的意志品质对残疾大学生就业的影响程度？"为题，调查残疾大学生个人优势对激发就业内生驱动力的影响程度，由表10可知，39%的残疾大学生认为较强的意志品质对就业有很大帮助，56.5%的残疾大学生认为比较有帮助或有点帮助，4.5%的残疾大学生认为没有帮助。

表10 　较强的意志品质对残疾大学生就业的影响程度

影响程度	频率	百分比（%）	有效百分比（%）	累积百分比（%）
很大帮助	78	39	39	39
比较有帮助	72	36	36	75
有点帮助	41	20.5	20.5	95.5
没有帮助	9	4.5	4.5	100

（二）残疾大学生就业的环境优势

残疾大学生认为环境优势对激发就业内生驱动力的影响程度由高到低分别为实践性的职业技能、重要性的家庭关怀、针对性的就业岗位、关爱性的社会环境、潜在性的创业机会、系统性的救助网络、支持性的社会政策，综上所述，残疾大学生均认可以上环境优势，并认为环境优势对激发就业内生驱动力是相辅相成的。如表11可知，有51%的残疾大学生认为"实践性的职业技能"对自身就业有很大帮助，这就要求政府、高校进一步加强残疾大学生实践性职业技能的培养；只有36%的残疾大学生认为"系统性的救助网络""支持性的社会政策"对自身就业有很大帮助，这就需要政府、高校及家庭帮助残疾大学生更全面、深入地了解残疾大学生就业创业政策，使其更好地择业、就业与创业。

表11 残疾大学生就业的各项环境优势调研占比   单位:%

个人优势		很大帮助占比	比较有帮助占比	有点帮助占比	没有帮助占比	总占比
资源 （resources）	支持性的社会政策	35.5	33.5	25	6	100
	实践性的职业技能	51	40.5	6	2.5	100
	针对性的就业岗位	47.5	38	10.5	4	100
	重要性的家庭关怀	49.5	32.5	13.5	4.5	100
社会关系 （social relations）	关爱性的社会环境	39.5	28	28	4.5	100
机会 （opportunities）	系统性的救助网络	36	41.5	18	4.5	100
	潜在性的创业机会	37.5	30	25	7.5	100
平均占比		42.4	34.9	18	4.7	100

1. 支持性的社会政策助力残疾大学生就业创业

支持性的社会政策，如国家鼓励扶持残疾人自主择业、自主创业。对残疾人从事个体经营的，依法给予税收优惠，有关部门在经营场地等方面给予照顾，并按照规定免收管理类、登记类和证照类的行政事业性收费。国家对自主择业、自主创业的残疾人在一定期限内给予小额信贷等扶持。

以"您认为，支持性的社会政策对残疾大学生就业的影响程度?"为题，调查残疾大学生环境优势对激发就业内生驱动力的影响程度，由表12可知，35.5%的残疾大学生认为支持性的社会政策对就业有很大帮助，58.5%的残疾大学生认为比较有帮助或有点帮助，6%的残疾大学生认为没有帮助，而"支持性的社会政策"也是残疾大学生认为最不能激发残疾大学生就业内生驱动力的环境优势之一。这就希望政府能出台更多切实可行的相关系统性、连续性、支持性社会政策，同时也要宣传落实好政府出台的相关政策，提升政策渗透力。

表12 支持性的社会政策对残疾大学生就业的影响程度

影响程度	频率	百分比（%）	有效百分比（%）	累积百分比（%）
很大帮助	71	35.5	35.5	35.5
比较有帮助	67	33.5	33.5	69
有点帮助	50	25	25	94
没有帮助	12	6	6	100

2. 实践性的职业技能促进残疾大学生就业创业

以就业为导向，鼓励各级各类特殊教育学校、职业学校及其他教育培训机构开展多层次残疾人职业教育培训，着力加强订单式培训、定向培训和定岗培训，强化实际操作技能训练和职业素质培养，着力提高培训后的就业率。建立残疾人职业培训补贴与培训质量、一次性就业率相衔接的机制。加强残疾人职业能力开发，建立健全残疾人职业技能人才奖励机制。举办全国残疾人职业技能竞赛，鼓励其参加国际残疾人奥林匹克职业技能竞赛。

以"您认为，实践性的职业技能对残疾大学生就业的影响程度?"为题，调查残疾大学生环境优势对激发就业内生驱动力的影响程度，由表13可知，51%的残疾大学生认为实践性的职业技能对就业有很大帮助，46.5%的残疾大学生认为比较有帮助或有点帮助，2.5%的残疾大学生认为实践性的职业技能没有帮助。据调研，"实践性的职业技能"是残疾大学生最认可的环境优势，政府应继续加强此项工作的开展。南京市政府也正是如此做的，在《南京市"十四五"残疾人事业发展规划》中明确指出，南京市政府每年为不少于2000名残疾人提供职业技能培训服务以促进残疾人更好地就业创业。

表13 实践性的职业技能对残疾大学生就业的影响程度

影响程度	频率	百分比（%）	有效百分比（%）	累积百分比（%）
很大帮助	102	51	51	51
比较有帮助	81	40.5	40.5	91.5
有点帮助	12	6	6	97.5
没有帮助	5	2.5	2.5	100

3. 针对性的就业岗位保障残疾大学生就业创业

用人单位按照一定比例安排残疾人就业，并为其提供适当的工种、岗位。用人单位安排残疾人就业的比例不低于本单位在职职工总数的 1.5%。用人单位安排残疾人就业达不到其所在地省、自治区、直辖市人民政府规定比例的，缴纳残疾人就业保障金。这些就业岗位都是优先录取残疾大学生，这也是残疾大学生在就业上的资源优势。2022 年 3 月，江苏省委组织部、江苏省人社厅发布公告，部分省属事业单位设专门岗位招聘残疾人。

以"您认为，针对性的就业岗位对残疾大学生就业的影响程度？"为题，调查残疾大学生环境优势对激发就业内生驱动力的影响程度，由表 14 可知，47.5% 的残疾大学生认为针对性的就业岗位对就业有很大帮助，48.5% 的残疾大学生认为比较有帮助或有点帮助，4% 的残疾大学生认为针对性的就业岗位没有帮助。

表 14 针对性的就业岗位对残疾大学生就业的影响程度

影响程度	频率	百分比（%）	有效百分比（%）	累积百分比（%）
很大帮助	95	47.5	47.5	47.5
比较有帮助	76	38	38	85.5
有点帮助	21	10.5	10.5	96
没有帮助	8	4	4	100

4. 重要性的家庭关怀、关爱性的社会环境营造良好的就业氛围

残疾大学生希望能得到家庭成员中更多人的帮助，为其提供更多工具性（或实质或物质）、资讯性和情感性支持，如提供更多、更有针对性的就业信息，家庭关怀也在残疾大学生就业中发挥重要作用。经研究发现，个体处于安全、有归属感的人际关系中时就会做出更多的内在动机行为，激发残疾大学生就业的内生驱动力。不论是残疾大学生家庭还是用人单位，都应对残疾大学生存在或多或少的包容与关爱，对他们有较大的耐心及包容心，这样更有利于残疾大学生适应就业的新工作及新环境。

以"您认为，重要性的家庭关怀对残疾大学生就业的影响程度？"为题，调查残疾大学生环境优势对激发就业内生驱动力的影响程度，由表 15 可知，49.5% 的残疾大学生认为重要性的家庭关怀对就业有很大帮助，46% 的残疾大学

生认为比较有帮助或有点帮助，4.5%的残疾大学生认为家庭关怀没有帮助。据调研，重要性的家庭关怀对残疾大学生就业内生驱动力的影响大于支持性的社会政策和针对性的就业岗位，说明残疾大学生渴望得到家庭对其就业的支持。

表 15　重要性的家庭关怀对残疾大学生就业的影响程度

影响程度	频率	百分比（%）	有效百分比（%）	累积百分比（%）
很大帮助	99	49.5	49.5	49.5
比较有帮助	65	32.5	32.5	82
有点帮助	27	13.5	13.5	95.5
没有帮助	9	4.5	4.5	100

以"您认为，关爱性的社会环境对残疾大学生就业的影响程度？"为题，调查残疾大学生环境优势对激发就业内生驱动力的影响程度，由表 16 可知，39.5%的残疾大学生认为关爱性的社会环境对就业有很大帮助，56%的残疾大学生认为比较有帮助或有点帮助，4.5%的残疾大学生认为关爱性的社会环境没有帮助。

表 16　关爱性的社会环境对残疾大学生就业的影响程度

影响程度	频率	百分比（%）	有效百分比（%）	累积百分比（%）
很大帮助	79	39.5	39.5	39.5
比较有帮助	56	28	28	67.5
有点帮助	56	28	28	95.5
没有帮助	9	4.5	4.5	100

5. 系统性的救助网络支撑残疾大学生就业创业

残疾大学生除了与健全大学生一样，拥有学校就业办公室、家庭、网络等渠道提供的就业岗位外，还拥有各级残联部门提供的就业信息，以及民间福利组织提供的就业岗位。中国残疾人联合会及其地方组织依照法律、法规或者接受政府委托，负责残疾人就业工作的具体组织实施与监督。工会、共产主义青年团、妇女联合会，在各自的工作范围内，做好残疾人就业工作。各级人民政府和有关部门应当为就业困难的残疾人提供有针对性的就业援助服务，鼓励和扶持职业培训机构为残疾人提供职业培训，并组织残疾人定期开展职业技能竞赛。残疾人职工与用人单位发生争议的，当地法律援助机构依法为其提供法律援助，各级残疾人联合会给予支持和帮助。

以"您认为，系统性的救助网络对残疾大学生就业的影响程度？"为题，调查残疾大学生环境优势对激发就业内生驱动力的影响程度，由表 17 可知，36%的残疾大学生认为系统性的救助网络对就业有很大帮助，59.5%的残疾大学生认为比较有帮助或有点帮助，4.5%的残疾大学生认为系统性的救助网络没有帮助。而"系统性的救助网络"也是残疾大学生认为最不能激发残疾大学生就业内生驱动力的环境优势之一。这说明并不是全部残疾大学生都了解政府的就业救助网络，急需进一步加强宣传。

表 17　系统性的救助网络对残疾大学生就业的影响程度

影响程度	频率	百分比（%）	有效百分比（%）	累积百分比（%）
很大帮助	72	36	36	36
比较有帮助	83	41.5	41.5	77.5
有点帮助	36	18	18	95.5
没有帮助	9	4.5	4.5	100

6. 潜在性的创业机会激发残疾大学生就业创业

随着我国经济发展水平的提高，越来越多的残疾人平等地享受着我国改革发展的成果，残疾大学生越来越重视自身的物质生活及精神生活，残疾大学生可以利用政府的优惠政策，通过自身创业设身处地地投身残疾人服务事业，不断地增加残疾人就业岗位，以创业带动就业，为残疾大学生创造就业机会。当今社会，平台经济、网络经济、共享经济等新技术、新产业、新业态、新模式的快速发展，催生了平台型就业、共享型就业、创业型就业等多种形式的就业，成为残疾大学生潜在性的就业创业机会。通过科学技术，也很好地弥补了残疾大学生行动或生理性沟通不便的劣势，为残疾大学生居家就业和创业提供了科技支持，实现了残疾大学生与健全大学生在同一起跑线上就业创业的梦想。

以"您认为，潜在性的创业机会对残疾大学生就业的影响程度？"为题，调查残疾大学生环境优势对激发就业内生驱动力的影响程度，由表 18 可知，37.5%的残疾大学生认为潜在性的创业机会对就业有很大帮助，55%的残疾大学生认为比较有帮助或有点帮助，7.5%的残疾大学生认为潜在性的创业机会没有帮助，这说明需要进一步做好残疾大学生创业工作，以创业带动就业，不断拓宽残疾大学生就业渠道。

表18　潜在性的创业机会对残疾大学生就业的影响程度

影响程度	频率	百分比（%）	有效百分比（%）	累积百分比（%）
很大帮助	75	37.5	37.5	37.5
比较有帮助	60	30	30	67.5
有点帮助	50	25	25	92.5
没有帮助	15	7.5	7.5	100

（三）激发残疾大学生就业内生驱动力的现状

1. 残疾大学生就业内生驱动力不足，观念需转变

残疾大学生可能自出生就受到外界的歧视，认为自己各方面都不如健全人，比较自卑。据调研，7.5%的残疾大学生认为自己没有较强的回归社会愿望，政府、高校、社会都应从不同方面激发残疾大学生的就业内生驱动力，让其认清自身就业的个人优势与环境优势，转变就业观念，从"等""靠""要"的就业观念转变为主动就业。

2. 残疾大学生就业内生驱动力激发不够，定位不准确

据调研，8%的残疾大学生认为自己没有较好的就业心态，而"较好的就业心态"是残疾大学生最不认可的一项个人优势，这反映了残疾大学生缺少科学的职业规划，就业定位不准确，也反映了高校对残疾大学生就业的内生驱动力激发不够。

3. 残疾大学生就业信息管理平台建设滞后，支撑不够

据调研，目前省一体化人社信息平台还没有完全建成，虽然政府出台了很多帮助残疾大学生就业的惠民政策，但是因宣传不够，很多残疾大学生关注不够，错失了政策红利的获得。据调研，6%的残疾大学生认为社会政策支持不够，"支持性的社会政策"是残疾大学生认为最不能激发残疾大学生就业内生驱动力的环境优势之一。

4. 高校对残疾大学生就业能力关注不够，追踪反馈机制不健全

调研组通过问卷调查的方式得知，4%的残疾大学生认为自身能力不足，包括动手能力、形象思维能力和抗干扰能力，这从一个侧面反映了高校对残疾大学生就业能力关注不够，追踪反馈机制不健全。

5. 残疾大学生就业激发主体联动性不强，残疾大学生就业内生驱动力的激发力尚未形成合力

据调研，政府、高校、社会各自为残疾大学生开展就业帮扶工作，出现许多重复的帮扶措施，如政府和高校都对残疾大学生提供了就业指导，政府和社会都对残疾大学生提供就业实习岗位，社会和高校都对残疾大学生提供了岗位培训，但就业帮扶实施主体（政府、高校、社会）联动性不强，就业帮扶措施零散，相关政策没有宣传到位，没有达到全覆盖，存在就业帮扶死角，残疾大学生就业内生驱动力的激发力尚未形成合力。

三、对策

优势视角下，从残疾大学生就业的个人优势和环境优势出发，多措并举激发残疾大学生就业内生驱动力，使残疾大学生就业达到"优势生信心，资源生力量"的效果。

1. 促进转变就业观念

促进残疾大学生转变"等""靠""要"的就业观念，使残疾大学生意识到"个人优势生信心、环境资源生力量"，增进激发残疾大学生就业内生驱动力的意识，强化残疾大学生的"四自精神"。具体做法如下：

（1）开展成功就业甚至高质量就业残疾大学生励志报告会等，激发残疾大学生成功就业希望。

（2）开展残疾大学生职业技能大赛并将优秀残疾大学生向行业协会推荐，尊重残疾大学生个人就业向往和自主决定，鼓励和赞美残疾大学生发挥个人专业特长。

（3）开展以"四自精神"为主题的动漫设计大赛、VLOG视频博客大赛等，用青年残疾大学生喜闻乐见的宣传活动，激发残疾大学生就业内生驱动力。

（4）依托残联，成立残疾大学生自助委员会，鼓励求职成功的残疾大学生成为助人者，稳固自我肯定。

2. 帮助找准职业定位

深挖残疾大学生就业内生驱动力，运用霍兰德类型论进行职业定向，帮助残疾大学生做好职业规划。优势观点具体策略包括：

（1）以真诚对待建立信任关系和肯定残疾大学生的独特性和存在价值，激发残疾大学生就业内生驱动力。

（2）通过媒体宣传优秀残疾大学生高质量就业创业事迹，指出、肯定和赞美残疾大学生的优点，增进了解残疾大学生正向特质和能力。

（3）运用霍兰德类型论测量工具或优点评量方法探索残疾大学生内在正向能力，根据霍兰德类型论测量出残疾大学生是现实型（R）、研究型（I）、艺术型（A）、社会型（S）、企业型（E）还是事务型（C），以使残疾大学生进一步了解自己的职业意图、职业兴趣以及人格。

3. 提供内生驱动力的支撑

运用区块链技术构建残疾大学生求职信息管理平台，对用人单位的需求信息实时更新，打通政府、高校、用人单位及残疾大学生的信息传输路径，可有效解决信息不对称问题，消除"数字鸿沟"，努力推动信息无障碍建设，实现残疾大学生与健全大学生在同一起跑线就业创业的梦想，为激发残疾大学生就业内生驱动力提供信息技术支撑。

同时，加强顶层设计，构建"五位一体"的残疾大学生就业帮扶体系，改善大学生就业创业环境，也为激发残疾大学生就业内生驱动力提供帮扶体系支撑。

4. 着重职业技能帮扶

构建残疾大学生就业能力提升平台，健全追踪反馈机制。相关部门及时掌握残疾大学生就业创业情况，动态分析残疾毕业生就业创业的主要特征与变化趋势，了解他们的职业发展与成长情况，对在就业创业过程中遭遇困难的残疾大学生，主动开展援助与服务。

着重职业技能帮扶，利用"互联网+"、残疾大学生动手能力强等环境优势和个人优势，从新业态、新模式中挖掘残疾大学生就业创业潜力，找准激发残疾大学生就业内生驱动力的发展路径。利用"互联网+"激活残疾大学生就业新形态，其可做信息安全测试员、电商推广员、云客服等；根据残疾大学生动手能力强、抗干扰能力好等个人优势，其可做金属热处理工、铸造工、钳工、冲压工、铆工等职业，这些职业都是人力资源社会保障部统计出来的短缺职业，而这些职业都需要职业技能的加持，需要对残疾大学生进行技能帮扶。

5. 整合环境优势资源

充分发挥体制优势和区块链等科学技术，促进政府、社会、用人单位形成合力，实现残疾大学生优势资源的有效整合和科学配置，凝聚激发残疾大学生就业内生驱动力的力量。

支持性、系统性、连续性的残疾大学生就业政策，为残疾大学生激发就业内生驱动力提供政策支撑。比如，残疾大学生找工作较困难，一旦成功就业，适应能力较强，忠诚度高，针对残疾大学生这一个人优势，政府应继续加大安排残疾人就业的比例，继续把公益性岗位的开发作为民生实事，提供更多更有针对性的就业岗位，以保障残疾大学生就业创业，同时，政府在购买基层公共管理和社会服务岗位时，可更多地吸纳残疾大学生，使残疾大学生更好地服务基层、扎根基层。

同时，也要宣传落实好政府出台的相关政策，提升政策渗透力。政府、高校及家庭帮助残疾大学生更全面深入地了解残疾大学生就业创业政策，使其更好地择业、就业与创业，使残疾大学生就业内生驱动力的激发力形成合力。尤其是残疾大学生家庭要认识到自身在残疾大学生就业工作中的重要作用，努力为残疾大学生营造出鼓励就业创业、积极向上的良好就业氛围。

四、小结

经研究分析，优势视角下，从残疾大学生就业的个人优势和环境优势出发，多措并举激发残疾大学生就业内生驱动力，使残疾大学生就业达到"优势生信心，资源生力量"的效果。应促进转变就业观念，增进激发残疾大学生就业内生驱动力的意识；深挖内生驱动力源泉，帮助找准职业定位，引导激发残疾大学生就业内生驱动力的生成；提供内生驱动力的支撑，奠定激发残疾大学生就业内生驱动力的基础；着重职业技能帮扶，找准激发残疾大学生就业内生驱动力的发展路径；整合环境优势资源，凝聚激发残疾大学生就业内生驱动力的力量。

［基金项目］本文系 2021 年江苏共享发展研究基地项目"优势视角下激发残障大学生就业内生驱动力研究"（立项号：21gxjd09）的阶段性成果。

［课题组成员］于莉、涂平荣、蒋科星。

参考文献

［1］宋丽玉，施教裕. 优势观点：社会工作理论与实务 ［M］. 北京：社会科学文献出版社，2010：10.

［2］Dennis Saleebey. 优势视角：社会工作实践的新模式 ［M］. 李亚文，杜立婕，译. 上海：华东理工大学出版社，2004：6.

［3］严景霞. 优势视角下社会工作介入智障人士就业研究 ［D］. 南京：南京师范大学，2016.

附录一

残疾大学生就业内生驱动力研究调查问卷

我们是南京特殊教育师范学院课题组，冒昧打扰您是希望您抽出5分钟的时间，填下这份问卷，以期使我校残疾大学生高质量就业，我们将对调查结果的资料保密，所有个人资料都以统计的方式出现，您不必有任何顾虑。感谢您对残疾大学生就业的关心与帮助！

1. 您在我校学习什么专业？

2. 您是女生或男生？□女生　　　□男生

3. 您是残疾学生吗？□是　　　□不是

4. 您的残疾种类？□听力残疾　　□视力残疾　　□肢体残疾　　□智力残疾　　　□无

5. 您认为，回归社会愿望对残疾大学生就业的影响程度？
□很大帮助　□比较有帮助　□有点帮助　□没有帮助

6. 您认为，较好的就业心态对残疾大学生就业的影响程度？
□很大帮助　□比较有帮助　□有点帮助　□没有帮助

7. 您认为，较强的动手能力对残疾大学生就业的影响程度？
□很大帮助　□比较有帮助　□有点帮助　□没有帮助

8. 您认为，较强的形象思维能力对残疾大学生就业的影响程度？
□很大帮助　□比较有帮助　□有点帮助　□没有帮助

9. 您认为，较好的抗干扰能力对残疾大学生就业的影响程度？
□很大帮助　□比较有帮助　□有点帮助　□没有帮助

10. 您认为，较强的适应能力对残疾大学生就业的影响程度？
□很大帮助　□比较有帮助　□有点帮助　□没有帮助

11. 您认为，较强的团队协作能力对残疾大学生就业的影响程度？
□很大帮助　□比较有帮助　□有点帮助　□没有帮助

12. 您认为，较强的自强精神对残疾大学生就业的影响程度？
□很大帮助　□比较有帮助　□有点帮助　□没有帮助

13. 您认为，较强的意志品质对残疾大学生就业的影响程度？
□很大帮助　□比较有帮助　□有点帮助　□没有帮助

14. 您认为，支持性的社会政策对残疾大学生就业的影响程度？
□很大帮助　□比较有帮助　□有点帮助　□没有帮助

15. 您认为，实践性的职业技能对残疾大学生就业的影响程度？
□很大帮助　□比较有帮助　□有点帮助　□没有帮助

16. 您认为，针对性的就业岗位对残疾大学生就业的影响程度？
□很大帮助　□比较有帮助　□有点帮助　□没有帮助

17. 您认为，重要性的家庭关怀对残疾大学生就业的影响程度？
□很大帮助　□比较有帮助　□有点帮助　□没有帮助

18. 您认为，关爱性的社会环境对残疾大学生就业的影响程度？
□很大帮助　□比较有帮助　□有点帮助　□没有帮助

19. 您认为，系统性救助网络对残疾大学生就业的影响程度？
□很大帮助　□比较有帮助　□有点帮助　□没有帮助

20. 您认为，潜在的创业机会对残疾大学生就业的影响程度？
□很大帮助　□比较有帮助　□有点帮助　□没有帮助

21. 您认为，残疾大学生就业还有其他哪些优势？

附录二

残疾大学生就业内生驱动力研究访谈提纲

我们是南京特殊教育师范学院课题组，冒昧打扰您是希望您抽出 5 分钟的时间，接受此次访谈，以期使我校残疾大学生高质量就业，我们将对调查结果的资料保密，您不必有任何顾虑。感谢您对残疾大学生的关心与帮助！

1. 残疾大学生就业的个人优势？

2. 残疾大学生就业的环境优势？

3. 政府激发残疾大学生就业内生驱动力的现状？

4. 高校激发残疾大学生就业内生驱动力的现状？

5. 家庭激发残疾大学生就业内生驱动力的现状？

新时代农村籍大学生返乡创业的
自我激励路径

周素琴　涂平荣[*]

内容摘要：农村籍大学生返乡创业的自我激励有其独特内涵与自身优势，它是农村籍大学生创业成功的源泉动力、根本保证与关键因素。为使农村籍大学生返乡创业的自我激励措施具有针对性、时效性和实效性，应"通过制定职业生涯规划进行自我激励，通过树牢回报家乡、助力振兴乡村信念进行自我激励，通过调整自身就业创业观念进行自我激励，通过以创业先进人物为榜样进行自我激励"等四条路径加以落实，在自我激励领域助推农村籍大学生返乡创业迈向成功。

关键词：新时代；农村籍大学生；返乡创业；自我激励

　　步入新时代，随着"大众创业、万众创新""乡村振兴战略"的全面推进与深入展开，农村籍大学生返乡创业也越显重要了。然而，由于世俗的偏见与创业成功率不高，农村籍大学生返乡创业的社会认可度不高，农村籍大学生自身的自信力度也不够，这就需要加强农村籍大学生返乡创业的自我激励，以帮助农村籍大学生克服在返乡创业过程中的艰难困苦，助推其迈向创业成功之路。

---

　　* 周素琴，女，南京特殊教育师范学院副研究员，硕士；研究领域为大学生就业创业。涂平荣，男，南京特殊教育师范学院教授，博士，硕士生导师，江苏省决策咨询重点研究基地——江苏共享发展研究中心方向带头人，研究领域为伦理学与公共事业管理。

一、农村籍大学生返乡创业自我激励的
独特内涵与自身优势

农村籍大学生返乡创业自我激励不但有其深刻内涵，而且具有自身优势。

（一）农村籍大学生返乡创业自我激励的独特内涵

自我激励是激励主体与客体的角色都是由同一个组织成员来承担的激励类型。它强调个体的自控。个体行为的启动、监控、评估以及奖惩都由个体自身完成。[①] 农村籍大学生是农村的精英，是极少数能够走出农村的文化人，通常被视为当地有出息的能人。但在高校，他们是来自弱势地区——农村的相对弱势群体、是一群具有农耕文化气息与乡土情结的大学生。

农村籍大学生返乡创业自我激励是农村籍大学生这类特殊人群在返乡创业过程的自我激励，指农村籍大学生从自身职业发展与国家、社会需求的高度，主动、自觉、理性地认识自我，通过自我认知，应用科学的方法不断地鞭策鼓励自己，以激发自己的创业信心，锤炼自己的创业能力，并付诸实施，保持创业行为具有振奋精神、鼓舞斗志、提高工作效率与效益的动态过程。自我激励是激发农村籍大学生返乡创业工作积极性与克服工作中的艰难险阻最有效的方式之一，对提高农村籍大学生的综合素质和工作效率具有十分重要的意义。

（二）农村籍大学生返乡创业自我激励的自身优势

自我激励具有内在性、能动性、主体性、精神性、持久性等特点。依据这些特点，农村籍大学生返乡创业具备有效运用自我激励的自身优势：第一，在创业目标上，农村籍大学生通过自我激励，能自我诱发与自我驱动，明确自己返乡创业的目标与价值；第二，在时间安排与手段选择方面，农村籍大学生更能结合农

---

① 俞文钊. 现代激励理论与应用 ［M］. 大连：东北财经大学出版社，2006：228-229.

村实际，科学制定创业方案，合理安排时间，切实选择创业模式，付诸实际行动，及时检查创业进展情况，努力取得创业成效；第三，在环境适应上，农村籍大学生熟悉农村情况，他们能较快地融入当地社会，及时适应当地环境，向当地榜样学习，处理好与当地领导、同行、同事等关系；第四，在创业成效上，农村籍大学生能主动、及时对创业成效进行自我监控、自我检查、自我评价；第五，在持久性上：通过自我激励，农村籍大学生也能充分发挥自身主体性作用，保持持久的、昂扬向上的创业活力①。

二、农村籍大学生返乡创业自我激励的现实意义

农村籍大学生返乡创业自我激励不但有其自身优势，而且它对提高农村籍大学生保持创业热忱，克服创业进程中的艰难险阻、激发自身潜能也具有重要的现实意义。

（一）通过自我激励保持对返乡创业的高度热忱，是农村籍大学生创业成功的源泉动力

农村籍大学生做出了返乡创业的决定，就清醒地认识了自己返乡创业的目的和意义，有了目标才有前进的动力，这种动力将驱动农村籍大学生对返乡创业有高度的热忱，只有保持这种高度热忱才能不被外界的闲言碎语、冷言冷语及坎坷挫折、短暂失败等冷却，更不会被其击垮。通过自我激励保持对返乡创业的高度热忱，获得创业工作的不竭动力，同时也有助于减少创业过程的各种忧虑，从而舒缓与化解各种工作压力。

---

① 徐志怀. 关于高校学生党员自我激励机制的探究［J］. 云南农业大学学报（社科版），2010（4）：72-75.

（二）通过自我激励坚守战胜返乡创业过程中的风险与挑战的执着信念，是农村籍大学生创业成功的根本保证

新时代充满机遇，但返乡创业过程中的风险与挑战是共存的，在自然灾害与经济下行压力加大等大环境下，生产、流通、交易、管理等各个环节均可能发生变数，压力、挫折、造谣、诽谤，甚至是冤屈都可能突如其来，唯有通过自我激励，坚守战胜创业过程中的各种风险与挑战的执着信念，才能磨炼出百折不挠、愈挫愈勇的坚强意志。

（三）通过自我激励充分发挥自身潜能，是农村籍大学生创业成功的关键因素

返乡创业的过程不仅充满各种风险与挑战，还要面对很多现实的困难，如创业知识的贫乏、创业能力的不足、关键技术的不精、管理决策的分歧等，这些问题的应对需要具备高超综合协调能力和精湛的专业技术，这时，外在的激励是短暂或某个方面的，唯有自我激励是持有的、永续的、综合的。这时方显靠人不如靠己，唯有自我激励，哪怕是失败，也要激励自己重整旗鼓再来一次，经过多次的努力，能力才能锻炼出来，自己的创业潜能才能充分发挥出来，困难才能不断地被克服，成功才会越来越近。正如美国哈佛大学教授威廉·詹姆斯在激励调查实证研究中发现：一个人要是没受到激励，仅能发挥 20%～30% 的潜在能力；如果受到正确而充分的激励，就能发挥出 80%～90% 的潜在能力，甚至更高[①]。

三、农村籍大学生返乡创业自我激励的路径选择

探究农村籍大学生返乡创业的自我激励，不仅要探究自我激励的独特内涵、自身优势、现实意义，还要根据农村籍大学生返乡创业的实际，探究自我激励的

---

① 安世遨. 大学生激励管理：理论、原则与方法［J］. 高等教育研究，2008（2）：22-37.

具体路径，使农村籍大学生返乡创业的自我激励具有针对性、时效性和实效性。

（一）通过制定职业生涯规划进行自我激励

农村籍大学生返乡创业自我激励的源动力来自其职业生涯规划，毕竟返乡创业之路是自己规划的，是自己在做了职业生涯测试、有自我认知的前提下做出的选择，是在客观、理性、全面认识自己的优缺点基础之上，根据自身职业发展与国家发展需要、社会发展需要而制定的职业生涯规划，要使规划中的目标能够如期实现，就需要综合运用各种激励方法与途径，不断给自己鼓劲加油，激励自己克服各种困难和阻力，认真谋划与逐步实现短期目标与长期目标、阶段性目标与最终目标，一步一个脚印，不断给自己加压鼓劲，并依据环境或条件的变化，及时调整预案，采取有效措施，朝着目标不断前行，最终达到目的，实现自己职业规划既定的目标，为国家、为社会，为农村、为他人做出自己应有的贡献，勇做无愧于祖国、无愧于人民、无愧于民族、无愧于家乡的新时代的有担当青年。

（二）通过树牢回报家乡、助力振兴乡村信念进行自我激励

农村籍大学生生在农村、长在农村、根在农村，对家乡有着深厚的感情与千丝万缕的联系，正如有的学者所言："农科类大学生大都属于农村生源或农村籍贯，他们对农村有近乎本能的亲切感，他们更愿回到农村去。"① 的确，农村籍大学生既记得住乡愁，又看得清城乡的差距。家乡美、乡亲富、乡村振兴、城乡一体，是所有农村籍大学生的共同心愿，也是新时代农村籍大学生的责任担当与神圣使命，谁都希望自己的家乡好，但这种希望要付诸行动，农村籍大学生应有这种家国情怀，用返乡创业的实际行动来建设家乡，回报家乡，为乡村振兴贡献自己的力量。但返乡创业之路绝不是平坦的康庄大道，曲折坎坷、陡坡悬崖、险滩暗流、爬坡过坎是常态，农村籍大学生只有树牢回报家乡、致力振兴乡村的执着信念，不断进行自我激励，才能克服与战胜创业进程中的各种艰难险阻，甚至挫折与失败。只有通过树牢回报家乡、致力振兴乡村的执着信念进行自我激励，

---

① 安世遨. 大学生激励管理：理论、原则与方法［J］. 高等教育研究，2008（2）：22-37.

才能从根本上驱动与鞭策农村籍大学生在大学阶段扎扎实实地学好创业知识，积极参与创业实践活动，主动了解家乡经济社会发展动态与创业前沿动态，不断弥补自己的短板与弱势，才能不断提高自身创业素质与能力。

（三） 通过调整自身就业创业观念进行自我激励

长期以来城乡二元结构造成我国城乡发展反差巨大，传统观念中农村孩子考上大学就意味着跳出"农门"，大多数村民特别是父母的期待是毕业后能进城工作，过上城市体面的生活，如毕业后仍回到农村，就会觉得"丢脸"，认为大学"白"读了。相关实证调研数据也显示："82%的大学生父母不支持子女返乡创业。"[①] 许多农村籍大学生以亲身经历见证城乡发展的反差，他们对此是有深刻体会的。农村籍大学生要返乡创业，可能既要辜负村民特别是父母大众化的期待，甚至是遭遇嘲讽或反对，也要破灭自己当初希望通过"知识改变命运、大学成就城市工作"的梦想，还要亲身去体验现阶段城乡工作与生活的反差。在这种境况下，农村籍大学生必须站位高远，树立家国情怀，把自己的职业理想与祖国的需要、社会的需求有机结合，果断摒弃读大学就是为"跳出农门"的世俗观念与功利动机，摆正心态，坦然面对大众的不认可或冷言冷语，理性、全面地权衡城乡就业创业的利弊因素，树立职业无贵贱理念，全盘考虑自身的专业特点、职业优势与劣势、国家的政策优势、导向与需求，以及自己的乡村情节与资源情况，准确给予自己职业定位，认清个人返乡创业不仅事关个人前途，也关系着带动就业、助力家乡建设与国家发展。坦然面对自己返乡创业可能被嘲笑、被视为自己能力不足的现实，坚信自己返乡创业是立足自身条件做出的职业规划，是具有家国情怀、回报家乡、建设家乡的朴素意愿，是以实际行动落实"大众创业、万众创新""乡村振兴战略"的具体行动，是利己、利他、利家、利国的正当行为，相信随着城乡一体化建设的全面推进与深入开展，乡村振兴指日可待，农村是大有可为的，返乡创业是无上光荣的事情。在这种境况下，农村籍大学生只有通过调整自身就业创业观念进行自我激励，才能树立自信自为，消除他人认为自己返乡创业是"无颜见江东父老"思想，唯有通过调整自身就业创业观念进行

---

① 夏青松. 乡村振兴战略背景下农村籍高职院校大学生返乡创业激励机制的构建：基于自我效能感理论 [J]. 阜阳职业技术学院学报，2020（2）：11-14.

自我激励，才能不断克服与战胜创业过程中的各种艰难险阻，一步一步地迈向创业成功之路。

（四）通过以创业先进人物为榜样进行自我激励

榜样的力量是无穷无尽的，榜样是标杆、是旗帜，它指引着前进的方向。创业先进人物的典型事迹既能感染人、鞭策人、鼓舞人、震撼人，又能启发人、示范人、警醒人、带动人；榜样的作用也是无形的、无声的，它所具有的生动性、典范性、形象性、光芒性能引起学习者情感上的共鸣，心理上共振，无形之中会对学习者产生激励、引领、示范作用，使外在的榜样示范转化为催人奋进的内在力量，激励着农村籍大学生迸发返乡创业的昂扬斗志与成功的信心，并从先进人物创业事迹中借鉴成功的方法，得到启示、学到经验，对照查找自己的不足。特别是农村籍大学生在返乡创业的过程中，要选取与自己处境、经历类似的创业典型榜样进行深入细致的学习，在创业过程中要不断激励自己不畏艰辛、不畏险阻，保持冷静，坚定信念，憧憬美好未来，绝不轻言放弃，将榜样视为楷模，把榜样的先进思想与创新理念、优秀品德与创业风格、成功经验等内化于心，外化于行，自觉主动地运用到自己的工作与生活中去，从而不断进行自我激励，鞭策自己在创业征程中不断披荆斩棘、爬坡过坎、勇闯业绩。

［基金项目］本文系 2020 年江苏高校哲学社会科学研究一般项目：新时代农村籍大学生返乡创业的激励机制研究（编号：2020SJA0645）阶段性成果之一。

［课题组成员］涂平荣、赖晓群、龚在鸣。

参考文献

［1］俞文钊. 现代激励理论与应用［M］. 大连：东北财经大学出版社，2006：228-229.

［2］徐志怀. 关于高校学生党员自我激励机制的探究［J］. 云南农业大学学报（社科版），2010（4）：72-75.

［3］安世遨. 大学生激励管理：理论、原则与方法［J］. 高等教育研究，2008（2）：22-37.

［4］杨育智，安步赢. 农科类毕业生参与农村社区教育的探索与思考［J］. 中国农业教育，2016（10）：94.

［5］夏青松. 乡村振兴战略背景下农村籍高职院校大学生返乡创业激励机制的构建：基于自我效能感理论［J］. 阜阳职业技术学院学报，2020（2）：11-14.

第二篇
残障治理与权利保障

残障治理：
我国残疾人事业发展的回顾与前瞻[*]

杨会良　王悦欣[**]

内容摘要：中华人民共和国成立后，我国残疾人事业经历了起步—停滞、恢复—蓄势发展、快速—全面发展、加速—科学发展四个阶段，取得了历史性的进展和举世瞩目的成就，逐步形成了组织化道路、法治化轨道、体系化方向、社会化协同、国际化合作的重要特征，成为中国社会发展的亮点和名片。但残疾人事业发展不平衡不充分的问题仍然突出，残障治理依然任重道远。我国残障治理的未来之路，就是要以观念更新打破"成见"，以文化包容消除"歧视"，以制度构建保障"共享"，以技术支持实现"共融"，最终目标是建立残疾不再是显性身份的"非残社会"。

关键词：残障治理；残疾人事业；演进历程；展望

一、引言

中华人民共和国成立后特别是改革开放以来，人们对于残疾和残疾人的认识和态度发生了巨大变化，残疾人生活状况和社会境遇显著改善，面向残疾人的各

---

[*] 原刊载于《现代特殊教育》（高等教育研究）2022 年第 16 期。

[**] 杨会良，南京特殊教育师范学院管理学院教授，博士生导师，江苏共享发展研究基地首席专家；主要研究领域为公共管理、教育经济与管理、残疾人事业管理。王悦欣，南京特殊教育师范学院语言学院教授，硕士生导师；主要研究领域为残疾人文化与艺术、跨文化交际。

项支持与保障体系逐步建立和完善，我国残疾人事业蓬勃发展，取得举世瞩目的成就。党的十八大以来，以习近平同志为核心的党中央特别关心、关注残疾人事业发展，提出了"全面建成小康社会，残疾人一个也不能少"的明确要求，为新时代如何做好残疾人工作、创新残疾人事业发展提供了强大的思想武器和行动指南。

"十四五"时期是开启第二个百年征程的发轫之始。新时代全面建设社会主义现代化进程为残疾人事业的高质量发展既带来新契机，也使其面临新挑战：残疾人事业发展不平衡不充分，残障治理体系不完善、治理能力不足，残疾人事业发展面临治理困境。同时，随着现代社会发展和风险社会的到来，残疾风险的复杂性和残疾致因的多元性，导致残疾发生的不确定性和裂变性不断增强。因此，立足新时代的历史视角理解残疾治理的实质，回顾和梳理我国残疾人事业演进历程与经验，更好展望残疾人事业发展的未来发展道路与方向，构建一个更加有效的残障治理体系，一套更加科学合理的残障治理机制，从而实现残疾人事业的持续健康高质量发展，就成为我们必须认真应对的重要时代课题。

二、我国残疾人事业发展的历史变迁与演进历程

中华人民共和国成立后，中国残疾人事业起步，开展了有限的社会福利事业，奠定了残疾人事业发展的基础。改革开放以来，我国经济建设与社会发展发生翻天覆地的变化，中国残疾人事业进入跨越式的大发展时期，走出了一条从无到有、具有中国特色的残疾人事业发展道路。大致经历了以下四个时期：

1. 起步—停滞时期（1949~1977年）

中华人民共和国成立为残疾人事业发展开启新篇章。党和政府高度重视残疾人事业发展，关心残疾人工作与生活，开展残疾人组织的创建工作。1953年3月中国盲人福利会成立，这是第一个全国性的残疾人组织；1956年2月，中国聋哑人福利会正式成立。1960年，这两个残疾人组织合并，成立中国盲人聋哑人协会，并召开了全国盲人聋哑人第一届代表会议，形成了以盲聋哑保护为重点的残疾人救济福利制度。此后政府启动国家力量成立了一大批社会福利机构、社会福

利企业促进了残疾人的收养、就业扶助等，解决残疾人面临的生存困境。"文化大革命"时期残疾人工作受到影响。

2. 恢复—蓄势发展时期（1978～1987 年）

党的十一届三中全会胜利召开，成为中国改革开放的重要标志。残疾人组织不断涌现，残疾人工作逐渐步入正轨，残疾人事业得以迅速恢复和蓬勃发展。这一时期，党和政府着力恢复和重建残疾人组织、残疾人福利救济制度，从法规到政策、制度不同层面对残疾人权利实施保护。1978 年，中国盲人聋哑人协会恢复工作，同时按照地方行政区划建立起各级盲人聋哑人协会，在残疾人事业发展中逐步发挥起管理与代表的职能，并协同政府有关部门共同担负起残疾人社会救济、残疾防治等相关工作。1982 年颁布的《中华人民共和国宪法》，第一次从国家根本上提出了残疾人作为公民基本的劳动、生活和教育权益需要得到国家保障和福利供给。国家在为残疾人提供福利的同时，出台了一系列重点促进残疾人劳动技能提升的政策，使残疾人就业和受教育程度得到大幅度提升。中国积极参与联合国行动，开展多方面的残疾人交流与合作。1984 年成立的中国残疾人福利基金会，是这一时期对中国残疾人事业产生重要影响的标志性事件，标志着残疾人事业发展由社会救济型向事业型的历史嬗变，之后进行了一系列开创性、基础性的重要创新和探索。1983 年 10 月，第一届伤残人体育协会在天津市成立，该协会对动员组织残疾人参加体育锻炼、增进健康、促进康复，同健全人一样参与社会、更好地为社会主义现代化建设做贡献发挥着重要作用。1987 年国务院批准由民政部牵头会同国家统计局等九个部门开展了首次全国残疾人抽样调查，这为残疾人保护与发展纳入国家和政府法规、方针、政策以及发展规划提供了依据，为残疾人保护和发展促进行动做好了信息准备。

3. 快速—全面发展时期（1988～2011 年）

1988 年 3 月，我国残疾人第一个全国性组织——中国残疾人联合会宣告成立，残疾人事业进入有组织的快速发展阶段。同年，国务院批准并实施《中国残疾人事业五年工作纲要（1988—1992 年)》，首次提出"残疾人事业"概念，作为首个残疾人事业发展专项规划的出台，标志着我国残疾人事业正式纳入国家顶层设计规划当中，步入法制化、制度化、组织化的国家行动阶段，残疾人事业成为我国社会主义事业的一个组成部分并进入了全面发展的时期。1990 年 12 月，《中华人民共和国残疾人保障法》经第七届全国人民代表大会常务委员会第十七次会议审议通过，将发展残疾人事业上升为国家意志，首次以法律条文形式明确了残疾人享有的权益，为国家发展残疾人事业提供了纲领和指针，标志着残疾人事业步入法制化发展新阶段。1993 年 9 月，国务院成立残疾人工作协调委员会，协调解决残疾人工作中的重大问题。1994 年 8 月，《中华人民共和国残疾人教育条例》颁布实施，从法律上进一步保障我国残疾人平等受教育的权利，这是我国首次制定的有关残疾人教育专项法规。2007 年 5 月 1 日，《残疾人就业条例》经国务院常务会议通过后施行，《残疾人就业条例》的实施极大地促进了残疾人就业，保障了残疾人劳动权利，为推动残疾人平等参与社会生活、共享社会物质文化成果奠定了基础。上述法律法规的颁布施行，初步形成了残疾人权益法律保护基础和法规体系。

2008 年 3 月，《中共中央、国务院关于促进残疾人事业发展的意见》（以下简称《意见》）下发实施，《意见》全面总结了我国残疾人事业的历史经验，提出了促进残疾人事业发展的一系列重大理念和政策措施，是党和政府下发的第一个关于全面推动和促进残疾人事业发展的纲领性文件，标志着中国残疾人事业进入一个新阶段，是我国残疾人事业发展史上的一个里程碑。2008 年 8 月，联合国《残疾人权利公约》在我国落地生效，中国残疾人人权保障纳入联合国的国际人权机制，有力地推进了中国残疾人事业的跨越发展。2008 年国际残奥会在北京成功举办，来自 147 个国家和地区的 4000 多名残疾人运动员参加了此次体育盛会。2010 年 3 月，国务院办公厅转发《关于加快推进残疾人社会保障体系和服务体系建设的指导意见》，将两个体系建设纳入"十二五"发展纲要，开展两个体系的建设试点工作。之后，《残疾人残疾分类和分级》国家标准及《中国残疾人事业"十二五"发展纲要》《无障碍环境建设条例》《中华人民共和国精神卫生法》等与残疾人权益保护密切相关的法律法规与政策相继出台，基本形成了残疾人事业发展较为完善的法律法规与政策体系。特别是"两个体系建设"的提出，表明国家运用强制性手段对国民收入进行重新分配，提升了残疾人社会共享的质量和水平，同时也表明了政府主导的残疾人社会保障和社会服务体系和能力进一步增强。

4. 加速—科学发展时期（2012 年至今）

党的十八大召开，开启我国全面建成小康社会的决定性阶段。党的十八大报告中有六大方面涉及残疾人事业发展，指出："健全残疾人社会保障和服务体系，切实保障残疾人权益。"党的十九大报告是新时代加快残疾人事业发展的总纲领，强调"在发展中补齐民生短板、促进社会公平正义"，扶助社会弱势群体，让全体人民在发展中提升获得感，"发展残疾人事业，加强残疾康复服务"。2018年9月，在中国残疾人联合会第七次全国代表大会上，受习近平总书记委托，韩正副总理在致辞中，以"五个必须"高度概括了其重要思想和指示精神。这些重要论述，把党对残疾人事业发展的规律性认识提升到一个新的高度，为新时代残疾人事业的创新发展指明了方向，提供了理论遵循。这一阶段，党和政府的高度重视，极大地推动了我国残疾人事业科学地加速发展。

2014年3月，共青团中央、中国残联推出"阳光助残"志愿服务活动，全国开展志愿助残，推动全社会关心、关注，参与残疾人事业发展。2015年2月，《国务院关于加快推进残疾人小康进程的意见》印发，将残疾人事业纳入国家发展战略全面推进和落实，加快推进残疾人小康进程。2015年9月，《国务院关于全面建立困难残疾人生活补贴和重度残疾人护理补贴制度的意见》下发实施，这是首次提出在全国层面建立残疾人专项福利补贴制度，这项重要民生保障制度直接惠及1000万困难残疾人和1000万重度残疾人。自2016年起，中国残联牵头或会同相关部委相继出台一系列文件，如《"十三五"加快残疾人小康进程规划纲要》《国务院关于加快发展康复辅助器具产业的若干意见》《国家残疾预防行动计划（2016—2020年）》等，在促进残疾人就业、文化体育工作、康复服务、辅助器具推广、无障碍环境建设、信息化建设、基层综合服务能力建设等方面，对增进残疾人民生福祉、促进残疾人全面发展、帮助残疾人和全国人民一道共建共享全面建成小康社会作出部署。2021年7月，《"十四五"残疾人保障和发展规划》（以下简称《规划》）发布，这是残疾人事业发展的第七个五年专项计划，该《规划》进一步明确了社会保障、权益保障、公共服务、就业创业四个方面的发展重点，推动残疾人事业高质量发展。2022年1月，教育部等七部委制定的《"十四五"特殊教育发展提升行动计划》由国务院办公厅转发，明确了"十四五"特殊教育高质量发展的工作目标、重点任务和保障措施，推进特殊教育高质量发展。

三、我国残疾人事业发展的路径与基本特征

回顾和审视中华人民共和国成立后尤其是改革开放以来，我国残疾人事业的

历史变迁和演进历程，不断汲取教训、总结经验和顺应时代趋势，逐步形成了组织化道路、法治化轨道、体系化方向、社会化协同、国际化合作的发展路径和重要特征，成为我国社会发展的亮点和名片。

1. 组织化道路

加强和完善残疾人组织体系是残疾人事业加快发展的根本保障。改革开放后，残疾人组织迅速恢复、重建并开展工作。中国残疾人联合会的成立，是我国残疾人事业组织化道路发展的里程碑。残联系统通过自上而下的方式搭建起全国统一的残疾人事业管理的组织体系——中国残疾人联合会，承担起集"代表、服务、管理"于一体的三大职能，建立起政府、社会和残疾人的紧密联系，发挥着上传下达的纽带与桥梁作用。自成立以来，中国残联不断完善组织建设，在立足国情实事求是又不断探索创新的基础上，逐步健全完善，走上组织化发展道路。纵向上，形成纵向到底、上下对应、覆盖全国的组织网络，由国家到地方，由城市社区到乡镇村落都构建起残疾人组织体系。至 1995 年初，省、市、县三级残联组织基本健全，全国县以上及95% 的乡镇（街道）成立了残联，业务领域基本形成。横向上，形成了横向到边、内外衔接的组织体系，设立国务院残疾人工作委员会，形成包括残联、民政、教育等部门的议事协调机构，综合协调解决残疾人工作中的重大问题。2015 年 1 月，《中共中央关于加强和改进党的群团工作的意见》印发，明确提出残联组织"只能加强、不能削弱，只能改进提高、不能停滞不前"的要求，残联职能作用不断彰显，残疾人工作队伍日益壮大，管理、服务能力显著提升，为残疾人事业发展提供了有力的组织保障。

2. 法治化轨道

加快推动残疾人事业的发展，立法必须先行。党和政府历来关心残疾人事业发展，不断推动残疾人事业法律法规体系建设，初步形成了以《中华人民共和国宪法》为基石，以《中华人民共和国残疾人保障法》为核心，以包括《无障碍环境建设条例》《中华人民共和国残疾人教育条例》《残疾人就业条例》《残疾预防和残疾人康复条例》等在内的行政法规和地方性法规为基础，以规范性文件为补充，建立起了与我国政治、经济和社会发展基本匹配的残疾人社会保障法律体系。上述残疾人相关法律法规的制定与施行，对保障残疾人各项权利和权益作出了全面、系统、明确的规定，为维护残疾人正当权利、合法权益提供了法律依据。

同时，形成了完善的执法监督检查和视察制度，如各级人大的执法检查、政府部门的专项业务检查、各级政协的执法情况视察。开展法律服务与法律援助，切实帮助经济困难且合法权益受到侵害的残疾人，提供优先、优质、优惠的法律服务和援助。借助"助残日""法制宣传日"等加强法制宣传，不断增强残疾人维权意识。

3. 体系化方向

体系化建设是我党治国理政的重要方式。中国残疾人事业发展与国家经济社会发展相适应，探索出一整套具有中国特色的残疾人事业制度体系。一是同步发展、全面纳入经济社会发展大局的残疾人事业规划体系。党和政府将残疾人事业发展积极融入国家发展大局，纳入国民经济和社会发展规划，统筹安排、同步规划、协调发展。自1988年开始国家连续制定了七个五年残疾人事业发展规划，与国民经济与社会发展规划同步。二是健全了残疾人事业领导体制与工作机制。三是初步构建起以《中华人民共和国宪法》为基石、以《中华人民共和国残疾人保障法》为核心，以相关法律、法规、规章和规范性文件为支撑，促进残疾人权利保障和残疾人事业发展的法律法规体系。四是残疾人社会保障与公共服务为重点的"两个体系"。五是残障治理多元主体格局体系，坚持政府主导与社会参与、市场推动相结合，形成推动残疾人事业发展的强大合力。六是创新融"代表、服务、管理"职能为一体的中国残联及其地方组织的完整组织体系。

4. 社会化协同

残疾人事业不仅是针对残疾人的事业，还是全社会、多主体共同参与的社会事业，需要党和政府及社会各界以及残疾人和家庭的共同参与，协同善治。中华人民共和国成立后到改革开放初期，我国残疾人事业一直遵循政府治理框架，残疾人作为弱势群体被纳入政府民政部门工作范畴；中国残联成立之后，残联治理框架逐渐被纳入了政府治理框架，被认为是促进残疾人事业发展作用最明显的治理主体；随着国家治理体系和治理能力现代化水平不断提升，社会力量参与残疾人事业的作用愈加明显，政府治理框架逐步向多元主体治理框架迈进。这样既发挥残联组织充分代表残疾人的利益职能，又体现党和政府的宏观规划作用，还能充分动员包括市场、社会组织、社区以及残疾人家庭等多元参与力量，形成政府治理为主导、残联治理为辅助、社会力量共同参与治理的格局，分工协作，建立起互联互动的社会良性机制。改革开放以来，我国残疾人事业治理已从政府主导、残联主管的一元化管理或多部门碎片化管理，向多元主体、协同共治转型，建立了党委领导、政府主导、部门负责、社会参与、市场推动、残联协调、协同共治的领导体制和工作机制。在残疾治理过程中，通过政府、社会组织、市场、社区以及残疾人家庭等治理主体协同，遵循共同的理念、一致的目标、行动上良性互动，形成合力，激活政府、社会和市场各类资源平等参与残疾治理，以达到残疾治理效能最大化，进而促进社会更加融合、和谐的善治目标的实现。

5. 国际化合作

改革开放以来，中国残疾人事业对外开放，走向国际，推进与世界残疾人共同体发展。积极参与联合国行动，参加国际残疾人组织，同世界各国开展多层次、全方位的交流合作，与世界平等对话。一是学习借鉴国际社会残疾人保护与发展经验，搭建起覆盖全体残疾人的制度框架，完善残疾人公共服务体系，保障残疾人各项权益，帮助残疾人共享经济社会发展成果；二是推动中国有关残疾人事业的观念、法规、政策等逐渐为国际社会吸收和认同，并在联合国产生的有关文件中得以体现，中国残疾人事业获得的巨大成就，为国际残疾人事业发展做出突出贡献，受到了国际社会的重视和国际组织的表彰，被誉为发展中国家典范。

四、我国残障治理的未来之路：建立"非残社会"

如上所述，中华人民共和国成立特别是改革开放以来，我国残疾人事业取得了历史性的进展和举世瞩目的成就。但同时，我国残疾人事业面临着治理困境，这不仅与新时代社会发展趋势和时代要求有关，还与残疾人事业发展价值取向和路径选择有关。

残障治理是一个复杂的系统，涉及诸多主体、多种利益和多重关系。在残疾人事业创新发展方面，治理理论的引入，具有较强的解释力，能进一步拓宽政府改革的视角，并产生诸多有效的治理工具，构建更加有效的残障治理体系、更加科学合理的残障治理机制，从而实现残疾人事业的持续健康发展。我国残障治理的未来之路，就是要以观念更新打破"成见"，以文化包容消除"歧视"，以制度构建保障"共享"，以技术支持实现"共融"，最终目标是建立残疾不再是显性身份的"非残社会"。

1. 以观念更新打破"成见"

建立新残疾人观，改变传统人们所认知的"疾"的负面、消极、歧视残疾人的思想。正如中国残联主席张海迪所指出的："残疾是生命的一种存在形态，残疾与生命始终形影不离，残疾人从来就是人类的一部分。""健全与残缺一起，才构成了人类生命的全部。""残疾和残疾人的存在，让我们用新的眼光重新审视人类生命的历程，社会进步的意义和代价。残疾让我们懂得，人类的生命是有缺陷的，远远不是完美的。从生命的历程来看，每个人都潜藏着残疾的威胁，只是造成的原因、发生的时间和产生的影响不同。"

因此，打破对残疾和残疾人的固有"成见"，树立"平等、参与、共享"的现代文明社会的残疾人观，肯定残疾人的主体地位，实现从歧视残疾人到平等融入，从被动地接受残疾人到主动地帮扶、救助，从"施恩"到"权利"的理念转变。改变残疾人的总体生活处境，引导社会及残疾人自身不把身体的特殊样态理解为能力的欠缺；帮助残疾人平等地参与社会生活，培养他们作为社会一员的公民意识、道德情操和文明的生活行为方式。在我国残疾人事业的发展进程中，对残疾人的救助模式经历了由医疗模式到社会模式的转变，医疗模式的"残疾观"认为，残疾人是"残疾的人""废人"，医疗模式的标签化，增加了残疾人的自卑心理和耻辱感。社会模式的"残疾观"，认为残疾人问题不仅仅是残疾人个人的问题，而是整个社会的责任。社会模式的提出使残疾人福利政策和制度实现了质的蜕变，实现了残疾人从人道主义向公民权利的转变，其身份从"福利接受者"到"权利享有者"的转换，强调公民权利与义务的平衡，对残疾人的保障由被动消极的慈善模式改为引导积极参与模式。以残疾人增权赋能为理论基础，建立以残疾人能力评估为出发点的整体工作方案，提升残疾人管理身体、就业创业、参与社会的能力，主动激发残疾人自我潜能，防止残疾人出现福利依赖与精神贫困，构建符合新时代思维的残疾人工作整体系统规划。

2. 以文化包容消除"歧视"

现代社会残疾观念的内涵经历着从"个体化残疾"到"社会化残疾"的历史嬗变，残疾观的"社会模式"是残疾观念的一次飞跃，常态地看待残疾，消除残疾的负面社会意义，让更多的人平等而有尊严地生活，让人道主义思想成为当代文明社会的精神底色，是社会文化认知的历史性跨越。

社会对弱势群体的包容性从侧面衡量出社会文明的发展程度。打破现有的残疾观念，正确审视残疾及由此带来的"他者"身份和潜在不公正，承认残疾的生理特征属性，扭转固化的道德意义不平等，构建"残疾并不等同于缺陷"的残疾意识形态，建立多元一体的文化生态。以文化转型打造残疾人导向型服务体系，建立残疾人、服务者、管理者三方良性互动的综合服务机制，为残疾人建立更为安全、更能满足其需要的生活环境；以文化融入的力量冲破文化阻隔，消除残疾的负面社会意义，引导社会及其他人尊重、平等地认可残疾人。合理消除"他者"与自我，打破原有残疾与人的矛盾对立，增进文化认同，建立符合现代文明的残疾文化。

3. 以制度构建保障"共享"

中国特色的残疾人事业发展，不能仅仅依靠政府的"仁心"、社会的"善心"，更不能依靠个别人的"良心"，必须走法治化之路，需要打造制度体系为残疾人构筑多层次的支持系统。一是应完善残疾人权利保障的相关法律法规体系，尤其要针对我国残疾人立法现状，尽快出台《中华人民共和国残疾人保障法》的配套法规、实施细则和可操作性的司法解释。从社会救济、社会福利等保障拓展到家庭建设、劳动就业、社区参与等发展方面；从关注残疾人个体发展到提高家庭能力；从社会维持转向社会促进，能力增长。截至目前，我国共出台了几十部残疾人相关法律法规，涵盖教育、就业、无障碍、残疾预防与康复等多个领域，形成了保障残疾人权利和社会福利的法律体系。二是要加强宣传、普及保障残疾人的相关法律知识，加大侵害残疾人案件的处置力度，强化各级政府和社会组织的法律意识，依法保护残疾人的合法权益。三是残疾人政策实施的制度化。世界各国的实践表明，社会政策发展的一般趋势是政策实施的制度化模式。残疾人政策实施的制度化把残疾人政策看作一个社会须臾不可缺少的常规化制度安排，强调由政府出面专门解决直接关系到广大民众切身利益的问题，以政策影响国家福利行为。残疾人社会福利是衡量社会文明的重要标尺，改革开放以来已建立起积极适宜的残疾人社会福利政策体系：在对象上，从一部分人到涵盖全体残疾人；在内容上，从保障基本生活需求到更加重视残疾人的全面发展；在形式上，由个别帮扶和临时救助到制度化保障和常态化服务。坚持"重点保障"与"特殊扶助"相结合、"一般性制度安排"与"专项性制度"相结合的原则，完善残疾人"普惠+特惠"的社会福利政策体系。

4. 以技术支持实现"共融"

残疾人辅助器具既是残疾人事业发展中的核心要素之一，又是残疾人事业发展中最基本的公共服务之一，已成为残健融合的"桥梁"。辅助器具是补偿替代与恢复改善身体功能的基础，是促进残疾人更好地融入社会、参与社会生活的基础。结合辅助器具适配服务工作，建立辅助器具分级评估、适配、训练规范标准，建立辅助器具筛查、专业服务与培训体系，加强辅助器具产品服务质量监督与法律维权，促进辅助器具市场有序健康发展。以辅助器具技术为切入点重点培育辅助器具产业，通过壮大龙头企业带动残疾人产业发展。

人工智能将弱化残疾给人带来的社会角色。人工智能时代使残损的身体可以得到更好的科技补偿，例如仿真助听器、智能轮椅、智能义肢等出现，导致残疾人与身体健全人之间的界限变得模糊，残疾人与健全人的社会角色与身份更加模糊，人工智能广泛地融入人们的生活，通过技术的力量缩短残疾人事业发展与社会事业发展"差距"。通过辅助器具适配，依托人工智能，使残疾的生理特征不再成为阻碍残疾人融入社会的障碍，"让残疾不再残疾"，推动残健共融、共建共享是残疾人事业发展的最终价值追求。

参考文献

［1］白宽犁. 残疾治理：残疾人事业创新与发展研究［M］. 北京：中国社会科学出版社，2021：275-279.

［2］张海迪. 残疾人事业发展的当代视角［J］. 残疾人研究，2016（2）：3-4.

［3］邱观建，安治民. 道路、理论、制度：中国特色残疾人事业发展的体系建构［J］. 理论月刊，2015（3）：148-152.

［4］邱观建，于娣. 改革开放以来中国残疾人事业发展的三个阶段［J］. 理论月刊，2017（4）：147-156.

［5］梁德友，周沛. 中国特色残疾人事业发展的三个向度［J］. 河南社会科学，2015（1）：70-74.

［6］邱观建，于娣. 理念、实践、道路：中国残疾人事业发展的四十年［J］. 残疾人研究，2018（9）：18-24.

［7］陈功，江海霞. 中国残疾人事业发展：回顾与展望［J］. 残疾人发展理论研究，2017（1）：26-39.

［8］周沛. 社会治理视角下中国特色残疾人事业探略及发展路径分析［J］. 社会科学，2015（8）：81-87.

［9］刘婧娇，王笑啸，郭琦. 残疾人社会福利的中国道路：1921—2021［J］. 残疾人研究，2021（4）：3-14.

公共服务均等化背景下江苏省残障人群权利保障与支持政策研究

郭　阳*

内容摘要： 近年来，基本公共服务均等化问题日益受到学者和决策层的重视，而残障人群享有均等公共服务不仅是社会文明与和谐运行的重要体现，还是完善公共服务体系和构建服务型政府的重要内容之一。本文的总目标是在基本公共服务均等化背景下，分析江苏省残障人群权利保障现状与存在的问题，提出保障残障人群权利与实现基本公共服务均等化的干预机制和公共政策支持的方向。本文构建了残障人群基本公共服务均等化指标体系，分析江苏省残障人群享有的康复、教育、就业、医疗保障、文化体育、维权和无障碍服务等基本公共服务的情况及变化趋势，系统剖析残障人群在享有基本公共服务均等化的机会、投入和结果三个维度上的差异，揭示公共服务可获性、社会包容性、政策支持等因素对残障人群权利与公共服务均等化的影响，并利用分地区的残疾人事业统计数据进行实证检验，明确影响江苏省残障人群享有均等化公共服务权利的因素。以此为基础，阐明在基本公共服务均等化背景下江苏省残障人群权利保障存在的问题与困境，为政府制定保障残障人群权利与实现基本公共服务均等化的干预机制和公共政策提供科学依据。

关键词： 公共服务均等化；残障人群权利保障；干预机制；指标体系

---

* 郭阳，江苏大学管理学院讲师，博士；主要研究领域为农业经济、健康经济与公共管理。

一、引言

21世纪以来，中国为实现公共服务均等化做出了巨大努力。在2005年首次提出"公共服务均等化"的要求，并在《中华人民共和国国民经济和社会发展第十一个五年规划纲要》中提出"基本公共服务均等化"的政策要求。推进基本公共服务均等化，让人民共享改革发展成果，是解决民生问题、化解社会矛盾、促进社会和谐、体现社会公平的重要途径。[①] 残疾人作为人口的重要组成部分，同等享有社会基本公共服务，是公民权利与社会公平的共同体现。[②] 在社会非均衡发展现状下，公共服务的供给与结果大致均衡，能有助于缩小社会差距、促进共同富裕，降低非均衡发展的不良影响，对于保障社会整体的稳定与发展具有重要意义[③]。

残障人群享有的最基本的物品或服务，涵盖了社会生活的方方面面，理应成为基本公共服务体系的重要组成部分。基本公共服务是满足公民某一阶段的最基本、最迫切、最广泛和可行性需求的服务或产品，由于经济社会发展和地区的差异，不同时段和地区的基本公共服务需求和供给存在异质性[④]，因而基本公共服务均等化也会随着时间、空间、个体差异的变化而逐渐变化和发展。在国家"十二五"规划纲要中，残障权利作为基本公共服务的子项而单独列出，是基本公共服务体系中极具特殊地位的一项服务[⑤]。2016年国家"十三五"规划纲要中提出"改革完善社会保障制度"和"保障妇女未成年人和残疾人基本权益"，以及要"优化布局和资源共享"和"公平参与并更多分享发展成果"。在全社会基本公共服务均等化的持续推进中，实现残障人群的基本公共服务均等化，不仅是残障人群实现基本生存权与发展权的有力体现，还是国家整体基本公共服务均等化的

---

① 许琳，唐丽娜，张艳妮. 基本公共服务均等化视角下的我国农村残疾人社会保障制度建设研究 [J]. 西北大学学报（哲学社会科学版），2011，41（6）：5-12.

② 葛忠明. 残疾人公共服务的发展趋势和潜在问题 [J]. 山东社会科学，2015（5）：15-21.

③ 周沛. 基于"共建共治共享"的残疾人基本公共服务探析 [J]. 江淮论坛，2019（2）：129-136.

④ 王玉辉. 我国农村残疾人社会保障问题研究 [J]. 劳动保障世界，2019（35）：28.

⑤ 王旭东. 基本公共服务均等化制度中残疾人福祉设计研究：以甘肃为例 [J]. 残疾人研究，2012（4）：62-66.

重要环节。

为积极推进江苏省残障人群享有基本公共服务，省委办公厅、省政府办公厅在 2019 年印发《江苏省残疾人联合会改革实施方案》以推动江苏省残疾人事业的发展，着力保障残疾人平等享有权利，加大服务供给，提升保障水平，改善残疾人生活品质。在残疾人康复服务方面，陆续出台《江苏省残疾预防和残疾人康复实施办法》《江苏省残疾儿童基本康复服务管理暂行办法》《江苏省残疾儿童基本康复服务实施规范》等文件，依托市县残疾人康复和托养中心规范和推进残疾人康复救助服务；在教育方面，出台《关于做好义务教育阶段重度残疾儿童少年送教服务工作的指导意见》，制定《江苏省学前融合教育试点资金管理规定（试行）》，并积极推进残疾人事业专项彩票公益金助学项目，保障残疾人群的受教育权利；在就业帮扶方面，建立"一生一册"档案、开展"一人一策"帮扶，开展多职业、多形式、多样化的就业培训与精准帮扶；在社会保障方面，出台《关于精准实施城乡居民基本养老保险扶贫工作的意见》，建档立卡资助残疾人参加基本养老与医疗保险，逐步落实和扩大"两项补贴"发放的规模和保障范围，加强残疾人辅助性就业安全规范，完善辅助性就业补贴等保障制度。针对残障人群的各项基本服务逐步普及，江苏省残疾人享受公共服务权利的保障水平稳步提升，残障群体的生活品质逐步提升。

二、江苏省残疾人口特征及事业发展现状

江苏省位于中国东部沿海地区中部，地处长江经济带，自古经济繁荣，教育发达，文化昌盛，当前人均 GDP、地区发展与民生指数（DLI）均居全国省域前列，成为我国综合发展水平较高的省份之一，已达到"中上等"发达国家水平。在公共服务均等化的背景下，江苏省残疾人事业发展呈现怎样的发展趋势？本文根据《中国残疾人事业统计年鉴》和《江苏省残疾人事业发展统计公报》数据，整理分析 2011~2020 年江苏省残疾人口特征及残疾人事业发展基本情况如下：

1. 残疾人口特征情况

（1）残疾人口规模与占比持续提高。如图 1 所示，统计了 2011~2020 年江苏省残疾人口数量与占比变化趋势。截至 2020 年底，江苏省持证残疾人口规模

达到 169.9 万人，较 2011 年增长了 50.9%；残疾人口数量占地区总人口的比例为 2.0%，较 2011 年提高了 0.601 个百分点。整体来看，2011～2020 年江苏省残疾人口规模与占比呈持续提高趋势。

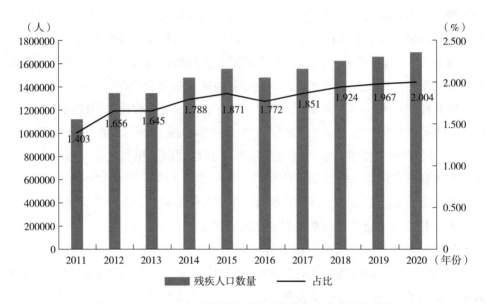

图 1 2011～2020 年江苏省残疾人口数量与占比的变化趋势

（2）残疾人口年龄结构呈现老龄化。如图 2 所示，统计了 2012 年、2016 年、2020 年江苏省残疾人口年龄结构及变化。截至 2020 年底，0～14 岁、15～64 岁、65 岁及以上三个年龄段的残疾人口占总残疾人口的比例分别为 2.57%、52.19% 和 45.24%。从残疾人口的年龄结构来看，15～64 岁残疾人口占比持续降低，从 2012 年的 72.42% 降低至 2016 年的 57.69%，并进一步降低到 2020 年的 52.19%；65 岁及以上人口持续增加，从 2012 年的 25.69% 增长至 2016 年的 39.96%，并进一步增长到 2020 年的 45.24%，残疾人口呈现明显的老龄化趋势。

（3）残疾人口受教育程度明显提高。如图 3 所示，统计了 2012 年、2016 年、2020 年江苏省残疾人口受教育程度占比及变化趋势。截至 2020 年底，江苏省残疾人口中小学、初中、高中及中专、大学及以上四个受教育阶段的人口占比分别为 31.14%、27.27%、7.77% 和 2.10%。从残疾人口的受教育程度结构变化来看，文盲人口比例持续降低反映了更多的残疾人口享受受教育权利，尤其是大学及以上受教育程度的残疾人口数量较 2012 年增长了约一倍，占比提高了 0.7 个百分点。

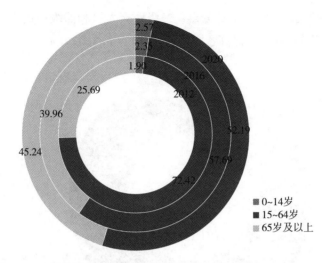

图 2　2012 年、2016 年、2020 年江苏省残疾人口年龄结构及变化趋势（单位:%）

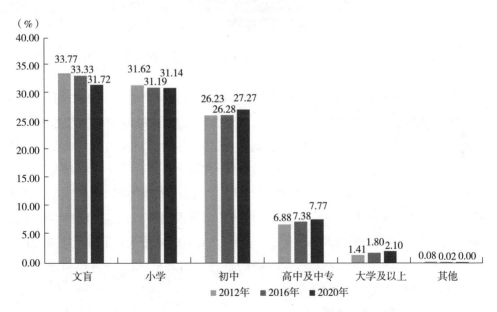

图 3　2012 年、2016 年、2020 年江苏省残疾人口受教育程度及变化趋势

（4）残疾人口的残疾等级分布呈现减弱趋势。如图 4 所示，统计了 2012 年、2016 年、2020 年江苏省残疾群体等级结构与变化趋势。截至 2020 年底，江苏省一级残疾人口至四级残疾人口占比分别为 12.26%、32.47%、29.20% 和 26.06%。从残疾人口的残疾等级结构来看，一级残疾人口比例持续降低，2020

年较 2012 年降低了个 3.69 个百分点;二级残疾人口和四级残疾人口占比持续上升, 2020 年分别较 2012 年提高了 3.02 个百分点和 3.03 个百分点。

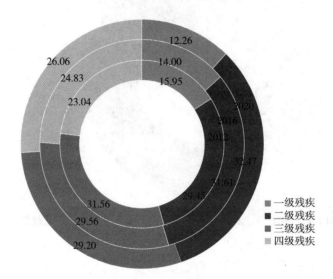

图 4　2012 年、2016 年、2020 年江苏省残疾人口残疾等级结构及变化趋势（单位:%)

(5) 残疾人口的类型基本保持稳定。如图 5 所示,统计了 2012 年、2016 年、2020 年江苏省残疾人口类型结构与变化趋势。截至 2020 年底,江苏残疾人口的残疾类型主要分为视力、听力、语言、肢体、智力、精神和多重残疾七种类型,其中:视力残疾 20.0 万人,听力残疾 11.3 万人,语言残疾 0.9 万人,肢体残疾的有 90.8 万人,智力障碍的有 21.6 万人,精神障碍的有 19.5 万人,多重残疾 5.7 万人。整体来看,残疾人口中肢体残疾的占比最高,但呈现逐年降低的趋势,从 2012 年的 56.12% 降低至 2016 年的 54.47%,又进一步降低至 2020 年的 53.44%。值得注意的是,随着时间的推移,精神残疾人口占比持续上升,2020 年比 2012 年提高了 2.52 个百分点。

2. 残疾人事业发展情况

(1) 残疾人口就业基本稳定。如图 6 所示,统计了 2011~2020 年江苏省残疾人口就业数量与占比变化趋势。截至 2020 年底,江苏省残疾人口就业数量为 33.76 万人,占残疾人口总规模的 19.88%,较 2011 年降低了 5.16 个百分点。整体来看,2011~2020 年江苏省残疾人口就业规模与占比基本稳定,就业人口占比稳定维持在 20%~30%。

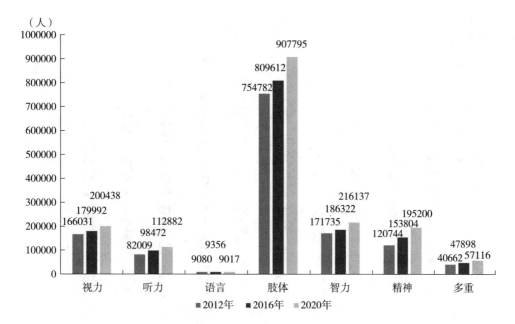

图5 2012年、2016年、2020年江苏省残疾人口残疾类型结构与变化趋势

（2）残疾人口社会保障水平稳步提升。如图7所示，统计了2011～2020年江苏省残疾人参加城乡居民养老保险数量与占比变化趋势。截至2020年底，江苏省残疾人参保数量为117.3万人，占残疾人口总规模的69.06%，参保人数较2011年增长了4.7倍，参保率提高了50.77个百分点。整体来看，自2014年起江苏省残疾人口参保比例稳定维持在70%及以上，表明残疾人基本均能享受社会养老保障。

（3）残疾人公共服务设施投入波动较大。如图8所示，统计了2012～2020年江苏省残疾人公共服务设施投入与残协数量变化趋势。2020年，江苏省新增残疾人综合服务设施投资26320万元，新增残疾人康复服务设施投资350万元，新增残疾人托养服务设施投资1630万元。2012～2020年，残疾人综合服务设施、康复服务设施和托养服务设施累计投资额为131956万元、54316万元和56794万元，年均投资额分别为14662万元、6035万元、6310万元。整体来看，江苏省残疾人公共服务设施投入规模较大，但综合服务、康复服务和托养服务设施投入存在不均衡、波动大的特点。

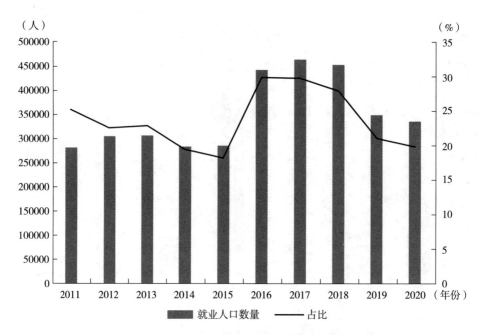

图6　2011～2020年江苏省残疾人口就业数量与占比变化趋势

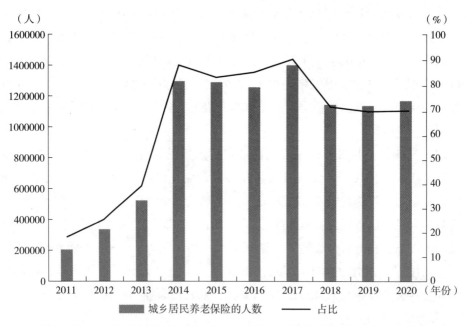

图7　2011～2020年江苏省残疾人参加城乡居民养老保险数量与占比变化趋势

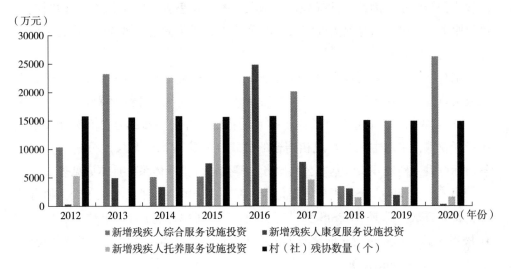

图8 2012～2020年江苏省残疾人公共服务设施投入与残协数量变化趋势

三、江苏省残障人群基本公共服务均等化的 现状及变化趋势

为分析江苏省残障人群基本公共服务均等化的现状及变化趋势，将通过构建评价指标体系、选择评价方法和评价结果分析三个步骤逐步展开。

第一步，构建残障人群基本公共服务均等化指标体系。针对残疾人基本公共服务均等化服务对象及服务本身的特殊性质，残疾人基本公共服务均等化评价指标不仅要具备科学性、全面性、独立性和可操作性原则，还要坚持发展性与特殊性原则。在国家基本公共服务体系构建的"十二五"规划中，残疾人基本公共服务作为国家基本服务体系的组成部分，规划提出残疾人基本公共服务应包括社会保障与基本服务，政府为残疾人提供社会保险保费补贴、基本医疗康复项目与残疾孩童抢救性康复、义务教育阶段特殊教育服务与教育资助、残疾人就业服务（包括职业介绍、职业指导、信息发布和职业培训项目）、残疾人文化服务（包括提供有字幕和手语的电视节目，在公共图书馆得到盲文和有声读物等阅读服务）、残疾人体育健身服务（包括体育健身指导）、残疾人无障碍环境等，并健全残疾预防体系。因此，选择残疾人康复、教育、就业、社会保障、文化体育、维权服务和无障碍服务作为残疾人基本公共服务评价的七个方面①，作为评价指标体系的一级指标。

结合指标的可测度性和数据的可获性，选择残疾人每千人康复项目个数、残疾人文盲率、残疾人就业率、残疾人托养率、参加城乡居民养老保险残疾人比例等 23 项二级指标，确定为评价指标体系的指标，并进一步结合已有的相关研究中指标权重，采用主观与客观相结合的方式（专家咨询法与层次分析法）确定各指标权重，构建残疾人基本公共服务均等化评价指标体系，具体详见表 1。

第二步，残疾人公共服务均等化的测度方法选择。参考已有关于公共服务均等化研究方法，选择 TOPSIS 法进行分析。为消除数据方向与单位的影响，在 TOPSIS 分析之前先进行正向化与无量纲化处理，在具体操作中采用极差变化法，即 $Z_{ij} = \dfrac{K_{ij} - \min(K_{ij})}{\max(K_{ij}) - \min(K_{ij})}$，以保证实测值的内部相对差距。同时，考虑到各指标具有一定权重，通过加权规范指标矩阵 X，即 $X_{ij} = \omega_j \cdot Z_{ij}$，其中：$i$ 为地区取值序号，j 为指标序号，ω_j 为第 j 个指标的权重值，K_{ij} 为地区 i 的第 j 个指标的实际值，Z_{ij} 为地区 i 的第 j 个指标的极差化处理值，X_{ij} 为地区 i 的第 j 个指标的加权处理值。

进一步确定各指标与最优和最劣值分别为 X_j^+ 和 X_j^-，计算地区指标与最优和最劣值的距离 $D_i^+ = \sqrt{\sum_{j=1}^{n} (X_{ij} - X_j^+)^2}$ 和 $D_i^- = \sqrt{\sum_{j=1}^{n} (X_{ij} - X_j^-)^2}$，从而得到最优解的接近程度 $C_i = \dfrac{D_i^+}{D_i^- + D_i^+}$。具体 C_i 取值在 0 和 1 之间，C_i 越接近 0 表示基本公共服务越接近最优水平，越接近 1 表示基本公共服务越接近最劣水平。

第三步，江苏省残障人群基本公共服务均等化的现状及变化趋势分析。根据 2013 年、2017 年、2021 年《中国残疾人事业统计年鉴》和对应年份省（区、市）残疾人事业发展公报的统计数据，结合残疾人基本公共服务评价指标体系与 TOPSIS 分析法，计算 2012 年、2016 年和 2020 年全国 31 省（区、市，不含港澳台，下同）残疾人公共服务接近程度并排序，分析江苏省残疾人基本公共服务总体与分类均等化现状。结果如表 2 所示。

---

① 吴娟. 残疾人基本公共服务均等化评价及对策研究 [D]. 呼和浩特：内蒙古大学，2016.

表 1　残疾人基本公共服务评价指标体系及权重

一级指标	权重	二级指标	单位	权重
康复服务	20	A1 残疾人每千人康复项目个数	个	5
		A2 残疾人每千人康复设施建设规模	m²	5
		A3 残疾人每千人康复机构在岗人员数	人	5
		A4 残疾人每十万人辅助器具供应机构数	个	5
教育服务	20	B1 普通高等院校过线录取率	%	5
		B2 残疾人每万人普通高中学校（班）个数	个	5
		B3 残疾人普通高中学校（班）平均在校生	个	5
		B4 残疾人文盲率	%	5
就业服务	15	C1 残疾人就业率	%	6
		C2 残疾人就业中集中就业占比	%	6
		C3 盲人按摩培训率	%	3
社会保障服务	20	D1 参加城乡居民养老保险残疾人比例	%	5
		D2 60 岁以下残疾人参加养老保险比例	%	5
		D3 残疾人每千人托养服务机构数量	个	5
		D4 残疾人托养率	%	5
文化体育服务	5	E1 残疾人每万人活动室个数	个	2
		E2 残疾人群体活动参与率	%	3
维权服务	10	F1 残疾人每万人法律援助中心个数	个	4
		F2 法律援助中心平均办案数	件	2
		F3 残疾人每万人信访件数	件	4
无障碍服务	10	G1 市县系统开展无障碍建设率	%	3
		G2 残疾人每十万人无障碍建设领导协调组织	个	3
		G3 残疾人每十万人无障碍建设与管理法令	个	4

表2 2012年、2016年、2020年各省（区、市）残疾人公共服务最优接近程度与排序

地区	2012年		2016年		2020年	
	C_i值	排序	C_i值	排序	C_i值	排序
北京	0.273	5	0.286	4	0.330	3
天津	0.27	3	0.37	18	0.341	4
河北	0.327	15	0.395	25	0.412	22
山西	0.404	29	0.406	26	0.398	19
内蒙古	0.379	25	0.343	8	0.381	14
辽宁	0.381	26	0.349	13	0.373	10
吉林	0.345	18	0.345	10	0.364	6
黑龙江	0.300	9	0.286	3	0.436	23
上海	0.216	1	0.223	1	0.309	1
江苏	0.337	17	0.358	15	0.375	11
浙江	0.320	13	0.446	30	0.466	31
安徽	0.247	2	0.343	9	0.322	2
福建	0.284	7	0.377	23	0.440	26
江西	0.272	4	0.371	19	0.402	20
山东	0.303	11	0.393	24	0.381	15
河南	0.326	14	0.412	27	0.361	5
湖北	0.345	19	0.353	14	0.383	16
湖南	0.345	20	0.371	20	0.373	9
广西	0.305	12	0.376	22	0.384	17
广东	0.274	6	0.272	2	0.367	7
海南	0.386	28	0.341	7	0.403	21
重庆	0.336	16	0.361	16	0.380	13
四川	0.289	8	0.323	6	0.377	12
贵州	0.471	31	0.421	28	0.453	29
云南	0.302	10	0.373	21	0.397	18
西藏	0.359	23	0.316	5	0.372	8
陕西	0.386	27	0.505	31	0.455	30

续表

地区	2012 年		2016 年		2020 年	
	C_i 值	排序	C_i 值	排序	C_i 值	排序
甘肃	0.405	30	0.431	29	0.438	25
青海	0.364	24	0.367	17	0.444	28
宁夏	0.350	21	0.348	12	0.437	24
新疆	0.353	22	0.347	11	0.443	27

资料来源：根据 2013 年、2017 年和 2021 年《中国残疾人事业统计年鉴》相关指标的分省（区、市）数据整理和计算。

由表 2 中 TOPSIS 法计算残疾人基本公共服务总体最优接近程度值分析可得，2012 年、2016 年和 2020 年三个时期 31 个省（区、市）的接近程度 C_i 值在 0.20 至 0.50，一方面表明了各省（区、市）残疾人享有的基本公共服务平均水平不高，仅有不足 1/3 地区的 C_i 值在 0.30 以内，体现了整体与最优状态偏离程度较大；另一方面表明各省（区、市）之间残疾人享有的基本公共服务水平存在较大差距，地区之间呈现不均等的现象，服务水平较高的地区是上海、北京、安徽、广东等地，服务水平较差地区是陕西、贵州、青海等地。值得注意的是，31 省（区、市）三期接近程度 C_i 值的均值分别为 0.331、0.362、0.393，表明随着时间推移，各地区整体偏离最优水平的幅度越来越大，原因可能是各省（区、市）针对残疾人公共服务投入的差异与不平衡逐渐扩大，造成了尽管残疾人享有的公共服务总量与水平不断提高，但地区之间的不均等程度加剧的局面。

江苏省残疾人享有的基本公共服务整体处于中等水平，2012 年、2016 年和 2020 年的最优接近程度 C_i 值分别为 0.337、0.358、0.375，在 31 个省（区、市）中的排序分别为 17、15 和 11。整体来看，江苏省残疾人基本公共服务持续改善，在全国各省（区、市）中的排名稳步上升，但与公共服务最优接近程度的差距呈现扩大趋势。

为进一步探究残疾人基本公共服务各项内容的均等化情况，我们对比总体与各项服务均等化的发展关系，进一步分别计算 2020 年 31 个省（区、市）的康复、教育、就业、社会保障、文化体育、维权和无障碍服务的接近程度 C_i 值，并按 C_i 值大小将 31 个省（区、市）的各项服务均等情况进行排序，结果如表 3 所示。

表3 2020年各省（区、市）残疾人基本公共服务内容的最优接近程度与排序

地区	康复		教育		就业		社会保障		文化体育		维权		无障碍	
	C_i 值	排序	C_i 值	排序	C_i 值	排序	C_i 值	排序	C_i 值	排序	C_i 值	排序	C_i 值	排序
北京	0.306	23	0.487	4	0.213	4	0.390	17	0.173	17	0.145	13	0.251	11
天津	0.179	9	0.476	3	0.187	2	0.388	16	0.331	26	0.277	26	0.369	21
河北	0.157	6	0.662	30	0.347	12	0.434	22	0.730	31	0.095	3	0.426	27
山西	0.176	8	0.609	24	0.297	8	0.287	4	0.311	25	0.110	8	0.940	31
内蒙古	0.257	19	0.627	28	0.368	14	0.320	7	0.060	5	0.095	4	0.307	17
辽宁	0.240	17	0.556	15	0.387	17	0.327	8	0.011	1	0.507	31	0.122	5
吉林	0.270	20	0.601	22	0.294	7	0.290	5	0.440	28	0.120	10	0.156	7
黑龙江	0.111	31	0.530	11	0.472	27	0.171	1	0.582	29	0.304	28	0.350	20
上海	0.131	1	0.508	8	0.287	6	0.201	2	0.053	4	0.092	2	0.123	6
江苏	0.207	15	0.613	25	0.440	23	0.206	3	0.294	24	0.110	10	0.074	2
浙江	0.245	18	0.613	26	0.644	31	0.462	27	0.288	22	0.181	21	0.522	29
安徽	0.114	2	0.381	1	0.357	13	0.437	24	0.074	8	0.101	6	0.293	15
福建	0.486	30	0.573	18	0.368	15	0.420	21	0.288	23	0.159	18	0.282	13
江西	0.205	14	0.504	7	0.537	29	0.390	18	0.164	16	0.145	14	0.372	22
山东	0.359	26	0.573	19	0.303	9	0.365	12	0.106	11	0.040	1	0.308	18
河南	0.151	5	0.489	5	0.272	5	0.481	28	0.240	21	0.101	7	0.273	12
湖北	0.133	4	0.595	20	0.445	24	0.398	19	0.074	9	0.160	20	0.310	19
湖南	0.201	13	0.607	23	0.312	10	0.418	20	0.110	12	0.146	15	0.078	3
广东	0.410	28	0.564	16	0.205	3	0.305	6	0.090	10	0.263	25	0.388	24
广西	0.183	11	0.536	12	0.382	16	0.361	10	0.030	2	0.095	5	0.388	25
海南	0.196	2020	0.569	17	0.318	11	0.603	31	0.110	13	0.132	11	0.238	10
重庆	0.280	22	0.500	6	0.456	26	0.338	9	0.409	27	0.158	17	0.372	23
四川	0.096	1	0.526	9	0.429	20	0.451	25	0.068	7	0.159	19	0.156	8
贵州	0.274	21	0.529	10	0.629	30	0.541	30	0.231	19	0.147	16	0.284	14
云南	0.182	10	0.595	21	0.446	25	0.377	13	0.061	6	0.234	23	0.179	9
西藏	0.319	24	0.449	2	0.185	1	0.434	23	0.155	14	0.478	30	0.053	1

续表

地区	康复		教育		就业		社会保障		文化体育		维权		无障碍	
	C_i 值	排序	C_i 值	排序	C_i 值	排序	C_i 值	排序	C_i 值	排序	C_i 值	排序	C_i 值	排序
陕西	0.175	7	0.752	31	0.411	19	0.452	26	0.156	15	0.248	24	0.294	16
甘肃	0.209	16	0.538	13	0.431	22	0.539	29	0.234	20	0.133	12	0.535	30
青海	0.346	25	0.656	29	0.430	21	0.364	11	0.621	30	0.277	27	0.413	26
宁夏	0.438	29	0.552	14	0.398	18	0.386	15	0.178	18	0.338	29	0.460	28
新疆	0.386	27	0.621	27	0.524	28	0.380	14	0.042	3	0.198	22	0.107	4

资料来源：根据 2021 年《中国残疾人事业统计年鉴》相关指标的分省（区、市）数据整理和计算。

由表 3 中各省（区、市）残疾人基本公共服务各项内容的最优接近程度 C_i 值分析可知，不同省（区、市）的残疾人基本公共服务内容发展存在较大差距。结合 2020 年各省（区、市）残疾人基本公共服务总体最优接近程度值对比发现，公共服务最优接近程度总体排名与各项服务内容排名并不完全一致，反映了地区之间残疾人公共服务内容不尽均衡，残疾人公共服务整体水平较好的省（区、市）仍存在服务弱项，只是强弱项的组合与其他省（区、市）对比相对更优。

2020 年江苏省残疾人的康复、教育、就业、社会保障、文化体育、维权和无障碍服务的最优接近程度 C_i 值分别为 0.207、0.613、0.440、0.206、0.294、0.110、0.074，在 31 个省（区、市）中的排序分别为 15、25、23、3、24、9、2。整体来看，江苏省残疾人基本公共服务的各项内容与全国最优的接近程度呈现分化，其中社会保障、维权与无障碍服务三项内容接近公共服务最优程度，而在教育、就业与文化体育服务方面偏离公共服务最优程度较远。表明尽管江苏省残疾人基本公共服务持续改善，但存在发展结构不均衡的问题，江苏省残疾人公共服务在教育、就业与文化体育方面短板明显。

四、残障人群基本公共服务均等化的影响因素分析

为探讨影响残障人群基本公共服务均等化的因素，本文将残障人群享有基本

公共服务划分为机会、投入和结果均等化三个维度，揭示公共服务可获性[①]、社会包容性、政策支持等因素对残障人群权利与公共服务均等化的影响，构建非观测效应计量经济模型，并利用 2012~2021 年《中国统计年鉴》和《中国残疾人事业统计年鉴》中相关指标分省（区、市）数据，以及 2012~2021 年省（区、市）残疾人事业发展公报中相关资料数据进行实证检验。模型如下：

$$
\begin{cases}
Opp\_equ_{it} = \alpha_0 + \beta_1 \cdot Service_{it} + \beta_2 \cdot Inclusion_{it} + \beta_3 \cdot Policy_{it} + \gamma X_{it} + \sigma_i + \pi_t + \xi_{it} \\
Inv\_equ_{it} = \alpha_0 + \beta_1 \cdot Service_{it} + \beta_2 \cdot Inclusion_{it} + \beta_3 \cdot Policy_{it} + \gamma X_{it} + \sigma_i + \pi_t + \xi_{it} \\
Res\_equ_{it} = \alpha_0 + \beta_1 \cdot Service_{it} + \beta_2 \cdot Inclusion_{it} + \beta_3 \cdot Policy_{it} + \gamma X_{it} + \sigma_i + \pi_t + \xi_{it}
\end{cases}
$$

以上模型中，Opp_equ_{it}、Inv_equ_{it}、Res_equ_{it} 分别表示地区 i 在 t 年的机会平等、投入平等和结果平等的指标，具体测度方式是根据残障人群基本公共服务均等化评价指标体系中的三级指标分类后加权求和。$Service_{it}$ 表示地区 i 在 t 年的公共服务可获性指标，具体通过残障人群人均获得的教育、就业、社会保障、文化体育四类公共服务占社会整体人均的比值测度；$Inclusion_{it}$ 表示地区 i 在 t 年的社会包容性指标，具体通过新增残疾人综合服务设施投资、康复设施投资、托养设施投资、无障碍设施投资数量四项指标测度；$Policy_{it}$ 表示地区 i 在 t 年的残障人群的政策支持指标，具体通过各地区颁布的残疾人事业发展的政策数量、残联提出的议案数量、各类助残社会组织数量三项指标测度。考虑到 $Service_{it}$、$Inclusion_{it}$、$Policy_{it}$ 的测度有多项指标，将利用主成分分析法处理后代入模型。

模型中 X_{it} 表示地区 i 在 t 年的特征变量，主要包括经济发展水平、人口总量、残障人群数量占比等指标；σ_i 用于控制地区层面随时间不变但因地区而异的不可观测因素，π_t 用于控制随时间变化而在地区层面不变的不可观测因素，ξ_{it} 用于控制地区层面因地域差异随时间变化的不可观测因素。模型的计量经济分析将采用聚类稳健标准误进行参数估计。数据来源于 2012~2021 年《中国残疾人事业统计年鉴》各地区相关指标的统计整理与计算，以及分地区的残疾人事业发展统计公报中的数据资料，以上模型的估计结果如表 4 所示。

---

① 韩小威，郑慧敏. 基于公平正义视角残疾人基本公共服务设施可及性测度研究 [J]. 内蒙古农业大学学报（社会科学版），2021，23（6）：60-65.

表4　残障人群基本公共服务的机会、投入与结果均等化影响因素

变量	机会平等指标	投入平等指标	结果平等指标
服务可获性	0.568	0.618	2.166***
	(1.044)	(1.520)	(9.862)
社会包容性	0.013	0.093**	-0.026
	(0.288)	(2.277)	(-1.647)
政策支持	0.031	0.184*	0.157***
	(0.289)	(1.897)	(4.567)
人均GDP	-0.089	-1.611	-0.022
	(-0.155)	(-1.645)	(-0.106)
人口总量	0.001	0.001	0.002***
	(0.824)	(0.735)	(3.405)
残疾人口占比	-201.975	-41.737	-147.137***
	(-1.250)	(-0.326)	(-3.362)
时间虚拟变量	控制	控制	控制
地区虚拟变量	控制	控制	控制
常数项	13.228	16.152	12.823***
	(1.626)	(1.578)	(4.062)
观测值	279	279	279
R-squared	0.766	0.861	0.965
模型统计检验F值	12.40	23.74	170.4

注：①*、**和***分别表示10%、5%和1%的统计显著性水平。②括号中的数据为参数统计检验的t值。

资料来源：2012~2021年《中国统计年鉴》和《中国残疾人事业统计年鉴》中相关指标分省（区、市）数据，以及2012~2021年省（区、市）残疾人事业发展公报中相关资料数据。

　　针对残障人群基本公共服务的机会、投入与结果均等化的计量经济模型拟合的R-squared值分别为0.766、0.861、0.965，且模型整体显著性的F检验均在1%的统计水平上显著，表明模型整体拟合结果较好。结合模型拟合参数的符号与显著性分析可知：服务可获性、社会包容性与政策支持对残障人群基本公共服务的机会平等影响的系数为正，但统计上不显著，表明服务可获性、社会包容性

与政策支持并不能显著地提升残障人群平等获得基本公共服务的机会，说明残障人群在社会基本公共服务获取中仍然处于劣势。服务可获性、社会包容性与政策支持对残障人群基本公共服务的投入平等的影响系数为正，但仅社会包容性政策支持变量在统计上显著，表明社会包容性能显著增加残障人群获得基本公共服务的投入，说明社会包容性增加带来多元主体的参与，能够促进残疾人获得更高水平的公共服务投入，而服务可获性与政策支持对其促进效果不明显。服务可获性和政策支持对残障人群基本公共服务的结果平等影响的系数为正，且变量在1%统计水平上显著，说明服务可获性与政策支持对于改善残障人群获取基本公共服务的数量与质量具有显著促进作用。因而，公共服务可获性与政策支持是影响江苏省残障人群基本公共服务结果均等化的关键性因素，也是保障江苏省残障人群权利与提升公共服务均等化的重点方向。

五、江苏省残疾人权利保障与公共服务均等化的政策支持方向

以上分析探讨了影响江苏省残障人群享有均等化公共服务权利的因素，明确了各因素对残疾人公平享受公共服务的机会、投入与结果的影响差异，确定制约残障人群公平享受基本公共服务的主因，能够为政府制定保障残疾人权利与实现基本公共服务均等化的干预机制和公共政策提供科学的依据和参考。为破解制约残疾人公平享受基本公共服务的路径，提出江苏省残疾人权利保障与基本公共服务均等化的干预机制和公共政策支持的方向如下。

第一，加大财政支持力度以缩小残疾人保障和服务的地区差距。针对江苏省残疾人公共服务投入不均衡、波动大的问题，建议加快构建省、市、区县分担机制，以保障残疾人事业专项经费的财政投入的持续性。在残疾人帮扶、康复、社会保障等方面，除了中央财政投入外，省级财政要统筹区域残疾人事业发展，对相对困难地区增加财政转移支付力度，尤其是在各市县要在专项转移支付基础上，充分考虑行政区间的差异，加大对相对困难地区的专项投入和转移支付力度。同时，在全省范围内建立统一的残疾人社会保障项目，统一标准、统一监管，尝试建立统一的困难残疾人生活补贴与残疾人长期护理津贴制度。

第二，鼓励社会多方积极参与以构建多元化社会支持体系。当前，对残障人群的支持与保障主要依赖政府，倡导建立以政府为主导、全社会广泛参与的残障人群社会保障机制①②。扶助社会弱势群体是政府不容推卸的职责，政府有能力担当主导力量，一方面强化政府在残疾人社会保障的主体担当，把残疾人的社会保障纳入国家社会保障和制度框架；另一方面积极引导社会力量积极参与到残疾人社会保障中，发挥多元主体的能动性形成补充。社会慈善组织、残疾人专业服务机构、专门协会、公民等是为残疾人服务的不可或缺的重要主体③，政府与社会主体相互协调、相互统一，构建多元化社会支持体系以满足不同残疾人群体的公共服务需求④。

第三，完善残疾人康复网络建设，着力提升残障人群的人力资本。建立健全残障康复是实现残疾人"人人享有康复服务"战略目标，也是提升残障人群人力资本的关键所在⑤。加强残疾人康复工作，一是建立残疾人康复救助制度，加大康复救助力度。不仅能减轻其病痛，恢复其身体的生理机能，提高其自身的人力资本，更重要的是会给予残疾人及家庭生活的希望。倡导康复救助项目采取分级负担、部门联合的方式开展，如民政部门生活救济、中国残疾人联合会组织辅助筹措资金、医疗康复机构费用减免等，广泛动员多种社会力量共同为残障人群的康复治疗提供帮助。二是建立社区康复机制，加强残疾人康复网络建设。倡导在地方政府主导下，构建"市中心医院设立康复指导中心、乡镇卫生院设立康复指导室、村社卫生服务中心设立康复指导站"残疾人康复指导体系⑥，形成覆盖全部残疾人康复服务网络，建立康复档案以开展残疾人康复训练与服务。

第四，重视残障人群的教育问题，多方位保障残疾人受教育权利。一是动员社会力量积极建设特教学校，着力改善特殊教育条件。逐步形成和完善残疾人特

① 刘婧娇. 从国家本位到需要本位：中国残疾人社会保障的目标定位转向 [J]. 社会科学战线，2018（7）：233-239.

② 刘振杰. 农村残疾人社会福利权益支持研究：基于河南、山东等农业人口大省的实地调研 [J]. 中国农业大学学报（社会科学版），2014，31（2）：84-95.

③ 孙健，邓彩霞. 我国残疾人公共服务体系：问题与完善 [J]. 国家行政学院学报，2011（1）：99-103.

④ 唐闻遥，王欣玉，冯梦瑶，等. 残疾人均等享有公共服务问题探究：以北京市为例 [J]. 劳动保障世界，2019（36）：18-19.

⑤ 严妮. 我国农村残疾人医疗服务现状、问题及对策研究：由东北三省实地调研引发的思考 [J]. 武汉理工大学学报（社会科学版），2015，28（5）：909-914.

⑥ 宋宝安. 农村残疾人社会保障与服务体系建设现状与对策：以东北农村残疾人调查为例 [J]. 残疾人研究，2012（1）：6-11.

殊教育体系，将残疾人学前教育、义务教育、中等教育以及高等教育各环节紧密衔接和贯通，拓宽残疾学生接受更高一级学校教育的渠道。二是教育招生制度适当向残障人群倾斜，增加残障人群享受高等教育的概率与人数。三是多方筹集资金，开展多种形式的帮扶助残活动，逐步提高残疾人家庭子女的教育救助标准，帮助其顺利完成学业。除此之外，还需要加大特殊教育师资培养力度，提升特殊教育教师和专业技术人员的整体素质与数量。

第五，加强残障人群职业技能与就业培训，提升残疾人社会参与感。在职业培训方面，要立足残疾人特征与就业需求有针对性地开展，使职业培训与生产生活和帮扶开发有机结合①。在开展培训工作过程中，不仅要加强技术培训，更需要有意识地增强残疾人的竞争意识，转变其工作态度与就业观念，对残疾人进行职业技能培训的内容、方式，做到从劳动力市场需求的实际出发，保证培训效果的实用性②。除此之外，考虑通过政策支持以鼓励和带动残疾人创业，实现以创业带动就业，通过适度的政策扶持以解决创业难题，如通过政府贴息等方式或有效利用部分残疾人就业保障金来实现，慈善组织还可以通过设立基金会对残疾人就业和培训提供资金资助等。

[基金项目] 本文系 2021 年江苏共享发展研究基地项目"公共服务均等化背景下江苏省残障人群权利保障与支持政策研究"（立项号：21gxjd03）的阶段性成果。

[课题组成员] 魏宁、余益伟。

参考文献

[1] 许琳，唐丽娜，张艳妮. 基本公共服务均等化视角下的我国农村残疾人社会保障制度建设研究 [J]. 西北大学学报（哲学社会科学版），2011，41（6）：5-12.

---

① 齐心，冯善伟，张梦欣，等. 中国残疾人社会保障现状及对策建议 [J]. 残疾人研究，2020（3）：64-71.

② 籍凤英，蒋柠，郭婷. 我国残疾人基本公共服务标准体系研究 [J]. 残疾人研究，2017（3）：3-12.

［2］葛忠明．残疾人公共服务的发展趋势和潜在问题［J］.山东社会科学，2015（5）：15-21.

［3］周沛．基于"共建共治共享"的残疾人基本公共服务探析［J］.江淮论坛，2019（2）：129-136.

［4］王玉辉．我国农村残疾人社会保障问题研究［J］.劳动保障世界，2019（35）：28.

［5］王旭东．基本公共服务均等化制度中残疾人福祉设计研究：以甘肃为例［J］.残疾人研究，2012（4）：62-66.

［6］吴娟．残疾人基本公共服务均等化评价及对策研究［D］.呼和浩特：内蒙古大学，2016.

［7］韩小威，郑慧敏．基于公平正义视角残疾人基本公共服务设施可及性测度研究［J］.内蒙古农业大学学报（社会科学版），2021，23（6）：60-65.

［8］刘婧娇．从国家本位到需要本位：中国残疾人社会保障的目标定位转向［J］.社会科学战线，2018（7）：233-239.

［9］刘振杰．农村残疾人社会福利权益支持研究：基于河南、山东等农业人口大省的实地调研［J］.中国农业大学学报（社会科学版），2014，31（2）：84-95.

［10］孙健，邓彩霞．我国残疾人公共服务体系：问题与完善［J］.国家行政学院学报，2011（1）：99-103.

［11］唐闻遥，王欣玉，冯梦瑶，等.残疾人均等享有公共服务问题探究：以北京市为例［J］.劳动保障世界，2019（36）：18-19.

［12］严妮．我国农村残疾人医疗服务现状、问题及对策研究：由东北三省实地调研引发的思考［J］.武汉理工大学学报（社会科学版），2015，28（5）：909-914.

［13］宋宝安．农村残疾人社会保障与服务体系建设现状与对策：以东北农村残疾人调查为例［J］.残疾人研究，2012（1）：6-11.

［14］齐心，冯善伟，张梦欣，等.中国残疾人社会保障现状及对策建议［J］.残疾人研究，2020（3）：64-71.

［15］籍凤英，蒋柠，郭婷．我国残疾人基本公共服务标准体系研究［J］.残疾人研究，2017（3）：3-12.

助残社会组织内源发展的途径和策略

——南京雨花睿泽障碍人士服务中心向社会企业转型的研究

朱颂梅[*]

内容摘要： 助残社会组织由于发展时机的滞后性、服务对象的特殊性、服务层次的兜底性、服务项目的低关注度，单维政府资源依赖特征突出，内生资源不足，缺乏自我造血能力等内源发展动力。现阶段在我国，社会企业作为公益运作的新模式已经逐渐被更多人所了解和接受。通过对南京雨花睿泽障碍人士服务中心的个案研究，发现该组织在向社会企业转型的过程中借助外部资源推动组织发展，同时激活和发掘内源发展力量，改变单维资源依赖格局，解决组织项目运营中技术、财务、人力资源等各方面的挑战，充分激发内部的禀赋性资源、能动性资源、生产性资源与价值性资源最终获得生存发展的动力源泉，成功地向社会企业转型。

关键词： 助残社会组织；社会企业；内源发展

助残社会组织是以残疾人及残疾人家庭为对象，开展各类助残服务以满足残疾人多元化需求，促进残疾人平等、参与、共享的非营利机构，是残疾人"服务性福利"的直接传递主体，是保障弱有所扶，增进民生福祉的重要组织基础。民间性、公益性、志愿性、专门性、专业性是助残社会组织的主要特征。截至2017年底，助残社会组织作为残疾人服务专业化、精准化、高效化的实践载体与递送保障，承接政府残疾人服务项目，开展辅助性就业、社区康复、日间照料等特色专业化服务，挖掘残疾人潜能、解放家庭生产力、满足残疾人及其家庭需求等方

---

* 朱颂梅，南京特殊教育师范学院管理学院教授，博士；主要研究领域为公共管理、残疾人事业管理。

面功能显著，在残疾人服务供给中扮演着越来越重要的角色，已成为我国助残社会服务具体实施与推进的重要力量。由于发展时机的滞后性、服务对象的特殊性、服务层次的兜底性、服务项目的低关注度，助残社会组织的单维政府资源依赖特征突出，大部分助残社会组织的内生资源不足，缺乏自我造血能力等内源发展动力，呈现出明显的生存脆弱性特征，打破资源瓶颈、应对资源匮乏、充分汲取资源是我国助残社会组织成长的重要前提基础。国内学者提出"分类控制体系""嵌入性发展""参与型""伙伴型""自主性"等模式重塑助残组织与政府的关系，在社会建设、社会治理及政府购买服务的制度化实践背景下，助残社会组织发展成为学界研究的热点议题。

20世纪七八十年代在现代化理论、依附理论、世界体系理论等发展社会学的主流理论纷纷陷入困境后，西方学术界提出内源发展理论（Endogenous Development Theory）在解构主流发展理论的基础上，内生或内源性的发展理论寻求一种由发展内部来推动和参与、充分利用自身的力量和资源、尊重自身的价值挖掘与整合，以提升发展的能动性、参与性、自主性与持续性。助残社会组织作为发展主体，同样应关注"内源性"的发展路径。促进助残社会组织更加有效对接政府、市场等外部资源主体，改变现有的单维资源依赖的不平衡状态，最大限度激发、整合与盘活组织内生性资源，增进组织服务效能，激发组织自我发展潜力，提升组织抗御外部风险能力，实现助残社会组织的内源发展。

一、助残社会组织内源发展的现实动因

我国助残社会组织主要依循体制内培育与体制外嵌入两类发展逻辑。体制内培育主要指助残社会组织自上而下经历"政府建构—组织孵化—资源赋予—扎根成长"的发展轨迹，政府是助残社会组织发展的直接培育者与推动者。体制外嵌入主要指助残社会组织自下而上，经历着"自我孕育—身份获取—资源汲取—自愿依附"的发展轨迹。政府以外的个人或组织是"体制外"助残社会组织的直接创立者，其主动获取政府支持，嵌入政府主导的助残服务体系中。无论是体制内培育还是体制外嵌入，助残社会组织的发展逻辑殊途同归地走向了单维资源依赖。其具体表现为：一是资源依赖对象的单一性。由于性质的非营利性、运作模式的非强制性、服务对象的特殊弱势性，在"慈善不足""公益滞后"带来社会公益资源匮乏的背景下，助残社会组织往往只能单向地依赖于政府的资源支持。二是资源依赖内容的多重性。目前绝大部分助残社会组织对于政府的资源依赖是全方位的，宏观的政策性资源（比如鼓励性的制度政策）、中观的运营性资源（比如政府所发包的项目）以及微观的实体性资源（比如场地供给等），组织都有赖于政府的规范、指引、认同与支持；在身份认可、服务场地、资金来源、人力资源、税收减免、项目指导等方面形成了对于政府的多重依赖。三是资源依赖关系的不平衡性。助残社会组织的后生性，组织禀赋不足，尚未能积累起可与政府资源平等交换的专业化优势性资源，与政府之间不能建立起资源互赖、优势互补的关系模式。四是资源依赖方式的被动性。助残社会组织主要通过承接政府残障儿童康复、残疾人就业支持等项目获得资源，迎合政府的需求，与残疾人服务对象的具体需求相错位，缺乏主动拓展服务与资源的动力与能力。造成的后果：一是服务内容的形式化。满足形式化的政府项目标书的要求，造成了服务内容与服务对象的需求错位化。二是服务项目的景点化。服务项目被打造成为基层政府应付检查和同行学习的景点，展示功能大于服务功能。三是服务目标的工具化。助残社会组织与基层政府结合成利益共同体，背离组织的特色和宗旨。四是服务效用的内卷化，在政府指标化的要求下助残社会组织服务数量增长，服务质量与效果下降。

社会企业将社会公益与其核心业务和技术紧密相连，以追求社会效益最大化为根本目标，依靠提供产品或服务等商业手段解决社会问题，并取得可测量的社会成果的企业、合作社或社会组织。现阶段在我国，社会企业作为公益运作的新模式已经逐渐被更多人所了解和接受。国内也有了一些比较具有代表性的助残社会组织，如深圳市残友集团、爱德面包房等。另外还有一些传统非营利组织因为资金压力或从业者对社会企业的强烈认同，正走在向社会企业转型的道路上。它们不再是传统非营利组织，而是以一种新型社会组织形式——社会企业的形象出现在人们面前。

社会企业将公益与商业相结合的模式为传统非营利组织的发展提供了新的选择，但是社会企业的发展则需要政府和非营利组织自身做出更有效的实际行动。

任何组织都不是孤立生存发展的，必须嵌入一定的环境中，与其他组织产生资源交换，形成资源依赖关系。助残社会组织作为社会公益性服务资源的主要递送者，必须依靠外部资源推动组织的发展，同时激活和发掘内源发展力量，改变单维资源依赖格局，打造整合性的组织内外部资源系统。通过对南京雨花睿泽障碍人士服务中心的个案研究，发现该组织在向社会企业转型的过程中依靠外部资源推动组织的发展，同时激活和发掘内源发展力量，改变单维资源依赖格局，解决组织项目运营中技术、财务、人力资源等各方面的挑战。本文以南京雨花睿泽障碍人士服务中心为例，分析助残社会组织市场化运行的资源系统的构建。

二、助残社会组织向社会企业转型的案例

（一）助残社会组织面临的困境

近年来，政府对社会组织的扶持无疑为慈善事业的发展带来了强大的支持力量。在此形势下，各类社会组织纷纷涌现。从政府层面上来看，相较于社会组织的增多速度，政府财政投入的增长幅度则显得比较缓慢。因此政府对于社会组织申请财政支持的要求也需进一步提高。对于一些传统的社会组织来说，随着福利慈善事业的发展与进步，它们在从事慈善活动时面临着理念和方法上的冲击。一方面它们有着较高的从事志愿服务的热情，愿意为人民服务。但是另一方面，它们缺少专业的助人理念与方法，助人的成效常常不尽如人意，这不仅使它们在助人过程中的自我效能感大大降低，还使它们在社会组织申请财政支持中处于劣势地位。除此之外，对公益慈善领域的信任危机也大大加深了传统社会组织的困境程度，公益组织财务透明化成为发展的必然要求，但这也并不意味着人们会一如既往地"慷慨解囊"。虽然残疾人服务中心现在申请到了政府的创投项目，资金周转尚能维持中心的运营，但是对未来中心发展资金来源的担忧时刻困扰着它们。对于很多传统非营利组织来说，转型并非易事。转型不仅意味着机构业务模式的变化，同时也意味着机构性质的变化。机构不仅要承担商业管理方面的挑战，也要面临社会环境的挑战。南京雨花睿泽障碍人士服务中心在向社会企业转型的过程中依靠外部资源推动组织的发展，激活和发掘内源发展力量，为我们提供了宝贵的经验。

（二）助残社会组织以社会项目为导向的运行情况

南京雨花睿泽障碍人士服务中心是在南京雨花台区残疾人联合会及西善桥街道的共同支持下，基于社区发展助力障碍人士独立社区化生活而打造的非营利机构。南京雨花睿泽障碍人士服务中心创办人辛苍婷从自身养育智障孩子的亲身经历出发，以帮助一个孩子就是帮助一个家庭的切身感悟，尊重残障人及残障人的需求为主导，为残障人士提供托养照料、社会融合、康复教育、技能培训和就业支持等多项专业化服务。作为自下而上的由民间创立者创立的社会组织，南京雨花睿泽障碍人士服务中心在创业初期的资金主要来源是通过残疾人托养照料项目申请得到栖霞区、南京市残疾人联合会政府购买服务资金的支持，此外自身通过托养收费、康复服务筹集到部分资金，嵌入政府主导的助残服务体系中，中心得以初步发展。南京雨花睿泽障碍人士服务中心致力于专业化的残障人士日间照料和晚间托养，以及长期康复训练，从培养家长理念、引入企业参与，联动高校志愿者，多年的运作经验，服务残障人士超过 180 名，专职工作人员 20 名。虽然得到了政府的资助，但是由于机构受助的残疾人的托养成本高且康复难度大，此时面临着严重的资金压力。2012 年后，随着政府专门拨款支持社会组织的力度逐年加大，南京市公益创投协会则通过邀请专家学者的评估决定资助对象。在此契机下，南京雨花睿泽障碍人士服务中心项目拿到了南京市公益创投项目——"蘑菇庄园"。在蘑菇庄园项目实施过程中，中心负责人参加了社会企业家培训讲座，给其带来了深刻的影响，中心决定尝试通过创新社会企业项目，改变其运作方式，增强其自我造血功能，开始了公益项目的商业化运行试点。

1. 组织结构奠定了公益项目商业化运行的基础

组织结构是一个组织依靠外部资源推动组织的发展，激活和发掘内源发展力量的基础。

组织结构关系表现为两个方面：一是纵向结构，即组织的层的关系，由于权力分层而产生的领导与被领导的关系；二是横向结构，即由于职能分工而产生的分工协作关系。南京雨花睿泽障碍人士服务中心在组织规模较小、内部分工很少的情况下以项目为中心进行了横向结构的分化，构建了扁平的组织结构。理事长即秘书长，下设托养服务部（负责日间和晚间照料）、发展部（对外合作、志愿服务和筹款）和技能培训部（社会融合和职前培训），为向公益项目企业化运行奠定了基础（如图1）。

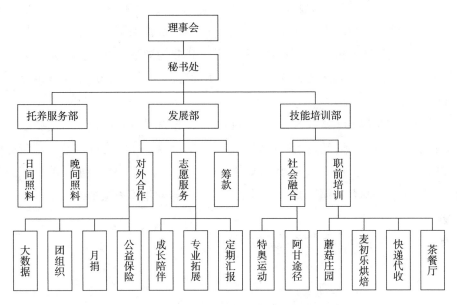

图1 南京雨花睿泽障碍人士服务中心组织结构

2. 公益项目运作

"蘑菇庄园"项目内容为：教授学员种蘑菇，在此过程中，一方面，锻炼学员的工作技能，帮助学员更好地融入社会。另一方面，通过销售蘑菇，获取利润，用于组织的管理、运营和帮助更多的残疾人。项目计划首先确定参与项目的学员并以技术培养为主，后期根据市场销售情况进行业务的增产与残障家庭技术的支持与投入，按照合约价格为各位养殖学员及菌种养殖家庭发放养殖经费，让残障人群真正感受到自我劳动的快乐。"蘑菇庄园"作为中心拿到的第一个南京市公益创投项目，利用中心组织优势，尝试商业化运行，通过广泛整合各项社会公益资源，增强项目再造血机能。

申请南京市公益创投项目时，"蘑菇庄园"项目设想的目的是推动南京地区社会公众对青少年智力残障人群的关注，为搭建社会与残障人群沟通的桥梁，增强社会对残障人群的了解，提升残障人群社会交流能力。"蘑菇庄园"项目的实施依托中心运作，中心特殊教育老师对智力残障青年的菌种养殖技术指导，发展部联系安徽休宁菌业集团有机食品科学研究所、南京农业大学生命科学学院的菌种养殖技术作为支持，南京师范大学创行团队的销售支持确保项目的持续性。项目计划在种植过程中，邀请全市市民参与。借助各类网络、平面媒体对中心品牌项目——"蘑菇庄园"的宣传，以体验都市时尚"马里奥找蘑菇"为故事情节的体验式种植，让残障人群做种植导师指导参与人群种植菌种，采摘与食用绿色营养食品。项目通过帮助残障人群与社会公众搭建沟通平台，提升残障人群与外界的沟通能力，展示残障人群努力实现自我价值的精神，推动"残健共融"和谐社会的发展。

对于南京雨花睿泽障碍人士服务中心来说，公益项目商业化运行是中心向社会企业化转型的一次尝试。怎样根据中心自身的特点，利用现有资源成功转型对中心来说也是比较大的挑战。接下来本文对"蘑菇庄园"项目进行系统化的分析，试图考察"蘑菇庄园"这一项目的企业化运营对组织发展的意义。

（三）企业化运营系统分析

1. 资金资源投入是商业化运行的关键

财务核算的目的是通过一系列有关投入与产出的运算为商业发展提供决策导向，帮助管理者做出决策，保证运营收入。南京市公益创投的 100 万元项目资金投入，是"蘑菇庄园"项目资金的主要来源。创投协会对项目的运营与项目资金的使用有较为明确的规定，项目资金全部用于项目的运行，并接受来自公益创投协会的评估。中心主要支出费用包括 10 万元的房租费用，服务对象除残疾青少年托养之外，还接收部分残疾老人的托养。学员缴纳的费用仅能维持老师的工资，房租、水电依靠公益资助解决。因技术瓶颈中心还不能独自培育菌种，因此，种植蘑菇所需的菌种从安徽黄山真菌研究所购得，还需购买菌种、原材料、工具及创建菌种培养室等，无形中增加了中心工作人员的负担，项目方只能积极通过参加慈善义卖会、与媒体合作邀请市民种植蘑菇、蘑菇认购获取收益，保证项目盈利。

2. 技术资源支持是项目商业化运营的核心

蘑菇种植技术是项目持续发展的关键，技术问题直接关系到项目的生存与发展。怎样从技术方面控制成本，销售物美价廉的商品，与市场中其他商品的竞争是项目成功与否的决定性因素。"蘑菇庄园"项目的技术支持除了来自黄山菌种研究所外，还与南京师范大学和南京农业大学的专家学者建立了良好的合作关系。南京师范大学负责蘑菇市场需求调研，南京农业大学负责技术支持。中心把减少菌种等原材料购买量，降低成本掌握培养菌种的核心技术作为"蘑菇庄园"可持续发展必须面对的现实情境。中心在南京师范大学的大学生志愿者的帮助下，对蘑菇种植和销售进行市场调查，在南京农业大学技术支持下通过商品质量检测部门的菌种培养技术检测，获得相关的质量认证，为商业化市场销售做准备。

3. 生产经营资源是项目商业化运营的主体

生产经营是指围绕产品的投入、产出、销售、分配乃至保持简单再生产或实现扩大再生产所开展的各种有组织的活动的总称。生产经营是各项工作的有机整体系统，不同的生产管理运营方式会产生不一样的生产经营效果。对于"蘑菇庄园"项目来说，这个系统包括项目的立项申请，人员的筛选（经过康复和培训能够融入项目体系的残障者），项目的设计与实施，项目效果的评估等环节。从组织战略发展的角度，项目的整体构思以价值链优化为宗旨进行生产流程优化，从原材料的购买、残障学员的教学培训计划到以蘑菇的种植、储藏保鲜、销售等多维技术改进，构成一个较为完整的生产运营系统。

4. 人力资源是项目商业化运营的基础

人力资源管理是指组织的一系列人力资源政策以及相应的管理活动，这些活动主要包括人力资源战略的制定、员工的招募与选拔、培训与开发、绩效管理、薪酬管理、员工流动管理、员工关系管理和员工安全与健康管理等，即运用现代管理方法，对人力资源的获取（选人）、开发（育人）、保持（留人）和利用（用人）等方面所进行的计划、组织、指挥、控制和协调等一系列活动，最终达到实现企业发展目标的一种管理行为。对于服务型的公益组织，良好的人力资源管理，对组织的发展壮大及服务质量的提升尤为重要。公司亟须解决"招不到人才""留不住人才"的现状，中心的人力资源包括正式员工和志愿者，中心有正式护工照顾残障者生活，寒暑假除外周一至周六下午每天都由大学生志愿者来给参与"蘑菇庄园"项目的七位残障学员培训上课。中心负责人负责中心的决策与管理，包括中心发展战略的制定，各类项目的设计、管理运行以及与项目有关的教学工作。

中心首先对参与蘑菇种植的七位残障学员的认知和操作两大类能力进行评估。认知类包括原材料认知、器材认知、专业认知（与对菌种培育相关的）和行为认知（主要指学员能否遵守规则）。操作能力包括消毒、配料、材料准备、培养及制作、种植和培育能力。为了提高中心的人力资源管理水平，邀请专家定期做人力资源培训，中心实行企业化管理，所有员工实行岗位责任管理，明确岗位职责与晋升制度。教师岗负责学生教学和日常管理，协助中心课程体系的研发与提升，晋升梯度：实习教师—初级教师—高级教师—教学主管。项目管理岗位负责项目的规划与创意、项目的管理与运营，以及项目志愿者团队的管理等，晋升梯度：项目实习生—项目工作者—项目主管。

5. 市场营销是项目商业化运营的保障

南京师范大学志愿者团队承担"蘑菇庄园"项目销售渠道任务，中心对于蘑菇的市场营销有较为积极和系统的规划。初期蘑菇的产量比较低，销售问题不大，后期随着产量不断增加，需要不断开拓市场资源。为取得价格优势，首先要减少市场周转环节，中心与对菌种有着极大需求与购买力的企业、酒店等建立合作，通过直销减少流通环节从而提高收益，并以服务对象业务范围为媒介与南京原品农夫市集、爱之光公益发展中心合作，同时采取摆摊、认购、客户种植体验等多种方式进行销售。

在"蘑菇庄园"成功商业化运行的基础上，中心根据市场需求，综合残疾人身体状况又开辟了蜗牛速递、麦初乐烘焙、空中花园等市场化运行服务项目，提高心智障碍青少年的独立生活能力，优化残障人士的生活质量，架起社会、家庭以及心智障碍青少年之间的互助桥梁。

三、资源内生：助残社会组织内源发展的实践策略

(一) 助残社会组织资源系统的构建

1. 内部资源是组织生存发展的动力源泉

助残社会组织的内部资源主要包括禀赋性资源、能动性资源、生产性资源与价值性资源（如图2，内框）。禀赋性资源是指南京雨花睿泽障碍人士服务中心作为第三部门的助残社会组织所具有的天然优势。作为非营利性、民间性、专门性的助残社会组织，承担了服务残疾人的职能，致力于以多元化、专业化的方式满足残疾人及其家庭的个性化需求。南京雨花睿泽障碍人士服务中心的本质特

征、先天优势与特定功能构成了助残社会组织独有的禀赋性资源。能动性资源是指作为助残社会组织运营与发展的能动性主体的组织人力资源。组织人力资源不仅包括管理者、专业人员等服务者，残疾人及其家属等服务对象亦应视为有能力、有潜力的能动性资源。对服务者的专业能力提升、服务对象的自身能力建设以及两者间的良好互动是组织发展的直接内驱力。生产性资源是指南京雨花睿泽障碍人士服务中心通过项目的引进，市场化运作后实现自我造血后，逐步摆脱对政府在单项依赖后所具有的经济功能与市场价值。作为非营利性质的助残社会组织并非纯消费型机构，公益项目市场化在运行过程中，其生产性资源被激活，对外供给市场所需的各种商品与服务，满足市场需求，创造经济价值形成自我造血机制。价值性资源是指南京雨花睿泽障碍人士服务中心作为助残社会组织内核的理念价值系统。以人为本、助人自助、互助关怀、残健共融和共享发展等为价值指引是助残社会组织的灵魂，亦是助残社会组织扎根发展的精神动力。

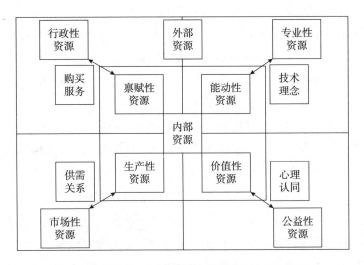

图2　助残社会组织转型发展过程内外部资源系统

2. 外部与内部资源动态耦合激活了内部资源

南京雨花睿泽障碍人士服务中心的外部资源与内部资源通过相应中介渠道，形成互动沟通的动态耦合机制。来自政府公益创投的行政性资源与禀赋性资源通过购买服务相链接，南京雨花睿泽障碍人士服务中心以其企业化的组织结构以及残疾人康复和培训方面专业优势的资源禀赋，换取作为项目发包方的政府的财政资助等行政性资源支持。专业性资源与能动性资源通过技术理念相沟通，组织外部的专业技术与理念是影响组织内部能动性资源能力提升的重要因素。市场性资源与生产性资源通过供需关系相匹配；外部市场性主体的影响力投资与组织自我造血的生产性压力，直接激活了组织内外资源交换的需求。公益性资源与价值性资源通过心理认同相融合，公众对残疾人的共融性、关爱性社会行动所汇聚成的公益性资源与组织所固有的价值性资源，彼此强化组织发展的价值内核。

（二）助残社会组织外部资源的输入

1. 外部资源优化组织内部禀赋性资源配置

南京雨花睿泽障碍人士服务中心内生资源的前提是获取更多的政府支持，来强化组织内部禀赋性资源。政府支持与行政性资源导入是激发组织内部禀赋性资源功能发挥的必要保障。一方面，社会组织资源的自给自足是不现实的，即使在社会组织发育充分的国家或地区，政府已成为非营利服务机构的最重要的收入来源，远远超过了作为生计来源的私人捐赠和服务收费。在欧美各国社会组织的总收入中私人捐赠仅占10%，而来自政府的各项支持则占运营费用的41%，中国香港地区甚至高达80%。另一方面，政府应进一步改变思维，改善针对助残社会组织的支持、遴选、评估、监督机制，避免直接介入助残社会组织内部管理，以服务成效及残疾人满意度等作为组织遴选与评估的主要依据。南京雨花睿泽障碍人士服务中心在南京市政府公益创投的引导下，借助雨花区残疾人联合会和西善桥街道支持，极力打造助残社会组织服务亮点，完善组织项目运行机制，提升组织服务效能，改善组织服务质量，优化组织内部禀赋性资源配置，吸纳专业理念，优化组织内部能动性资源。中心突破专业能力不足的掣肘因素，充分学习吸收外部来自科研单位和高校的专业性资源主体的服务理念、方法与技术，促进涵盖服务者与服务对象的组织内部能动性资源主体的能力提升。组织管理者及一线工作者积极参与对外交流与在职培训，拓宽专业视野、学习专业知识、习得专业技能、强化专业素养，提升中心服务者的综合素质。除了医学康复、特殊教育等专业性资源以外，还关注专业残障社会工作理念与方法的导入及运用。除了个案管理、家庭治疗、团体工作等传统社会工作方法技巧以外，系统综述、荟萃分析、准实验研究、个案对照等循证实践技术被吸纳到组织内部，以探索研究型实践的服务模式。残障社会工作的优势视角、抗逆力、赋能增权、助人自助等专业理论与价值被吸收，并渗透至南京雨花睿泽障碍人士服务中心的服务实践中，残障服务对象并非完全被动的服务接受者，从早期的"蘑菇庄园"到如今的蜗牛速递和空中花园的助残公益项目，通过挖掘残障服务对象的内在潜力，发掘其优势资源，提升其自身能力，重建其自我价值，促进其成为组织内部能动性的主体资源。

2. 市场性资源进一步夯实内部资源

导入市场思维，激活组织内部生产性资源。由于助残服务性质与对象的特殊性，政府支持是大部分助残社会组织生存发展的唯一支柱，但也造成组织自我造血能力不足。公益性的助残社会组织并不排斥市场，非营利的性质也必须以盈利的方式维持运行。市场性资源对市场供求规律、交换规律、价值规律、竞争意识、效率意识、创新精神、开拓精神、科学管理等均成为南京雨花睿泽障碍人士服务中心吸纳借鉴的资源。以市场思维改革传统非营利机构激活组织内部的生产性资源，才能够更好地实现组织的公益性目标。南京雨花睿泽障碍人士服务中心的生产性资源，一是来自组织适销对路的服务。精准评估残障服务对象的需求，除了兜底性质的基本服务供给以外，还为服务对象提供增值性、个性化、精准性的服务。二是来自服务对象本身的生产力挖掘。基于优势视角，残障者在一定条件下，通过康复、教育培训潜力得以挖掘，能力得以提高，成为重要的生产力资源。比如蜗牛速递项目中，联络顺丰、申通、京东等快递公司，两个残障者配备一个高校或社区志愿者，通过对残障者四肢力量的训练、货物分类识别的训练，充分挖掘残障者的潜能，走出家门、融入社区、舒缓压力、增加收入、实现价值。凝聚公益精神，夯实组织内部价值性资源。在我国慈善不足的总体社会环境下，组织外部社会公众的公益理念与行为应得到鼓励与推广，组织内部的价值伦理得到彰显与强化，两者彼此互动共同提升，营造了价值伦理生态。一方面，经由官方宣传、媒体宣传与组织倡导，中心秘书长辛福被评为"中国好人榜"助人为乐好人，入选2019福布斯中国30位30岁以下精英榜，"中国公益慈善人才""中国慈善传播大使""中国好人"等称号提升了公众对组织的认可度。另一方面，作为非营利性质的组织，南京雨花睿泽障碍人士服务中心固守公益的价值底线，坚持为社区服务，重塑良好的公益外部环境，结合组织的服务对象、服务内容与服务特色，凝练组织愿景、组织目标与组织文化，明确清晰长远的发展定位，逐渐形成组织的价值内核与文化要义。通过日常的助人活动促使组织成员价值认同与价值内化，凝聚并夯实助残社会组织内部价值性资源基础。

（三） 以禀赋性资源促进自主性内源发展

1. 向社会企业转型实现可持续内源发展

组织内部的禀赋性资源是其自主性发展的基础。在萨拉蒙看来，社会组织比政府更能提供个性化的服务，更加灵活而具有弹性，可以更加契合服务对象的需求，并且可引入竞争机制。近年来我国助残社会组织的培育初有成效，在分担残疾人社会服务供给责任、弥补政府不足、填补政府治理盲区等方面，初步发挥了重要功能。组织内部的禀赋性资源在政府的支持与引导下得以强化，助残社会组织对于政府资源依赖仍然建立在自主性发展的基础上。公益性的组织目标、亲民化的组织形象、个性化的服务项目、专业性的组织定位、效率化的组织运作、适度性的组织规模等均是助残社会组织与政府进行资源交换的资本，是其自主性发展的内在资源禀赋基础。发扬禀赋性资源优势，是其赢得服务对象青睐、社会公众认同、政府主动合作的重要手段，亦是其自主性内源发展的必备要件。南京雨花睿泽障碍人士服务中心以能动性资源推动参与式内源发展。参与式内源发展是指组织内部成员的广泛参与，是组织发展的重要内源性动力，亦是发展的主要目标之一。服务者与服务对象是组织内部成员，是组织发展运作的主体，是组织中最具活力与能动性的资源要素。作为组织服务者的管理者与一线工作者，均作为能动性主体充分参与组织的目标制定、重要决策与日常管理的过程。组织服务者尤其是专业工作者的专业能力、专业判断与专业决策应得到充分的尊重。以扁平式替代传统科层化组织结构，以平等式替代传统权威式管理手段，以主动式替代传统被动式工作方式，组织机构其他工作人员也是各个项目的主持和负责人，各个项目独立经济核算，促进组织服务者尤其是一线工作者直接面向市场自负盈亏。残疾人及其家属作为服务对象，亦是组织内源发展的重要人力资源基础。雨花睿泽障碍人士服务中心以服务对象的需求为运营中心，促进残障服务对象充分参与到与其自身相关的服务目标确立与方案拟定中，残障人家属直接参与组织的运营或者服务，从客观上提升其经济收入与自我效能感，充分激活残障个体或者家庭的能动性资源，并转化为助残社会组织参与式内源发展的直接动力。以生产性资源推进可持续内源发展，激活与挖掘组织内部生产性资源，促进助残社会组织向助残社会企业转型，实现其可持续内源发展的有效策略。

2. 转型后社会企业的公益属性不变

目前南京雨花睿泽障碍人士服务中心是兼具非营利和公益的属性，与商业机构市场化属性的组织有本质区别。首先，采取了与传统助残社会组织不同的路径，南京雨花睿泽障碍人士服务中心通过特定项目的开发与实施，确保组织的使命与战略规划的实现，在项目运行中利益相关方的参与，实现了各方互动与认同，项目运行使服务对象受益的同时，实现了组织的自我造血，项目的开发及实施形成了解决残疾人托养问题的独特方式，市场化的自主运营获得持续收入来维持持续发展，而非持续性的外部资助。其次，不同于商业企业"助残社会企业"仍以社会效益而非经济利润为目标导向。南京雨花睿泽障碍人士服务中心的本质是以企业家精神改革传统非营利机构，性质上仍属于非营利社会组织。具备市场意识，尊重市场规律，运用市场工具，研究市场环境，探究市场需求，并结合组织自身的发展环境、目标定位与服务项目，制订精准化的生产与营销计划，而避免仅是同质化地开展"手工皂""串珠工艺品"等单一传统的残疾人劳动项目的生产与经营。创新性地开发适合残障服务对象生理心理特征，契合助残机构发展方向，适应经济社会环境，利用外部市场性资源优势，对接大众商品化需求的项目，为组织发展提供可持续的内源生产性动力。

以价值性资源实现规范化内源发展。助残社会组织的规范化内源发展指组织坚持合法合规诚信运营，并坚守组织固有价值伦理的发展轨道，避免背离公益本质，异化为牟利工具。坚持公益性、服务性禀赋，并促进价值内化，作为组织精神内核的价值性资源，辅之以外部力量的引导，使助残社会组织自觉踏上规范化发展的轨道，形成自生自发式成长路径。作为功利性的发展动机与规范化的发展路径，随着助残服务的深度推进，与残障者的深度沟通及对助残专业方法的深度领会，功利性动机的组织运营者与服务者的价值观发生转变，而形成对助人自助等公益性价值观的自我吸纳，亦重塑了助残社会组织的价值性资源。组织内部的价值性资源与规范化发展道路彼此影响，相互促进，成为其内源发展的精神动力。

参考文献

［1］崔月琴，母艳春. 多重制度逻辑下社会企业治理策略研究——基于长春

市"善满家园"的调研 [J]. 贵州社会科学, 2019 (11)：44-50.

[2] 段亚男，林子琪. 社会助残服务的供给主体、制约因素及模式选择——基于供给侧结构性改革理论视角 [J]. 社会保障研究, 2018 (3)：67-7.

[3] 康晓光，韩恒. 分类控制：当前中国大陆国家与社会关系研究 [J]. 社会学研究, 2005 (6)：73-89, 243-244.

[4] 齐久恒. 从"分类控制体系"走向"嵌入性发展"——政府与社会组织之间互动关系及其优化 [J]. 西南大学学报 (社会科学版), 2015 (2)：26-33, 189.

[5] 管兵. 统合、嵌入、参与：社会组织发展路径探讨 [J]. 浙江学刊, 2017 (1)：57-63.

[6] 王磊，周沛. 社会治理体制现代化：社会服务伙伴关系演化、本土化及治理之道 [J]. 社会科学研究, 2015 (4)：128-133.

[7] 王诗宗，宋程成. 独立抑或自主：中国社会组织特征问题重思 [J]. 中国社会科学, 2013 (5)：50-66, 205.

[8] T. 班努里. 发展与知识的政治：现代化理论在第三世界中的社会角色的批判诠释发展的幻象 [C]. 北京：中央编译出版社, 2001：185.

[9] 李静. 合作治理视域下社会企业介入社会服务的路径研究：逻辑、优势及选择 [J]. 人文杂志, 2016 (6)：120-125.

[10] 莱斯特·M. 萨拉蒙. 公共服务中的伙伴——现代福利国家中政府与非营利组织的关系 [M]. 田凯，译. 北京：商务印书馆, 2008：43.

残疾人就业权法律保障问题研究

周　帼*

内容摘要：就业是民生之本，是残疾人融入社会工作和生活的重要途径。它有助于残疾人改善生活状况、参与社会生活，有助于促进经济发展和社会稳定。近年来，我国残疾人就业工作取得了显著成效，但实践中残疾人就业权受侵害事件时有发生。在劳动就业市场上，残疾人属于弱者，他们的就业权更需要保障。法律是保障残疾人就业权实现的重要手段之一，但我国目前残疾人就业权的法律保障尚存不足。本文通过关注我国残疾人就业的现状，从立法、执法、司法、守法四个维度探究我国残疾人就业权法律保障的不足，提出我国残疾人就业权法律保障的建议，以期进一步完善我国残疾人就业权的法律保障机制，保障残疾人的合法权益。

关键词：残疾人就业；就业权；法律保障

一、残疾人就业权的性质、内容及法理基础

"残疾人就业权是指具有劳动权利能力与劳动行为能力，并且有劳动愿望的残疾人，依法从事有劳动报酬或经营收入的劳动的权利。"[①] 残疾人就业权是劳动权的前提，没有就业权，后续的劳动权就成了无源之水，无本之木。解决残疾

---

* 周帼，南京特殊教育师范学院马克思主义学院副教授，博士；主要研究领域为法律、思想政治教育。

① 杨炼. 论残疾人就业权的法律保障 [J]. 现代商贸工业，2015，36（10）：178-180.

人就业问题的前提便是保障残疾人就业权，这是改善残疾人生活状况，使其融入社会的基础。

（一） 残疾人就业权的性质

残疾人就业权具有以下性质：一是基本人权。人权是人首要的基本权利。残疾人享有参加就业、进行劳动就业的权利和自由。残疾人就业权的保障彰显了对残疾人人权的尊重。二是平等权。我国现行《中华人民共和国宪法》规定法律面前人人平等。平等权是公民的重要权利之一，它包括形式平等和实质平等。前者表现为法律赋予同等的权利和义务，禁止歧视性对待；后者表现为结果平等，即在分配社会财富、行使权利时，要达到实质上的平等。为了保障残疾人就业权的实现，形式平等和实质平等不可偏废，应实现两者的和谐统一。三是社会救助权。社会救助权是指无法满足基本生活需要的公民，依据国家立法，享有国家提供物质帮助的权利。在残疾人就业方面，救助权是指残疾人依托社会救助，通过就业维持自身生存和发展，以确保基本生活的权利。

（二） 残疾人就业权的内容

残疾人就业权的内容广泛而丰富。主要包括以下权利：一是平等就业和择业权。残疾人依法享有平等就业的权利。每个残疾人只要有劳动能力且有劳动意愿，就应享有平等获得工作机会和参加就业的权利。残疾人可以根据自身特点及工作能力选择相应的工作。受自身残疾所限，残疾人在实现劳动就业方面享有接受社会帮扶的权利。二是同工同酬权。残疾人参加劳动时，有权获得相应报酬。用人单位有义务按照劳动合同规定向残疾人支付劳动报酬。如果残疾人与健全人承担同样的工作，那么应享有与健全人同样的待遇。三是安全保护权。残疾人享有在劳动过程中获得安全保护的权利。用人单位根据残疾员工的特点为其采取必要措施，提供安全可靠、适宜残疾人工作的环境。四是参加培训权。职业技能培训可以提高劳动者的工作能力和就业能力。受残疾所限，残疾人的就业能力受到影响和制约，参加职业技能培训具有重要的意义，可以有效地提高劳动技能及自身素质，增加获得工作机会的概率。五是社会福利及保险权。残疾人与健全人一样，享有社会福利及保险的权利，保障正常生活所需。六是休息权。残疾人享有节假日休息及额外加班获得应得报酬的权利。为了确保残疾人休息及休假的权利，国家应为残疾人提供相应的残疾人专用工具或残疾人在公共场合休息的公共设施。

（三）残疾人就业权保障的法理基础

残疾人就业权保障是人权保障的内在要求。"人权"是指人作为人的属性所享有的不可剥夺的、不可转让的权利。恩格斯认为，人权就是每一个人在国家和社会中的平等权利。人权内容丰富、范围广泛，涵盖了社会生活的各个方面。人权包括自由权、平等权、生存权和发展权等。保护人权离不开就业权的保障。只有劳动者的就业权得到充分保障，才能保护其基本人权。如果不保障残疾人群体的就业权，他们的基本生活就无法得到保障，其基本人权（生存权）也很难实现。就业权属于人权，应该适用于残疾人这一特殊的社会群体。《中华人民共和国宪法》规定，中华人民共和国公民有劳动的权利和义务。《中华人民共和国残疾人保障法》规定，国家保障残疾人劳动的权利。

残疾人就业权保障是社会正义实现的需要。罗尔斯在《正义论》中提出了两个正义原则，即平等自由原则和差别原则，"要义为平等地分配各种基本权利和义务，同时尽量平等地分配社会合作所产生的利益和负担，坚持各种职务和地位平等地向所有人开放，只允许那种能给最少受惠者带来补偿利益的不平等分配，任何人或团体除非以一种有利于最少受惠者的方式谋利，否则就不能获得一种比他人更好的生活。"[①] 正义包括实质正义和形式正义。在劳动关系中，用人单位与劳动者之间地位悬殊，且残疾人劳动者因自身缺陷劳动能力不占优势，在市场上竞争力弱，在就业选择、就业保障和就业稳定方面都处于弱者地位，需要对其进行特殊保护，以实现实质正义。

二、我国残疾人就业的现状

我国残疾人数量庞大。2019 年国务院发布的《平等、参与、共享：新中国

---

① 何怀宏. 公平的正义 [M]. 济南：山东人民出版社，2002：17-18.

残疾人权益保障 70 年》白皮书指出，目前我国残疾人总数超过 8500 万。我国历来高度重视发展残疾人事业，并采取了一系列重大举措发展残疾人事业。

残疾人要想平等参与社会生活、共享社会物质文化成果，就业保障是基础。目前，我国残疾人就业从单一的集中就业转向多样化发展，按比例就业全面推进，集体经营和个体经营迅速发展，依靠扶持开发农村残疾人事业也取得了重大进展。在以市场为导向的就业现状下，国家适当干预，相关工作稳步推进，残疾人就业规模不断扩大，就业状况持续向好。中国残疾人联合会《2020 年残疾人事业发展统计公报》显示，2020 年城乡持证残疾人新增就业 38.1 万人，其中，城镇新增就业 13.2 万人，农村新增就业 24.9 万人；城乡新增残疾人实名培训 38.2 万人。全国城乡持证残疾人就业人数为 861.7 万人，其中按比例就业 78.4 万人，集中就业 27.8 万人，个体就业 63.4 万人，公益性岗位就业 14.7 万人，辅助性就业 14.3 万人，灵活就业（含社区、居家就业）238.8 万人，从事农业种养加 424.3 万人。[①]

但是，残疾人就业状况不容乐观。法律和政策规定的按比例就业和集中就业安置的比例较低。因此，在实践中，残疾人就业权的实现存在诸多问题，具体表现如下：

一是残疾人就业权受侵害情况时有发生。具体表现为残疾人被用人单位随意解雇、开除，残疾人社会福利、保险权、休息权受侵害等，尤其是就业歧视问题突出。在本文的相关调查中，66.96% 的被调查者认为残疾人就业中最突出的问题是就业歧视。部分用人单位在聘用、升职、劳动报酬等方面对健全人和残疾人区别对待，对残疾人存在先入为主的歧视。用人单位的歧视体现在整个用人过程中：不仅在招录之前，而且在录用之后，且不同阶段歧视的内容不同。在招录阶段表现为剥夺平等竞争的机会；在录用之后，表现为同工不同酬、工作的稳定性差、岗位难以升迁等。[②] 实践中，对残疾人的歧视，除了显性歧视，还有隐性歧视，诸如制定与残疾人无关的招聘标准、工作标准及能力考评标准，将残疾人排除于工作之外，这些都会导致残疾人就业困难。在已经就业的残疾人中，同工不同酬现象也时有发生。

---

① 中国残疾人联合会. 2020 年中国残疾人事业发展统计公报 ［EB/OL］. https：//www. cdpf. org. cn/zwgk/zccx/tjigb/d4baf2be2102461e96259fdf13852841. htm. 2021-04-09.

② 杨旭. 反残疾人就业歧视的法律保障研究 ［J］. 西南政法大学学报, 2015, 17 (3)：89-98.

二是残疾人就业水平总体不高。虽然我国残疾人就业人数有显著增加，但与我国总体就业水平相比仍存在较大落差。从就业稳定性上看，受自身身体因素影响，残疾人受教育程度相对较低，导致自身知识匮乏、劳动技能总体偏低，因而在激烈的社会竞争中工作不稳定，容易被淘汰。一旦用人单位出现困难裁减人员，残疾人面临着较大的失业风险。从工资水平看，残疾人大多从事工作简单、技术含量低的劳动，总体上看工资水平较低。从就业单位看，多为残疾人福利企业、盲人按摩机构等，主要集中于体力劳动领域，就业质量不高。从就业环境看，很多残疾人不能享受与健全人同等的劳动保障水准。从就业途径看，残疾人实现就业多通过熟人介绍、残疾人就业服务机构等途径，就业途径狭窄。

三是残疾人就业扶持工作不到位。为了提高残疾人就业率，我国制定了一些扶持政策，采取了一系列扶持措施，但在实施过程中扶持政策的作用未得到充分发挥。残疾人按比例就业政策，因为执行力不足而无法达到理想效果。比如税收减免政策，本是我国促进残疾人就业的有效途径，部分福利机构为了获得税收减免而雇用残疾人，却支付较低工资，没有保障残疾人就业权的充分实现。再如免税、无息贷款政策等，在一些偏远地区很难实施到位。

三、我国残疾人就业权法律保障的现状及不足

（一）我国残疾人就业权法律保障的现状

残疾人就业权能否得到保障，关系到其是否享有公民平等权，更关涉残疾人能否平等参与到社会各项活动中。法律是保障残疾人实现就业权的重要手段。在本文的相关调查中，94.78%的被调查者认为残疾人就业权迫切需要法律保障。目前，我国以宪法为核心，初步构建了多层次的残疾人就业权法律保障体系。从法律渊源看，与残疾人就业权相关的规范性法律文件有《中华人民共和国宪法》、法律、行政法规、部门规章、地方性法规等。其中，法律有《中华人民共和国残疾人保障法》《中华人民共和国就业促进法》等，行政法规有《残疾人就

业条例》《残疾人教育条例》等，此外还有诸多的部门规章和地方性法规。从数量上看，保障残疾人就业权的法律法规已初具规模，涵盖了残疾人就业权的诸多方面。

我国残疾人就业权的保障有法可依。《中华人民共和国宪法》第四十二条明确规定：中华人民共和国公民有劳动的权利和义务。国家保护公民的劳动权利，公民有权利通过劳动实现自身价值。残疾人和健全人一样享有就业权。《中华人民共和国劳动法》《中华人民共和国就业促进法》都提出了保护公民就业原则。这些为残疾人就业权的保障奠定了雄厚的法律基础，成为残疾人就业法律保障机制的根本。《中华人民共和国就业促进法》从政策支持、公平就业、就业服务和管理、就业援助、监督检查等方面进一步细化了残疾人就业权保障的相关内容。《中华人民共和国残疾人保障法》除了规定残疾人康复、教育、文化生活、社会保障等相关内容，还规定了残疾人就业的方针、方向和主要途径，将按比例安排残疾人就业制度纳入法律规定中。《残疾人就业条例》规定了政府和社会在残疾人就业工作中应该履行的义务和应该承担的责任。我国残疾人就业权的法律保障机制遵循普遍性和特殊性相结合的原则。在承认就业权保护普遍性的基础之上强调残疾人就业权保护的特殊性原则，例如，按比例安置残疾人就业、征收残疾人就业保障金等。

（二）我国残疾人就业权法律保障的不足

随着社会飞速发展，残疾人就业权的立法滞后彰显，执法和司法部分制度的内在缺陷不能充分保护残疾人的就业权，也不利于残疾人合法权益的保护。

1. 立法体系缺陷，立法内容不足

在本文的相关调查中，被调查者认为我国残疾人就业权的立法保障存在以下问题：法律结构体系不完善、立法层级偏低、立法内容不能充分满足残疾人就业的需要和法律责任不明。

调查结果如图 1 所示：

一是法律结构体系不完善。从内容上看，残疾人就业保障法的结构体系应包括：残疾人就业调控法、残疾人就业管理法、反就业歧视法、就业服务法、失业保险法、残疾人就业保障法等。就业歧视是我国残疾人就业的主要障碍，目前我国并未制定专门的《残疾人反就业歧视法》。虽然我国《中华人民共和国残疾人

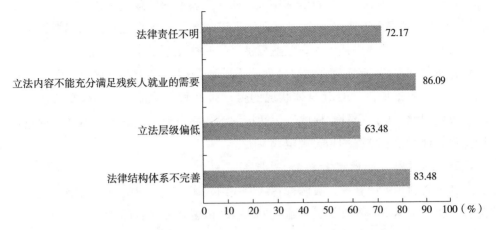

图1　我国残疾人就业权的立法保障存在问题的调查结果

保障法》和《残疾人就业条例》均规定禁止在就业中歧视残疾人，但并未明确说明歧视的内涵、判断标准、举证责任、救济途径等，导致实践中用人单位随意设置门槛或采取任意解释将残疾人拒之门外，因此有必要制定残疾人反就业歧视法律，界定残疾人就业歧视的概念、适用范围、构成条件及适用例外情形等。

二是立法层级偏低。在残疾人就业权法律保障体系中，法律数量较少，大多是以"规定""试行""决定""意见"等形式出现的行政法规和部门规章，内容零散，相互之间衔接不足，不能形成功能互补、和谐统一的法律体系。以《残疾人就业条例》为例，它以行政法规的形式存在，立法级别低，法律效力低，不利于充分保障残疾人的就业权。

三是立法内容不能充分满足残疾人就业的需要。现行法律法规中关于就业服务体系的内容多为原则性规定，缺少残疾人失业保险专门立法。同健全人相比，残疾人就业更容易因工作条件、工作环境等变化而导致失业。现行的《失业保险条例》对残疾人的失业保障没有具体规定，因此有必要对残疾人失业保险制定专门立法。没有赋予残疾人就业优先权，在劳动就业方面，由于残疾人身体有缺陷，无法与健全人在同一起跑线上竞争，因此赋予残疾人就业优先权是公平正义的。我国立法中几乎没有关于残疾人解雇保护的特别规定。事实上，在劳动年龄阶段，残疾人并未丧失全部劳动能力，只是身体部分功能受限，在社会上还是可以"扬长避短"找到适合自己的工作岗位的。

四是法律责任不明。现行法律中关于残疾人就业权的规定多用"鼓励""禁止""应当"等笼统的词汇表述，原则性规定较多，可操作性不强，倡导性强而刚性不足，导致实践中残疾人在就业权被侵害时往往不了了之。此外，法律义务与法律责任并未一一对应。例如，《残疾人就业条例》第十三条规定：用人单位应当为残疾职工提供适合其身体状况的劳动条件和劳动保护，不得在晋职、晋级、评定职称、报酬、社会保险、生活福利等方面歧视残疾职工。但在法律责任中却没有针对就业歧视的相关规定。

2. 执法主体不明确，执法措施缺失

在本文的相关调查中，被调查者认为我国残疾人就业权的以下问题：执法保障存在执法主体不明确、执法措施缺失和执法监督缺失（见图2）。

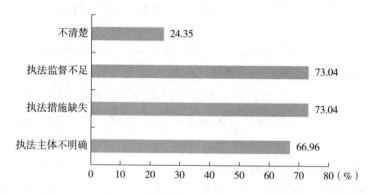

图2　我国残疾人就业权的执法保障存在问题的调查结果

一是执法主体不明确。《残疾人就业条例》第六条规定：中国残疾人联合会及其地方组织依照法律、法规或者接受政府委托，负责残疾人就业工作的具体组织实施与监督。在实践中，残疾人就业歧视的申诉，多数由中国残联负责，但中国残联是人民团体，不是行政机关，无行政执法权。当残疾人合法权益受到侵害时，有权要求有关部门或单位查处，但"有关部门"表述不明，实践中常造成推诿扯皮现象，导致法律法规落实不得力。残疾人就业权的实现往往涉及多个不同的执法主体，而各主体之间分工不明确，造成执法障碍。

二是执法措施缺失。残疾人就业主要有集中就业和分散就业两种模式。分散就业是指各用人单位安排残疾人就业的比例不得低于本单位在职职工总数的1.5%，否则需缴纳残疾保障金。实践中，存在征收保障金取代按比例就业这个倾向性问题。基于各种原因，部分企业宁愿缴纳残疾人就业保障金，也不安排残疾人就业岗位,部分企业甚至存在拒缴残疾人就业保障金的现象。财政部门无法直接对企业单位拒缴残疾人就业保障金的违法行为进行警告及加收滞纳金,导致该规定由于缺少相应的执行保障措施而无法发挥应有的惩戒作用。

三是执法监督不足。实践中,执法行为被重视,而对执法行为本身的监督却重视不足。例如,对侵害残疾人就业权的行为是否可实施行政处罚缺乏明确法律规定,对此类行政执法行为的监督较少。

3. 司法救济机制不完备,服务水平待提高

在本文的相关调查中,被调查者认为我国残疾人就业权的司法保障存在以下问题:救济机制不完备、司法保障体系不完备、法律援助体系不完善和司法服务水平有待提高(见图3)。

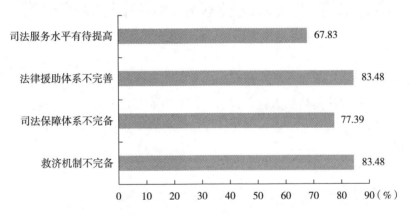

图3 我国残疾人就业权的司法保障存在问题的调查结果

一是救济机制不完备。救济途径单一,残疾人就业维权多为上访,而非仲裁、诉讼等。当残疾人受到就业歧视时,可以起诉,通过司法救济来维护自己的就业权益,但对举证责任的界定、诉讼程序等没有明确规定。此外,我国对侵犯残疾人就业权的法律援助范围狭窄,限制了司法救济作用的发挥。二是司法保障体系不完备。未设立残疾人专门的诉讼制度,未建立残疾人诉讼代理制度。三是法律援助体系不完善。残疾人就业权受侵害后往往面临咨询难、请律师难、付费难等问题,现有的法律援助体系未能有效地解决此问题。四是司法服务水平有待提高。法院无障碍设施和无障碍信息建设不足,手语审理与翻译制度未能全面建立,保护残疾人就业权的司法环境有待改善。

4. 法律宣传不足，守法意识不强

在本文的相关调查中，关于残疾人就业权法律保障的相关规定，47.83%的被调查者略有了解，23.48%的被调查者不了解。法律的权威来自人民的内心拥护和真诚信仰。在残疾人就业权法律保障中，由于法律法规宣传不足，造成人们对相关法律规定不知晓，不利于人们对残疾人法律法规的遵守。实践中，残疾人就业权受侵害的事例从反面折射出侵害人守法意识的薄弱。为了更好地保障残疾人就业权的实现，国家机关、企事业单位、社会组织和公民个人履行残疾人就业的法律义务有待加强。

四、我国残疾人就业权法律保障的完善建议

科学立法是残疾人就业权法律保障的前提，严格执法是残疾人就业权法律保障的关键，公正司法是残疾人就业权法律保障的重点，全民守法是残疾人就业权法律保障的基础。残疾人就业权的法律保障，必须从立法、执法、司法、守法四个方面统筹推进。

（一）完善立法机制，增强立法有效性

科学立法是残疾人就业权法律保障的前提。一些西方发达国家关于残疾人就业权的法律体系比较完备且具有可操作性，执法、司法体系有效运转，有利于保障残疾人就业权的实现。德国"对于残疾人的劳动就业权保障以国家法律保障为主，同时有关残疾人劳动就业权的法律、法规和政策也非常具体而细致，在这方面非常值得我们借鉴和学习"。[①] 在本文的相关调查中，53.04%的被调查者认为我国残疾人就业权法律保障中最值得关注的是有法可依问题。科学立法要求以残疾人就业权的保障为目标，完善立法体制机制，增强法律法规的及时性、系统性、针对性和有效性，构建系统完善的残疾人就业法律保障体系。

第一，有必要整合目前分散在法律法规中的相关规定，制定《残疾人反就业

---

① 钟天翔. 论残疾人劳动就业权的法律保障 [J]. 法制博览，2012（12）：219-220.

歧视法》，这是残疾人就业权法律保障的重要组成部分。《美国残疾人法案》规定"任何机构对一个具备资格的残疾人在应聘、雇佣、晋升、辞退、补偿、培训和雇佣期限、条件以及特别待遇方面，不得因其残疾而予以歧视。这部法案规定了对符合工作要求的残疾人在任何就业环节的歧视都是非法的，其中的就业条款被社会各界认可为推动残疾人经济和社会平等的最直接、有效方式"。① 借鉴美国的做法，我们可以采取概括和列举相结合的方式，准确界定"就业歧视"行为，明确残疾人就业歧视的认定标准，实行举证责任倒置原则，明确组织实施机构及其职权范围，设立追责机构，建立追责制度，保障残疾人就业权的充分实现。反歧视意味着平等。平等是人类追求的美好状态，也是基于普遍和永久的自然公正法则。即人与人之间地位平等，机会均等，不存在凌驾于他人之上的权利。残疾人的平等机会应该得到保障，凡是限制他们充分参与社会的障碍，都应被消除。

第二，在残疾人就业权法律保障体系中，适当提高法律的数量，审查相关行政法规和部门规章的内容，及时修订调整，形成完整配套的法律体系。《残疾人就业条例》属于行政法规，不能充分保护残疾人的就业权益，应将其升格为法律，成为一部专门保护残疾人就业权的法律。

第三，完善立法内容。一是完善残疾人失业保险法律制度，对下岗残疾人进行救济。扩大失业保险的对象，适当延长失业保险金的期限，根据残疾人的具体情况合理制定救济标准，确保残疾人的正常生活。二是赋予残疾人就业优先权。立法明确规定，面对同一个工作岗位，当应聘者均符合条件时，在同等条件下优先录用残疾人。原用人单位未经当地劳动保障部门批准和残联审批，不得解雇残疾人。三是完善残疾人就业服务法律制度。授人以鱼不如授人以渔，将对残疾人劳动就业权的保障重心从提供福利保障转到使残疾人重获工作能力并鼓励其重回工作岗位上。从法律上明确残疾人就业服务的对象和内容。根据残疾人的生理特点，发挥其自身优势，开展不同内容的培训。建立专门的职业指导机构，为残疾人就业提供有效指导。提高残疾人教育支出，大力发展残疾人就业前教育，提高残疾人的就业能力，创造有利条件促进残疾人就业。健全服务网络，构建残疾人就业权法律服务实体、热线、网络三大平台。建立残疾人创业和互联网企业帮扶机制。

第四，细化法律条文，完善法律责任。将笼统的内容细化，将法律义务与法律责任相匹配。例如，在《中华人民共和国残疾人保障法》中设定用人单位及其负责人问责制度，设定特殊诉讼程序，详细规定残疾人就业规划、优惠扶持、岗位开发、鼓励就业、职业培训等内容，增强其实操性。此外，完善与法律义务相配套的法律责任的规定，避免出现行为人违反了法定义务却不承担法律责任的情况。

（二） 明确执法主体，强化执法措施

"天下之事，不难于立法，而难于法之必行。"徒法不足以自行，法律的生命力和权威在于实施。加强残疾人就业权的保障，关键在于严格执法。

第一，赋予残联行政主体地位，将其作为残疾人就业保护的主管部门。根据《残疾人就业条例》的规定，残联是为残疾人提供就业服务的职责主体。但是残联不是行政机关，无行政执法权。建议通过法律法规的授权或委托，赋予残联受理残疾人就业歧视投诉的权力，监督残疾人就业权保障工作。在残联内部，设立残疾人就业保护机构，配备专业的调查人员和调解人员。

第二，完善执法措施，提高执法的有效性。明确政府及相关部门的执法职责，提高执法部门的执法意识，提高执法人员的执法能力。加强执法人员素质培训，提高执法人员职业道德素养，使他们依法办事，切实保障残疾人就业权的实现。党政机关、国有企事业单位带头执行法律。党政机关、国有企业事业单位招录工作人员时，就业比例未达到法律规定的，必须按一定比例设置专门岗位，定向招录残疾人。国家有关部门应当出台刚性政策，要求用人单位只要有适宜残疾人的岗位，就必须招收残疾人就业。对用人单位有适宜残疾人就业的岗位而拒不吸收残疾人就业的，应当征收惩罚性就业保障金甚至给予其他制裁措施。

第三，加强残疾人就业执法监督，扩大执法监督范围。执法监督包括权力机关的监督、行政机关的监督和专门监督。例如，各级人大常委会每年进行专项执法检查，建立用人单位黑白名单制度，对未足额招录残疾人就业的单位，上榜批评。对残疾保障金的支出情况及具体支出比例进行监管，保障金如有剩余，可以养老保险的方式对残疾人进行补贴。对现有的代征工作部门进行评估，提高代征部门的征收效率。

（三）完备司法机制，提升服务水平

公正是法治的生命线，也是司法活动最高的价值追求。公正司法是维护社会公平正义的最后一道防线。加强残疾人就业权的保障，公正司法很重要。

第一，构建多渠道的救济机制。充分发挥人民调解、仲裁、诉讼等纠纷解决机制的作用。我国现行的关于劳动纠纷仲裁的法律比较完善，但对残疾人就业的纠纷调解却未作系统化说明。考虑到残疾人群体的特殊性，应加大纠纷解决工作的开展力度，探索残疾人劳动争议处理工作的新形式和新途径。应注重调解机制的作用，完善劳动争议纠纷解决机制，贯彻"举证责任倒置"原则，建立劳动争议调解组织，充分发挥调解工作的优势。司法救济是社会所有救济方式中最权威的。在就业权受到侵害后，残疾人依照司法救济的条件和程序采取不同的诉权，维护自身的合法权益。

第二，完善司法保障体系。明确残疾人就业侵权案件可以适用司法救济的范围；法院和仲裁机构应简化诉讼程序，减免诉讼费用；设立残疾人专门的诉讼制度，提高案件审理效率，切实保障残疾人合法权益的实现；建立残疾人诉讼代理制度，明确残疾人诉讼代理人的资格及要求，扩大残疾人诉讼代理费用的减免范围；对于残疾人就业权受侵害的案件，法院应当及时审理并作出判决，减轻残疾人的"诉累"。

第三，完善法律援助体系。法律援助可以弥补残疾人就业权受侵害后面临的咨询难、请律师难、付费难等问题。应将残疾人就业纠纷纳入法律援助的范围；明确残疾人就业权法律援助的对象、主体、形式、条件；对适合法律援助的残疾人优先提供法律服务；在法律援助中心设立残疾人援助基金，配备专门律师为残疾人提供法律服务。

第四，提升司法服务水平。提供"合理便利"和"无障碍环境"，加强无障碍设施和无障碍信息建设，建立手语审理与翻译制度，创造良好的司法环境以保障残疾人就业权的实现。

（四）加强法律宣传，提高守法意识

在残疾人就业权的法律保障中，全民守法是基础。第一，进行广泛深入宣传，提高守法意识。残疾人就业权法律保障的宣传工作是推进残疾人就业法律保障制度发展的基础。要深入宣传以宪法为核心的残疾人就业权法律保障体系，广泛宣传与残疾人就业权保障关系密切的法律法规，使人民群众自觉尊崇、信仰和遵守法律。第二，国家机关及其工作人员要带头守法，明确规定其违法需要承担的法律责任。第三，强化工会的职能，重视企业作用的发挥。在残疾人就业权保障中，工会扮演着重要角色。工会应遵守就业权保障法律法规，建立完备的劳动法律监督机制，抓好劳动法律监督员队伍建设，切实保障残疾人的就业权不受侵害。第四，重视企业作用的发挥。企业是重要的市场主体，也是吸纳残疾人就业的一支重要力量。如果企业缺少在岗人员，残疾人符合岗位要求，就需要对残疾人进行有限录用。企业单位要为残疾员工调整工作内容，使工作符合残疾人的特点和需求，为残疾人提供正常的工作环境。当企业裁员时，如果残疾员工可以完成相应工作，应予以保留。在企业中推行岗位优先制度，扩大残疾人群体的工作范围，使残疾人能够在适合的行业中工作，获得更多的就业机会，缓解就业问题。

残疾人就业问题事关民生。我国政府不断推进残疾人就业事业的发展，但是我国残疾人就业权的法律保障还存在诸多问题，有必要完善我国残疾人就业权的法律保障制度，促进残疾人就业权的实现，不断提高残疾人的生活质量，使残疾人生活得更有尊严。

［基金项目］本文系 2021 年江苏共享发展研究基地项目"残疾人就业权法律保障问题研究"（立项号：21gxjd08）的阶段性成果。

［课题组成员］陈爱华、凡海军、柏亚琴。

参考文献

［1］杨炼. 论残疾人就业权的法律保障 ［J］. 现代商贸工业，2015，36（10）：178-180.

［2］何怀宏. 公平的正义 ［M］. 济南：山东人民出版社，2002.

［3］杨旭. 反残疾人就业歧视的法律保障研究 ［J］. 西南政法大学学报，

2015，17（3）：89-98.

[4] 钟天翔. 论残疾人劳动就业权的法律保障 [J]. 法制博览，2012（12）：219-220.

[5] 许琳. 残疾人就业难与残疾人就业促进政策的完善 [J]. 西北大学学报（哲学社会科学版），2010，40（1）：116-120.

[6] 吕怡维. 美国反就业歧视法规则及其对我国的启示 [J]. 法学杂志，2010（1）：136-138.

[7] 罗尔斯. 正义论 [M]. 何怀宏，等译. 北京：中国社会科学出版社，1988.

[8] 周伟. 反歧视法研究 [M]. 北京：法律出版社，2008.

推进江苏省志愿服务制度化建设研究

余益伟[*]

内容摘要：以制度化促进志愿服务高质量发展、激发志愿服务更好地参与社会治理是江苏省志愿服务在新时代自主发展的必然趋势与必要选择。目前江苏省相关部门和志愿组织正在《江苏省志愿服务条例》开启的政策窗口下推进志愿服务信息平台建设，打造标准化的志愿服务站点，探索专业化的项目运作。但同时也在规范化、专业化、信息化建设过程中面临一些困境，主要体现在：制度结构不够均衡，志愿服务和公益慈善的政策呈现出规范性条目较多、保障性和激励性条目落地不扎实、引导性条目不具体的情况；志愿组织标准化建设带来收益与支出不对等，项目资金定向使用挤压社会关系网络功能；志愿者人口结构老龄化难以跟上信息化建设步伐，信息重复录入挤占工作时间。针对此，江苏省推进志愿服务制度化建设应以制度内容均衡化和创新性建设为核心，以志愿服务涉及的人、项目、平台的专业化为引领，以信息平台与"时间银行"建设为支撑，形成具有江苏特色的志愿服务体系与模式。

关键词：志愿服务；制度化；政策分析；问题；对策

一、引言

习近平总书记指出，志愿服务是现代社会文明进步的重要标志，是广大志愿

---

* 余益伟，江苏大学管理学院讲师，博士；主要研究领域为协同治理、志愿服务。

者奉献爱心的重要渠道①。"注册志愿者人数占城镇人口比例"指标被纳入江苏基本实现现代化指标体系、江苏高质量发展考核体系。志愿组织与志愿项目在社会治理、应急救援、大型活动等方面的作用不断凸显，但同时也存在活动不够规范、人员不够专业、信息不够完善等问题。为此，江苏省第十三届人民代表大会常务委员会第二十次会议修订并通过了《江苏省志愿服务条例》，并于 2021 年 3 月 5 日起正式施行。全面修订后的《江苏省志愿服务条例》规定和细化了志愿者和志愿服务组织的登记、注册、权利、义务、奖励、优待、法律责任，志愿服务活动的统计和发布制度，各级政府等社会各界对志愿服务活动的支持促进措施和经费保障等方面的内容，是新时期江苏省志愿服务制度化的重要标志。

志愿服务制度化建设需要以志愿服务规范化、专业化、信息化为支撑，以制度化促进和保障志愿服务标准化常态化高质量发展、激发志愿服务更好地参与社会治理便成为江苏省志愿服务在新时代自主发展的必然趋势与必要选择。在此背景下，本文研究国家层面和江苏省级层面志愿服务制度化建设的历史沿革与政策内容，了解江苏省志愿服务在规范化、专业化、信息化等方面的建设情况，分析江苏省志愿组织和志愿者当前面临的主要问题和困难，提出江苏省志愿服务制度化提升路径，对于促进江苏省志愿服务的现代化和高质量发展具有重要的现实意义。

二、研究方法

本文运用内容分析与质性访谈法，结合 Nvivo11.0 工具开展质性研究。内容分析法作为一种将用语言表示的文本转换为用数量表示的资料的规范研究方法，可以对政策文本内容进行客观、系统和量化描述，揭示政策的历史变迁及其特征②。本文运用内容分析法厘清志愿服务制度化的历史沿革与政策重点。同时，为了分析制度化建设的落地问题，本文对民政部门相关领导进行访谈，对南京与镇江的四个志愿服务组织进行了实地调研并对其负责人进行了半结构化访谈，对

① 陶倩，蒲菁斐. 美好生活视域下的中国特色志愿服务发展探析：基于习近平总书记关于中国特色志愿服务发展重要论述的分析［J］. 思想教育研究，2021（3）：112-119.

② 郑新曼，董瑜. 政策文本量化研究的综述与展望［J］. 现代情报，2021，41（2）：168-177.

苏州与扬州的四支志愿组织负责人进行了电话访谈，并形成访谈逐字稿。

（一）政策文本搜集

本文遵循权威性、全面性、针对性三个标准并秉持尽可能齐全的原则，搜集2008~2021年国家层面和江苏省级层面的政策文本。选择这个时段的政策文本是由于2008年被称为"中国志愿服务元年"，当年的志愿组织与志愿者在汶川大地震和北京奥运会中的表现显示了志愿服务的巨大能量，从此，党中央对志愿服务高度重视，各部委陆续出台了一系列重要政策，志愿服务逐渐制度化和规范化。本文通过白鹿智库、知策、北大法宝等政策文献查询网站，民政部、中国志愿服务网、中国志愿服务联合会等网站，以"志愿服务""慈善"等为关键词，进行检索，对政策文本进行筛选、补充，整理2008~2021年国家层面政策文本52份，江苏省政策文本2份，共54份政策文本（见附录）。

（二）文本编码

本文基于扎根理论，使用Nvivo11.0分析工具，对搜集的55份政策文本进行编码，最终形成了531个编码参考点、33个基本范畴、4个核心范畴的系统化分析体系。根据扎根理论，编码分为三个阶段：开放式编码、关联式编码、理论编码①。开发式编码阶段即初始编码阶段将55份政策文本导入Nvivo11.0中，对文本进行逐行编码，形成由72个三级节点构成的初始概念群。关联式编码阶段是寻找三级节点之间的类属关系，进而建构出更高一级的概念范畴。本阶段在技术操作上对运用Nvivo11.0质性分析工具形成的72个初始概念进行聚类分析并对初始编码进行逐条检验和调整，形成对观念群内部编码间关系的初步断定，最终形成33个"二级节点"。理论编码阶段在前面编码的基础上，最终确定"规范""保障""激励""引导"四个一级节点，形成了志愿服务政策文本的主要分析框架。编码节点层次与文本编码信息示例如表1所示。

---

① 贾哲敏. 扎根理论在公共管理研究中的应用：方法与实践 ［J］. 中国行政管理，2015（3）：90-95.

表1 节点层次与文本编码示例

一级节点	节点来源材料数	参考点点数	二级节点	三级节点	编码示例
规范	46	168	规范核心概念原则	志愿者概念	本条例所称志愿服务，是指志愿者、志愿服务组织和其他组织自愿、无偿向社会或者他人提供的公益服务
				志愿服务原则	开展志愿服务，应当遵循自愿、无偿、平等、诚信、合法的原则，不得违背社会公德，损害社会公共利益和他人合法权益，不得危害国家安全
				志愿服务记录	本办法所称志愿服务记录，是指志愿服务组织和其他组织依法开展志愿服务活动的组织、单位通过志愿服务信息系统或纸质载体，记录志愿者参与志愿服务的有关信息
				……	……
			规范项目流程	人员招募	建立经常性招募与应急性招募相结合，社会化招募和组织化招募并举的招募机制，规范志愿者招募组织资质、招募信息发布、招募工作流程，吸引各阶层、各职业、各年龄段人员自觉自愿加入社会志愿服务
				注册登记	全面推行社会服务志愿者注册登记制度，应当组织志愿者注册登记成为注册志愿者
				岗位培训	志愿消防队在招募人员后，应当组织志愿消防组织定期组织消防员接受岗前培训和在岗培训，培训合格后方可参加执勤；志愿服务期间应定期组织在岗培训，不断提高业务技能
				……	……
			规范资金管理	接受捐赠	慈善组织接受捐赠，应当向捐赠人开具由财政部门统一监（印）制的捐赠票据
				慈善信托	设立慈善信托、确定慈善信托受托人和监察人，应当采取书面形式
				公开募捐	慈善组织开展公开募捐，应当取得公开募捐资格
			……	……	……

续表

一级节点	节点来源材料数	参考点数	二级节点	三级节点	编码示例
保障	46	167	组织领导保障	党委政府	各级党组织和政府部门要把深入开展志愿服务活动,作为精神文明建设的一件大事摆上重要议事日程,切实抓紧抓好,推动志愿服务机制化、常态化
				民政部门	志愿者队伍建设是国家赋予民政部门的一项重要职责。各地民政部门要提高认识,明确责任,统筹规划志愿者队伍建设工作
				中央文明办	全国文化志愿者边疆行工作由文化和旅游部及中央文明办主办,各省(区、市)文化厅(局)、文明办,全国公共文化服务体系示范区(项目)创建城市,除边疆民族省份以外的民族自治州,以及文化和旅游部直属单位承办
				……	……
			物质经费保障	政府投入	要充分发挥政府投入的引导作用,采取适当方式开展志愿服务活动提供必要的经费支持
				政府投入和社会投入相结合	加大经费支持。建立健全政府投入和社会投入相结合的志愿助残经费保障机制,拓宽经费筹措渠道,加大工作经费投入,为关爱残疾人志愿服务活动顺利开展提供有力保障
				单位负责	单位志愿消防队的经费由本单位负责。村(居)民委员会和个人组建志愿消防队,地方政府可予以经费支持
				……	……
			志愿者权益保障	保险待遇	鼓励志愿消防队参照政府专职消防队员标准,为志愿消防队员办理人身意外伤害保险
				安全保障	全民健身志愿服务机构与参与活动举办全民健身志愿服务提供安全保障
				签订协议	文化志愿服务机构与志愿者签订书面协议,对志愿服务内容、时间、地点,双方权利与义务,风险保障措施,协议变更或解除,争议解决方式和其他需要协议的事项进行约定
			……	……	……

续表

一级节点	节点来源材料数	参考点数	二级节点	三级节点	编码示例
激励	34	79	评价	绩效评估	做好绩效评估和表彰工作，是调动各方面积极性，推动"文化志愿者边疆行"活动科学规范开展的有力保证
				信用评级	按志愿服务时长和质量提升个人信用评级等方面的激励保障措施，形成有效正向激励效应
				……	……
			社会机会回报	优惠奖励	文化行政部门应推动文化志愿者用工、教育、社会保障等方面享受本地区关于志愿者的优惠奖励政策
				优先录取录用	鼓励有关单位在招生、招聘时，同等条件下优先录用、聘用和录取有良好志愿服务记录的志愿者
				……	……
引导	25	42	先进示范引领	示范性组织	通过政策引导、重点培育、项目资助等方式，建设一批活动规范有序、社会影响力强的示范性志愿服务组织
				示范项目	鼓励各地建立生态环境志愿服务项目库，定期收集、整理和评选优秀示范项目，发挥典型项目的示范带动效应
			项目化运作	项目化运作	引导志愿服务组织应用项目化运作，社会工作者和志愿者协同服务，菜单式志愿服务等有效方法
			信息化服务能力	信息化服务能力	引导社会组织加强网站、自媒体建设，推广使用便捷易操作的管理软件，手机App、微信小程序，推动工作方式从线下为主向线上线下融合转变
			……	……	……

三、研究内容

（一）志愿服务制度化建设的历史沿革与政策文本分析

1. 我国志愿服务制度化建设的历史沿革

中华人民共和国成立以来，我国志愿服务的发展经历了志愿服务形式化阶段（主要以政治动员的"学雷锋做好事"为标志）、自上而下推动阶段（主要以共青团推动志愿服务发展为标志）、全面推进阶段（主要以志愿服务开始走向多元为标志）、全民进入参与阶段（以 2008 年以来的志愿服务为标志)①。

2008 年后随着志愿组织和志愿活动的快速发展，党中央对志愿服务工作高度重视，将其纳入经济社会发展规划，出台了一系列重要政策，我国志愿服务逐渐制度化和规范化。政策颁布在 2010 年出现了一个小高峰。2012 年，国家启动"春雨工程""优秀运动员全民健身志愿服务"等活动，相关行动方案和实施细则陆续颁布，年度政策出台数量达到顶峰（八项）。经过几年的志愿服务活动实践，国家于 2016 年与 2017 年发布了《中华人民共和国慈善法》和《志愿服务条例》，这两项制度是公益慈善和志愿服务领域法律效力最高的法律和行政法规类政策。接下来几年出台的政策则多为这两项法律条例的实施细化（见图 1）。在此期间，江苏省主要是执行中央各部委印发的制度规定，并于 2021 年修订了《江苏省志愿服务条例》。

2. 国家与江苏省级层面政策文本分析

（1）词频分析

用 Nvivo11.0 软件对 54 个政策文本的词频搜索结果如图 2 所示。高频词体现了六个方面的明显特征。"志愿者"成为首要高频词汇，表明规章政策的主要目标是对志愿者进行规范、保障、激励和引导；"残疾人、中小企业、农民工、未成年人、老年人"和"博物馆、纪念馆、奥运会"高频词汇说明志愿服务的对

---

① 张勤. 志愿者培育与可持续发展研究［M］. 北京：中国社会科学出版社，2016：73-74.

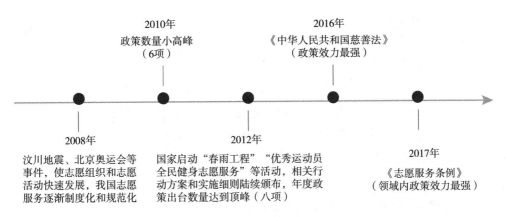

图 1 国家层面志愿服务制度化建设概要

象和场合；"民政部门、文明办、共青团、人民政府、国务院、团组织、文化和旅游部、国家机关"高频词汇说明了志愿服务的主管部门；"运动员、消防队、青少年、大学生"高频词汇说明专业性的或新兴的志愿服务主体；"社会主义、总书记、价值观、邓小平理论"说明志愿服务的价值观导向；"互联网、制度化、群众性、影响力、公益性、规范化、专业化、针对性、信息化、社会化、覆盖面、科学化、个性化"高频词汇说明我国志愿服务的发展方向。

单词	计数	单词	计数	单词	计数
志愿者	1563	国务院	36	委员会	24
残疾人	193	群众性	36	大学生	23
民政部门	145	自治区	35	中华民族	21
互联网	104	影响力	34	社会化	21
社会主义	98	总书记	34	未成年人	19
运动员	83	农民工	33	邓小平理论	19
文明办	74	文明委	33	中学生	18
共青团	63	企事业	32	服务队	18
人民政府	56	公益性	31	泰安市	18
团组织	54	价值观	30	文化部	17
工作者	53	博物馆	30	奥运会	16
精神文明	52	直辖市	30	自然人	16
消防队	44	积极性	28	覆盖面	16
基金会	40	规范化	28	国家机关	15
民政部	40	保险业	27	民政厅	15
制度化	38	专业化	26	科学化	15
负责人	38	针对性	26	个性化	14
青少年	38	信息化	25	中华人民共和国	14
中小企业	37	纪念馆	25	老年人	14

图 2 词频搜索词频云

（2）内容分析

基于扎根理论进行编码，本文提炼出志愿服务相关政策文本的四个核心范畴：规范、保障、激励和引导。

规范，即政策法规对志愿者、志愿服务、志愿组织等领域的相关职责、活动、程序等方面进行明确规定或原则性的说明。根据本文编码，"规范"范畴的十个方面包括：法律责任、核心概念原则能力、项目流程（包括项目申报、人员招募与注册、培训与管理、退出机制、考核体系建设）、信息公开、行业自律、行政管理（包括管理单位责任分工、志愿组织监督管理、志愿组织依法登记）、志愿者权利与义务、志愿组织内部治理（包括组织章程、奖惩、志愿者职责）、资金管理（包括慈善财产、慈善捐赠、慈善募捐、慈善信托、基金管理）以及志愿服务记录。这其中，项目流程、行政管理、志愿者权利与义务、志愿服务记录的规定较多，关于行业自律的规定最少，说明还需要探索志愿服务行业自律方面的规范性说明。

保障，即政策法规通过一定的手段和措施维护志愿者的合法权益，并支持志愿服务的提供。根据本文编码，"保障"范畴的八个方面包括：行政领导和组织保障、群团组织保障、社会舆论文化氛围保障、数字技术保障、提供便利条件、物质经费保障、政策法规保障、志愿者权益保障。其中，提及最多的依次是物质经费保障、社会舆论文化氛围保障、行政领导和组织保障、志愿者权益保障，提及最少的是数字技术保障。结合"互联网"成为政策文本的高频词汇，说明还需加强数字技术保障以推进志愿服务信息化建设。

激励，即政策法规鼓励以一定的手段和措施扩大志愿者队伍和志愿服务的供给。根据本文编码，"激励"范畴的九个方面包括：绩效评估或信用评级、嘉许表彰奖励褒扬、社会机会回报、时间储蓄互助服务、税收优惠、文明创建创先争优、志愿者星级认证、宣传推广先进、优先享受相关服务。其中，提及最多的激励手段为嘉许表彰奖励褒扬，最少的为税收优惠，体现了志愿服务的激励以精神激励为主、物质激励为辅的原则，但同时也可能面临激励不足而导致志愿服务供给不足的问题。

引导，即政策法规为志愿服务提出方向性指引。根据本文编码，"引导"范畴的六个方面包括示范基地团队项目建设、依托社区搭建服务平台、社会工作者与志愿者协同、提升信息化服务智能化治理能力、项目化运作、志愿服务人才能力培养。相比于"规范""保障""激励"，"引导"范畴编码的材料来源数和参考节点最少（见表1），说明在"引导"范畴的几个方面还需要更进一步细化。

总体而言，对国家层面和江苏省层面 2008~2021 年 55 份政策文本的内容分析显示，已有规章政策注重对志愿者和志愿组织开展志愿服务进行规范，以保障其合法合规规范化发展。同时，提出了一定的手段和措施保障和鼓励志愿服务的供给。已有政策法规对志愿服务提出了方向性引领，但在这方面还未出台具体的细化规则。示范基地团队项目建设、依托社区搭建服务平台、社会工作者与志愿者协同、提升信息化服务智能化治理能力、项目化运作、志愿服务人才能力培养等方面可以成为江苏省制度化建设发展的方向。

（二）现阶段江苏省志愿服务项目的建设情况

本文统计分析了中国志愿服务网江苏志愿服务发布的江苏省各地市志愿队伍与志愿项目的相关数据，表 2、表 3、表 4 分别展示了江苏省各地市志愿组织和志愿项目分类情况。

根据中国志愿服务网江苏志愿服务发布志愿团队情况进行统计，截至 2021 年 12 月 30 日，按照志愿团队性质划分，江苏省共有志愿组织 28623 支，其中居民委员会组织 8716 支，村民委员会组织 14922 支，两者总共占到全省志愿组织的 82.58%。党政机关、教育事业单位、卫生事业单位、科技事业单位、文化事业单位、社会福利事业单位及其他事业单位志愿组织共有 2596 支，群团组织 136 支，国有企业和非国有企业共 93 支，社会团体 875 支，社会服务机构 747 支，基金会 25 支（见表 2）。

按服务内容划分，江苏省共有 85968 支志愿队伍。由于一个志愿组织可能承担多种类型的服务内容，因此按服务项目统计的志愿队伍总数会比按团队性质统计的志愿组织总数要多。江苏省各地市志愿组织最主要的服务内容是"文明风尚"，从事"文明风尚"志愿服务的团队有 46570 支，占总数的 54.17%。这可能是因为之前党中央对志愿组织的定位一直是"全社会精神文明建设的重要内容"，很多志愿组织挂靠各地精神文明办，由各地精神文明办统计志愿组织数据。其次共 10604 支志愿团队从事"社区服务"类志愿服务，这与江苏省志愿组织的性质多为村民委员会和居民委员会有关；424 支志愿团队服务于"扶贫减困"，183 支服务于"卫生健康"，149 支服务于"应急救援"，145 支服务于"环境保护"。关爱特殊群体、支教助学、法律服务、科技科普、文化艺术等领域也是志愿团队的重要服务内容（见表 3）。

表2 江苏省13地市志愿团队分类统计情况——按志愿团队性质划分

单位：支

志愿组织性质	南京	苏州	无锡	扬州	镇江	南通	泰州	常州	连云港	淮安	盐城	宿迁	徐州	合计
党政机关	83	20	95	23	33	11	42	65	32	41	127	154	251	977
教育事业单位	10	2	13	0	0	0	3	2	8	16	16	1	3	74
卫生事业单位	17	10	12	7	8	9	7	10	0	13	21	12	14	140
科技事业单位	0	0	0	0	0	0	0	0	0	1	1	3	0	5
文化事业单位	0	0	2	0	0	1	0	1	1	1	11	6	2	24
社会福利事业单位	5	0	3	0	1	0	1	0	1	0	24	0	0	36
其他事业单位	150	27	36	14	9	0	6	387	221	41	13	45	391	1340
群团组织	9	3	14	2	2	2	8	15	5	13	34	17	12	136
居民委员会	1201	1199	1120	400	289	633	521	600	295	311	721	642	784	8716
村民委员会	511	960	730	1011	502	1286	1233	909	1438	1281	1870	976	2215	14922
国有企业	2	1	3	48	0	6	1	2	6	4	0	5	1	81
非国有企业	2	0	0	0	0	0	0	0	0	0	7	1	2	12
社会团体	225	12	76	163	32	17	35	12	18	21	48	18	198	875
社会服务机构	195	7	230	53	29	4	15	5	8	48	0	6	147	747
基金会	2	1	1	0	0	0	0	0	0	0	20	0	1	25
其他	82	6	109	2	6	0	44	51	11	8	20	72	21	432
社会组织	14	1	44	0	1	0	0	4	1	2	4	9	1	81
合计	2508	2249	2488	1723	914	1969	1916	2063	2045	1801	2937	1967	4043	28623

资料来源：根据中国志愿服务网江苏志愿服务数据整理（http：//js. chinavolunteer. cn/NVSI/LEAP/dist/index. html#/jiangsu/group）。

表3 江苏省13地市志愿团队分类统计情况——按服务内容划分

单位：支

	南京市	宿迁市	苏州市	常州市	淮安市	无锡市	扬州市	镇江市	徐州市	南通市	泰州市	盐城市	连云港市	合计
社区服务	1695	456	159	1739	1257	1338	277	99	1164	214	192	757	1257	10604
扶贫减困	23	27	2	31	243	19	0	6	17	5	1	25	25	424
支教助学	6	6	0	1	2	3	0	3	1	1	0	5	3	31
卫生健康	23	16	3	34	3	27	0	0	21	2	1	34	19	183
环境保护	14	9	4	27	1	14	2	0	31	4	0	16	23	145
法律服务	13	8	1	10	3	9	0	0	4	1	0	9	0	58
科技科普	7	8	0	5	2	5	0	0	7	0	1	8	1	44
文化艺术	6	19	1	6	1	28	0	1	1	0	0	9	2	74
平安综治	14	3	0	15	0	8	1	0	28	3	4	2	2	80
文明风尚	6993	546	296	3147	4673	4536	3541	3346	9664	26	191	6207	3404	46570
交通引导	3	3	0	0	1	1	0	1	2	0	0	2	0	13
志愿消防	0	0	3	5	0	5	0	2	5	0	0	2	3	25
应急救援	12	1	9	20	5	13	1	12	37	3	6	18	12	149
禁毒宣传	2	1	1	3	2	2	0	0	2	0	0	5	1	19
体育健身	1	2	0	1	0	3	0	0	1	0	0	0	0	8

续表

	南京市	宿迁市	苏州市	常州市	淮安市	无锡市	扬州市	镇江市	徐州市	南通市	泰州市	盐城市	连云港市	合计
旅游服务	0	0	0	0	1	0	0	1	2	0	0	0	0	4
关爱特殊群体	18	7	0	9	0	9	0	0	7	1	1	6	2	60
大型活动	1	0	0	0	1	3	0	0	1	0	0	0	0	6
海外志愿服务	0	0	0	0	0	0	0	0	0	0	0	0	0	0
税收服务	5	1	4	2	0	4	1	2	7	1	2	2	2	33
为老年人服务	1	0	0	0	0	0	0	0	0	0	0	0	0	1
为儿童服务	0	0	0	0	0	1	0	0	0	0	0	0	0	1
救助帮扶	0	0	0	0	0	0	0	0	0	0	0	0	0	0
其他	2536	1886	2279	2014	1708	2451	1439	838	3670	1921	1846	2850	1998	27436
合计	11373	2999	2762	7069	7903	8479	5262	4311	14672	2182	2245	9957	6754	85968

资料来源：根据中国志愿服务网汇苏志愿服务数据整理（http：//js. chinavolunteer. cn/NVSI/LEAP/dist/index. html#/jiangsu/group）。

在志愿服务项目方面，中国志愿服务网江苏志愿服务共发布志愿服务项目3289项，其中1843项为"社区服务"，266项为"交通引导"，176项为扶贫减困，148项为"卫生健康"，143项为"环境保护"。虽然上述从事"文明风尚"志愿服务的团队有46570支，但"文明风尚"类志愿服务项目只有102项（见表4）。这说明，江苏省志愿服务正在从注重精神文明建设向积极主动参与社会治理转变。

（三）江苏省志愿服务制度化建设面临的问题

1. 政策实施方面

（1）缺少对志愿组织的有效培训与沟通

《江苏省志愿服务条例》自2021年3月5日开始实施之后，江苏省各级各地政府开始按照《江苏省志愿服务条例》承担起志愿组织和志愿服务的规范、保障、激励和引导工作。但在这个过程中，也出现了政府闷头推进、对《江苏省志愿服务条例》的宣传和培训力度不够、政府与志愿组织沟通机制不畅通等问题。在调研和访谈中，一些志愿组织反映并不知道《江苏省志愿服务条例》的正式实施，相关部门也没有就《江苏省志愿服务条例》展开宣传或培训工作。绝大多数情况下，政府与志愿组织之间的沟通仅限于上传下达，培训工作开展不足。志愿组织渴望获得培训与交流的机会，但是政府提供的平等地听取志愿组织建议与意见的机会较少。政府与志愿组织之间缺少平等的交流机会，有可能导致政府对志愿组织和志愿服务所设计的措施不符合志愿组织的需求，难以进行精准化的培训、规范、保障和激励工作。

（2）培育新生志愿组织与优待老牌志愿组织之间难以平衡

《江苏省志愿服务条例》规定县级以上地方人民政府应当建立健全志愿服务组织孵化培育机制，支持志愿服务组织的启动成立、建章立制和初期运作，帮助志愿服务组织提升志愿服务能力，同时各地政府希望看到志愿组织与志愿项目遍地开花的局面。因此，各地涌现了许多志愿服务组织和志愿项目孵化培育基地，政府各部门的购买服务项目也会向这些新生志愿组织倾斜。对此，一些成立时间比较久的老牌志愿组织产生不满，这些老牌志愿组织获得了很多荣誉，平时也尽力配合政府工作以满足政府各部门的要求，但是在申请政府项目的时候并没有获得相应的优待。

表4 江苏省13地市志愿项目分类统计情况——按服务项目划分

	南京市	苏州市	常州市	淮安市	无锡市	扬州市	镇江市	徐州市	南通市	泰州市	盐城市	连云港市	宿迁市	合计
社区服务	245	3	232	24	682	10	3	58	1	10	498	0	77	1843
扶贫减困	2	0	2	0	5	0	1	141	0	0	24	0	1	176
支教助学	7	0	0	0	17	0	0	24	0	0	31	0	0	79
卫生健康	18	0	2	3	51	0	1	3	0	0	62	4	5	148
环境保护	13	0	0	2	46	0	0	30	0	0	38	0	16	143
法律服务	4	0	0	2	13	0	0	0	0	0	3	0	2	22
科技科普	4	0	0	1	18	0	1	2	0	0	21	0	7	54
文化艺术	2	0	0	0	71	0	0	5	0	0	36	0	15	129
平安综治	2	0	0	0	14	0	0	0	0	0	8	0	3	27
文明风尚	5	0	0	1	23	0	0	4	0	0	62	0	7	102
交通引导	0	0	0	0	11	0	0	8	0	0	62	0	185	266
志愿消防	1	0	0	0	11	0	0	0	0	0	4	0	0	16
应急救援	3	0	0	0	76	0	0	4	0	0	16	0	0	99
禁毒宣传	0	0	0	0	1	0	0	0	0	0	8	0	1	10
体育健身	0	0	0	0	1	0	0	0	0	0	3	0	0	4

续表

	南京市	苏州市	常州市	淮安市	无锡市	扬州市	镇江市	徐州市	南通市	泰州市	盐城市	连云港市	宿迁市	合计
旅游服务	1	0	0	0	1	0	0	0	0	0	0	0	0	2
关爱特殊群体	16	0	0	0	17	0	0	8	1	2	23	0	3	70
大型活动	0	0	0	1	10	0	2	2	0	0	37	0	0	51
海外志愿服务	0	0	0	0	0	0	0	0	0	0	0	0	0	0
税收服务	4	1	0	0	1	2	0	6	0	1	1	0	0	16
为老年人服务	1	0	0	0	5	0	0	0	0	0	2	0	2	10
为儿童服务	1	0	0	0	3	0	0	4	0	0	0	4	6	18
救助帮扶	1	0	0	0	3	0	0	5	0	0	4	0	0	13
疫情防护	0	0	0	0	5	0	2	0	0	0	7	2	1	15
其他	21	0	1	20	240	37	2	8	0	0	296	0	44	669
合计	422	65	318	76	1474	37	12	301	2	51	76	4	451	3289

资料来源：根据中国志愿服务网江苏志愿服务数据整理（http://js.chinavolunteer.cn/NVSI/LEAP/dist/index.html#/jiangsu/project）。

2. 信息化建设方面

（1）志愿者人口结构老龄化难以适应信息化建设要求

一些志愿组织反映了组织内志愿者人口以中老年居多，甚至面临人口结构老龄化的问题。尤其是在以老年人作为主要服务对象的志愿组织中，志愿者多出生于 20 世纪五六十年代。这个年代出生的人受到儿时教育与社会风尚的影响，较之年轻人更具有奉献精神。同时，因为儿女已经成年，家庭经济负担较轻，有更多时间和精力稳定地参与志愿服务活动。这部分人也正在迈入老龄阶段，对于老年人更有同理心，明白老年人的需求。这些都是中老年人成为志愿者的优势，事实情况也是这部分志愿者是志愿者队伍的主体。但是，这部分志愿者对于网络填报信息比较生疏甚至排斥，本文课题组接触到的年龄最大的志愿者为 89 岁，无法使用电子设备进行信息填报。因此，志愿服务信息化建设中要求志愿者在网络平台上进行登记和注册，以及志愿项目与活动通过网上信息平台公开招募，在一定程度上给这部分中老年志愿者设置了门槛，削弱了他们参与志愿活动的积极性。

（2）信息录入与重复申报工作量过大

志愿服务的信息化建设要求信息在网络平台上录入以及常规化制作台账。但是一个志愿服务组织通常有好几个对口部门或单位，如民政部门、慈善总工会、精神文明办、红十字会、社区等，每一个对口部门都要求信息的录入与填报。例如，志愿组织的注册需要在这几个部门和单位都进行注册、登记与备案。在平时工作中，志愿组织需要重复提供信息以应对各对口部门的台账。一些志愿组织所聘请的专业化社会工作者的日常工作时间就被这些重复录入信息与台账所占满。

3. 专业化标准化建设方面

（1）志愿组织缺少资金聘请专业社会工作者

各地民政局一般规定志愿组织若想被认定为专业化标准化的志愿组织需要配备一名以上的专业社会工作者，然而聘请专业社会工作者需要支付工资与五险一金，这对于志愿组织是一笔不小的开支。虽然有些地市会为专业社会工作者提供补贴，如镇江市给聘请专业社会工作者的志愿组织每年补贴 5000 元，补贴三年，但是这笔收入远远比不上聘请社会工作者所增加的开支。大部分注册为民办非企业组织的志愿组织常年面临资金短缺的问题，人员都是兼职，因此志愿组织专业化建设要求给这部分志愿组织带来了现实难题。如果没有募集到资金聘请专业社会工作者和解决因为专业化建设增加的常规性支出，这部分志愿组织永远也达不到专业化建设要求。

（2）项目资金定向使用排挤社会关系网络功能

志愿组织为了生存一般要承接政府项目，通过政府购买服务的方式获取资金提供服务。而政府项目的标准化运作要求项目资金的定向使用，这在一定程度上与志愿组织的灵活特质相矛盾。在没有资金定向使用要求的情况下，志愿组织为了节省成本会尽量开发与利用社会关系网络解决活动场地等问题。但是如果经过政府购买的服务项目，资金的定向使用、发票报销等问题都有非常明确的规定，提供的服务、举办的活动等都需要相应的发票证明，故此无法利用社会关系网络。从这个意义上说，志愿服务项目的标准化建设在一定程度上会产生政府资金对社会资本的挤出效应。

（3）志愿组织标准化建设带来的收益与支出不对等

尽管志愿组织普遍认可标准化建设是今后的长期发展方向，但是标准化建设在短期会带来常规性开支增加和流程性事务增多的问题，例如除了上述所提聘请专业社会工作者的支出外，志愿组织一旦正式注册成立，每年无论是否产生财务流水，都需要支付上千元的财务审计费用。进行标准化建设的志愿组织还增加了信息填报制作台账等流程性事务。并且，即使进行了标准化建设，志愿组织在获取政府项目时也不一定能获得优待，使用政府资金的过程中还可能挤压可用的社会资本。这些收益和成本的衡量，使得一部分成立时间较久甚至已经具有一定社会影响力的志愿服务组织考虑到收益与支出不对等而不太愿意进行注册登记。比如镇江市有一个服务失独老人的志愿组织，成立十多年以来服务了大量的失独老人，为社会和谐稳定做出突出贡献，具有很大的社会影响力，卫生健康委和中华慈善总会每年均会为其提供相应的资金支持。但是这个具有品牌效应的志愿组织在相关部门进行了备案，但仍未正式注册登记。

四、推进志愿服务制度化建设的现实路径

在2021年江苏省修订《江苏省志愿服务条例》之前，江苏省在志愿服务方面的制度制定落后于其蓬勃的实践，并且主要将志愿服务定位为精神文明建设和

文明城市创建的内容。随着党中央对志愿服务的定位从"志愿服务是全社会精神文明建设的重要内容"转向"志愿服务日益成为国家现代化治理体系和现代化治理能力建设的有效构成和有生力量"①，江苏省也更需要注重志愿服务的转型与制度化建设。

根据对江苏省志愿服务制度化建设历程与政策文本分析、志愿信息平台数据统计、志愿组织实地调研与访谈所获得的信息与发现的问题，本文认为需以制度创新建设和扎实落地为核心、以志愿组织与志愿服务项目的专业化为引领、以信息平台与"时间银行"建设为支撑推进江苏省志愿服务制度化建设。

（一）创新制度内容，落实保障政策

国家层面和省级层面的政策文本显示出对示范基地团队项目建设、依托社区搭建服务平台、社会工作者与志愿者协同、提升信息化服务智能化治理能力、项目化运作、志愿服务人才能力培养等方面规定还不足。为此，江苏省的志愿服务制度化建设应当在《江苏省志愿服务条例》的基础上在上述方面继续细化，制定相关实施细则。

志愿组织面临的最大问题是资金问题，虽然物质经费保障在政策文本中经常被提及，但是很多情况下未真正落地。为保障志愿服务项目能够顺利进行，政府应承担"保基本"的功能，对各级政府或有关部门对志愿组织的资金投入做出规定，并将此项工作经费纳入年度预算。同时，进一步制定与实施志愿服务捐赠的具体政策和措施，激励企业、组织和个人对志愿服务进行捐赠，引导社会资本进入志愿服务领域，完善多渠道的资金来源。

除了资金保障之外，志愿组织还面临专业人才欠缺和人口结构老龄化的问题，政府需要鼓励和支持具备专业知识、技能的人员进入志愿队伍提供专业志愿服务。继续落实和完善"时间银行"制度，鼓励中青年人群加入志愿者团队，如对参与志愿服务的城市居民给予落户积分、将志愿服务纳入学生综合素质评价体系等。同时，进一步制定具体政策和措施对志愿组织骨干进行培训，鼓励志愿组织围绕国家政策和社会需求进行志愿服务项目的计划制订与实施。

---

① 陆士桢，李泽轩. 论新时代中国特色志愿服务的新格局［J］. 中国青年社会科学，2019，38（5）：1-8.

（二）从"人""项目""平台"三方面推动志愿服务专业化建设

志愿服务专业化可遵循三条路径，一是以志愿者和志愿组织为核心，提升志愿者和志愿组织的专业化能力；二是以志愿服务项目为核心，促进志愿服务项目化运作；三是以社区志愿服务为核心，建设志愿服务协同平台。

1. 项目负责人和志愿者专业能力提升

江苏省可利用高等院校多、科研机构多的特点，鼓励和支持高等院校、科研机构积极参与志愿服务发展，发挥专家学者、专业人士的资源与特长，建立社会工作与志愿服务的研究机构、督导机构、多样化的志愿服务专业促进组织、智库等，为志愿者和志愿组织设计科学规范的制度措施，或者直接深入志愿组织和社区辅导提升志愿服务专业水平，提升项目负责人和管理团队在项目筹划、志愿者招募、服务保障等方面的组织管理能力。

2. 推进志愿服务项目化运作

志愿服务的项目化运作是打造志愿服务品牌和提升志愿服务专业化的关键环节。围绕志愿服务的项目化运作提升志愿服务专业化水平，首先，鼓励志愿组织形成多样化、差别化的志愿服务项目，以满足人民群众的多样化需求。这涉及对服务对象的有效需求分析。有效的需求决定了志愿服务项目存在的必要性，很多志愿项目因为有效需求不足而陷入停滞。因此，志愿服务项目应致力于服务集中稳定可识别的需求，确立"为所当为、为所能为、为所善为"的原则，根据需求设立、变更和撤销相关志愿服务项目，根据需求提供精准化、精细化的服务[①]。其次，引入项目管理的规范模式，建立完善的项目流程，促进志愿服务项目的科学化运作。建立不因人员流转而变更的项目管理规范模式，有利于志愿服务稳定的连续性和志愿组织的长期发展。完善的项目流程要具体到每个环节和每个细节，按照"一项一档"的要求建立规范的项目档案，并对实施过程中出现的问题设定应对策略，建立对项目运作实际效果的内、外部定期评估机制。

3. 构建社区志愿服务合作平台，提升社区志愿服务质量

江苏省一半以上志愿服务组织依托村民委员会和居民委员会，提升社区志愿

---

① 谢宇. 社会工作介入志愿服务：能力与需求的框架 [J]. 学术研究，2018（8）：76-82，177.

服务质量既有利于江苏省志愿服务建设，也有利于社区治理。行政化色彩浓厚是社区志愿服务的主要特征，这既是社区志愿服务的优势，也是其劣势，优势在于具有相对稳定的服务对象并且配备了专业的社会工作者，劣势在于对服务对象的有效需求分析不足，难以提供精细化的服务。因此，社区志愿团队要善于与社会化的志愿组织建立合作关系，在与其他组织的交流合作中提升社区志愿服务质量。同时，现行对于社区志愿服务的评价主要以行政系统内评价为主，比如志愿服务先进集体、示范单位、先进个人等。社区志愿服务有其社会化特征，不能仅满足于行政系统内部评价，而要引入社会化评价，以服务对象的满意不满意作为最重要的评价指标。

（三）加强志愿服务数字技术保障

整合与升级志愿服务的基本信息管理、借助数据平台探索志愿服务资源供给需求的精准匹配是志愿服务管理应把握的时代趋势。随着信息化平台的广泛运用，无论是项目成员的劳动意愿、服务需求和参与时长等信息的记录及匹配，还是项目机构的资质证明、培训管理、绩效考评，都可以在信息化平台上实现。从目前调研的情况来看，志愿服务数字技术保障可从以下两个方面进行优化：

1. 增强数据准确性，推进"时间银行"发挥功能

信息化平台的主要功能应该是能将志愿服务中的志愿者、志愿组织以及志愿服务项目三者有机结合，让志愿者能通过该平台加入合适的组织，从而参与到各类适合自身意愿以及偏好的志愿服务中。通过访问中国志愿者网江苏志愿服务发布的志愿项目以及志愿者招募信息可以发现，有些志愿者招募信息形式已经过期，还有一些志愿者组织并不对外招募志愿者但是仍将招募信息放在信息平台上。因此，应当对志愿组织发布的信息准确性进行规定和核查，以免无用信息淹没有效信息，浪费信息平台的资源。

目前江苏省也在实行志愿服务的"时间银行"。"时间银行"能够平稳运行需要两个条件：一是保持时间的通兑通存和收支平衡，二是有效管理互助服务信息数据①。前者需要政府的信用背书，一旦获得政府的信用背书，可以极大地增

---

① 袁志刚，陈功，高和荣，等. 时间银行：新型互助养老何以可能与何以可为 [J]. 探索与争鸣，2019（8）：4-36，197.

加社会民众对于"时间银行"的信用度，不用担心自己参与"时间银行"而获得的时间币在自己需要的时候无法兑换的风险。后者则需要加快"时间银行"数据系统的建设，规范志愿者服务时长与质量的记录与核实。

2. 进行信息化操作培训，提高信息化服务能力

针对志愿者人口结构老龄化，部分中老年志愿者对于网络平台信息注册登记报送比较陌生的问题，需要组织相关人员对志愿团队负责人以及志愿者进行相关培训，帮助志愿者树立信息化思维。政府部门可以发挥协调者的作用，鼓励志愿团队之间的互助，比如在年轻志愿者与中老年志愿者之间建立结对关系，引导年轻志愿者帮助老年志愿者进行信息化操作。

五、研究结论

志愿服务作为现代社会文明进步的重要标志，是社会精神文明建设的重要内容，是培育和践行社会主义核心价值观的生动实践，是社会治理能力现代化的有生力量，是新时代文明实践的重要方式。从江苏省志愿服务发展的阶段性特征来看，它正面临由传统的活动型向全面而深刻的法治化、专业化和信息化转变，由注重精神文明建设向积极主动参与社会治理转变。

相比于江苏省丰富活跃的志愿服务实践，江苏省关于志愿服务的制度化建设还稍显落后，多为执行国家层面的政策。已有的国家层面的关于志愿服务和公益慈善的政策呈现出规范性条目较多、保障性和激励性条目落地不扎实、引导性条目不具体的情况。为此，江苏省需以修订后的《江苏省志愿服务条例》为契机，继续加强本省志愿服务制度的均衡化建设，形成具有江苏特色的志愿服务体系与模式。

现阶段江苏省正在推进志愿服务信息平台的信息交接、整合与完善工作，相关部门开始打造自己领域的志愿服务标准化站点，志愿组织也在逐渐构建标准化的服务流程和进行专业化的项目运作。在这个过程中出现了一些问题，在政策实施方面，缺少对志愿组织的有效培训与沟通，培育新生志愿组织与优待老牌志愿组织之间难以平衡；在信息化建设方面，志愿者人口结构老龄化难以适应信息化建设要求，信息录入与重复申报工作量过大；在专业化标准化建设方面，志愿组

织缺少资金聘请专业社会工作者，项目资金定向使用排挤社会关系网络使用，志愿组织标准化建设带来的收益与支出不对等。

针对此，江苏省推进志愿服务制度化建设可以制度内容均衡化和创新建设为核心，以志愿组织与志愿服务项目的专业化为引领，以信息平台与"时间银行"建设为支撑。通过创新示范基地团队项目建设、依托社区搭建服务平台、社会工作者与志愿者协同、提升信息化服务智能化治理能力、项目化运作、志愿服务人才能力培养等方面制度建设，加强志愿服务的基本保障制度和多样化激励制度，优化制度结构，支持志愿组织的自主性发展。在志愿服务专业化方面，以志愿者和志愿组织为核心，提升志愿者和志愿组织的专业化能力；以志愿服务项目为核心，促进志愿服务项目化运作；以社区志愿服务为核心，建设志愿服务协同平台；从"人""项目""平台"三方面推动志愿服务专业化建设。最后，加强志愿服务数字技术保障：增强数据准确性，推进"时间银行"发挥功能；进行信息化操作培训，提升信息化服务能力。

[基金项目] 本文系 2021 年江苏共享发展研究基地项目"推进江苏省志愿服务制度化建设研究"（立项号：21gxjd07）的阶段性成果。

[课题组成员] 孟荣芳、杨琳琳、印月。

参考文献

[1] 陶倩，蒲菁斐. 美好生活视域下的中国特色志愿服务发展探析：基于习近平总书记关于中国特色志愿服务发展重要论述的分析 [J]. 思想教育研究，2021（3）：112-119.

[2] 王焕，魏培晔. 时间银行能否带来可持续志愿参与?：基于一项混合研究 [J]. 中国行政管理，2021（10）：115-122.

[3] 罗婧. 志愿常态化：对"个体—环境"交互机制的探索 [J]. 管理世界，2021，37（8）：128-142，206，143.

[4] 汪伟全. 社区应急志愿者参与公共安全治理的影响因素分析：基于新冠肺炎疫情背景的 Nvivo 质性研究 [J]. 社会科学辑刊，2021（4）：46-55，215.

［5］曹玉梅. 民间青年志愿者组织发展影响因素的扎根理论研究［J］. 中国青年研究，2021（6）：47-53.

［6］贾哲敏. 扎根理论在公共管理研究中的应用：方法与实践［J］. 中国行政管理，2015（3）：90-95.

［7］党秀云. 论志愿服务可持续发展的价值与基础［J］. 中国行政管理，2019（11）：118-123.

［8］魏娜，王焕. 国内外志愿服务研究主题演进与热点比较研究：基于2008—2018年的数据分析［J］. 中国行政管理，2019（11）：124-130.

［9］陆士桢，李泽轩. 论新时代中国特色志愿服务的新格局［J］. 中国青年社会科学，2019，38（5）：1-8.

［10］袁志刚，陈功，高和荣，等. 时间银行：新型互助养老何以可能与何以可为［J］. 探索与争鸣，2019（8）：4-36，197.

［11］李敏. 深入推进志愿服务制度化建设［J］. 中国特色社会主义研究，2019（3）：73-78.

［12］李玮，林伯海. 新时代中国志愿精神的内涵特点与培育践行［J］. 学习与实践，2018（10）：135-140.

［13］陈伟东，吴岚波. 困境与治理：社区志愿服务持续化运作机制研究［J］. 河南大学学报（社会科学版），2018，58（5）：42-50.

［14］谢宇. 社会工作介入志愿服务：能力与需求的框架［J］. 学术研究，2018（8）：76-82，177.

［15］魏娜，刘子洋. 论志愿服务的本质［J］. 中国人民大学学报，2017，31（6）：79-88.

［16］张勤，张书菡. 志愿服务参与应急管理的能力提升探析［J］. 中国行政管理，2016（5）：119-124.

［17］魏娜. 我国志愿服务发展：成就、问题与展望［J］. 中国行政管理，2013（7）：64-67.

附 录

序号	文件名称	时间
1	关于深入开展"迎奥运讲文明树新风志愿服务行动"的实施方案	2008.3
2	关于深入开展志愿服务活动的意见	2008.10
3	关于广泛开展"迎世博讲文明树新风"志愿服务活动的通知	2009.7
4	大学生志愿服务西部计划志愿者管理办法	2009.7
5	关于广泛开展全民健身志愿服务活动的通知	2009.9
6	关于深入推进家庭志愿服务工作的意见	2009.12
7	共青团中央关于开展"共青团关爱农民工子女志愿服务行动"的通知	2010.4
8	关于进一步推进志愿者注册工作的通知	2010.6
9	关于加强志愿助残工作的意见	2010.7
10	进一步发挥文化遗产保护志愿者作用的意见	2010.7
11	中国志愿服务基金会项目基金管理暂行办法	2010.10
12	建立全民健身志愿服务长效化机制工作方案	2010.12
13	关于深入开展巾帼志愿服务工作的意见	2011.1
14	全国"关爱残疾人志愿服务活动"实施方案	2011.5
15	关于充分发挥物业服务企业作用推进社区志愿服务活动的通知	2011.9
16	优秀运动员全民健身志愿服务实施办法（试行）	2012.2
17	关于深入开展学雷锋活动的意见	2012.3
18	关于组织开展"关爱他人——爱幼助残志愿服务行动"的通知	2012.4
19	"春雨工程"——全国文化志愿者边疆行工作实施方案	2012.4
20	"春雨工程"——全国文化志愿者边疆行工作实施细则	2012.4
21	关于广泛开展基层文化志愿服务活动的意见	2012.9
22	志愿服务记录办法	2012.10
23	关于加强减灾救灾志愿服务的指导意见	2012.10
24	关于积极促进志愿消防队伍发展的指导意见	2012.12
25	关于在全国推广"菜单式"志愿服务的通知	2013.11
26	中国社会服务志愿者队伍建设指导纲要（2013—2020年）	2013.12
27	中国注册志愿者管理办法	2013.12

续表

序号	文件名称	时间
28	关于推进志愿服务制度化的意见	2014.2
29	社区志愿服务方案	2014.3
30	中国保监会精神文明建设领导小组关于进一步加强保险业志愿服务工作的通知	2014.6
31	教育部关于教师参与志愿服务活动的指导意见	2014.9
32	关于推动团员成为注册志愿者的意见	2014.12
33	学生志愿服务管理暂行办法	2015.3
34	关于进一步做好志愿助残工作的通知	2015.5
35	关于规范志愿服务记录证明工作的指导意见	2015.8
36	关于加强中学生志愿服务工作的实施意见	2016.6
37	关于支持和发展志愿服务组织的意见	2016.7
38	文化志愿服务管理办法	2016.7
39	中华人民共和国慈善法	2016.9
40	关于公共文化设施开展学雷锋志愿服务的实施意见	2016.12
41	志愿服务条例	2017.8
42	关于推广使用全国志愿服务信息系统的通知	2017.8
43	关于推进青年志愿服务工作改革发展的意见	2018.3
44	关于做好志愿服务组织身份标识工作的通知	2018.3
45	"互联网+社会组织（社会工作、志愿服务）"行动方案	2018.9
46	科技志愿服务管理办法（试行）	2019.8
47	民政部关于学习宣传贯彻习近平总书记志愿服务重要指示精神的通知	2019.8
48	志愿服务记录与证明出具办法（征求意见稿）	2019.12
49	关于开展志愿服务促进中小企业发展的指导意见	2020.3
50	关于进一步做好慈善组织登记和认定工作的通知	2020.7
51	江苏省志愿服务条例（修订）	2021.3
52	关于推动生态环境志愿服务发展的指导意见	2021.6
53	关于加强退役军人志愿服务工作的指导意见	2021.9
54	江苏省志愿服务记录与证明出具办法实施细则	2021.9

第三篇
残疾人事业进步与共享发展

残疾人事业现代化指标体系研究

李筱菁*

内容摘要： 2021 年，我国开启全面建设社会主义现代化国家新征程，残疾人事业的发展进入新阶段。社会主义现代化进程也赋予残疾人事业现代化以丰富的内涵。残疾人事业现代化指标体系的研究和构建，对探究推动残疾人事业现代化的充分实现具有重要意义。本文在充分吸收借鉴国内外有关现代化指标体系研究的基础上，结合中国特色，深入进行残疾人事业现代化理论研究，客观分析我国残疾人事业发展现状。通过评价已有的国内外现代化指标体系，寻找其共性和优点，总结出残疾人事业现代化指标体系的设置原则。基于以上理论，结合江苏省经济社会发展情况，制定出包含生活质量、公共服务、社会环境三个方面的指标体系，包含 12 个二级指标和 18 个三级指标，并确立了各指标相应的权重。通过指标的设立和计算，阐明了现代化和残疾人事业现代化的丰富内涵。最后，根据我国相关统计制度建设情况及地区发展不平衡不充分的现实状况，提出了我国残疾人事业现代化指标体系建设及江苏省残疾人事业高质量发展的相关建议。

关键词： 残疾人事业；现代化；指标体系构建；高质量发展

一、引言

"十三五"时期，全国 710 多万农村建档立卡贫困残疾人全部脱贫，离"促

---

* 李筱菁，南京特殊教育师范学院中国残疾人数据科学研究院讲师，博士；主要研究领域为残障统计、残疾人事业发展。

进残疾人全面发展和共同富裕"的重要目标又近了一步①。如今，我国进入实现第二个百年奋斗目标的新阶段，以习近平同志为核心的党中央在领导制定《中华人民共和国国民经济和社会发展第十四个五年规划和二〇三五年远景目标纲要》时，特别强调指出："当前，我国发展不平衡不充分问题仍然突出，城乡区域发展和收入分配差距较大，促进全体人民共同富裕是一项长期任务，但随着我国全面建成小康社会、开启全面建设社会主义现代化国家新征程，我们必须把促进全体人民共同富裕摆在更加重要的位置，脚踏实地，久久为功，向着这个目标更加积极有为地进行努力。"② 这表明，关于如何实现共同富裕将成为我国重大核心目标。2021 年，国务院印发《"十四五"残疾人保障和发展规划》，明确提出"在全面建设社会主义现代化国家的新征程中，决不能让残疾人掉队"。因此，推动残疾人事业现代化，提高残疾人事业多维度现代化水平，是实现全体人民共同富裕的重要内容。当前，我国老龄化问题加剧，虽然消除了绝对贫困，但相对贫困问题突出，低收入家庭尤其是低收入残疾人家庭占比高，因残致贫、返贫问题不断加剧，残疾人社会保障、就业、平等权利等方面存在突出问题，需要进一步改善。本文通过对残疾人事业现代化内涵的分析，构建残疾人事业现代化评价指标体系，旨在从不同维度、不同视角来评估不同地区的残疾人事业现代化水平，为推动残疾人事业现代化战略提供科学指导和规范。

二、中国残疾统计指标体系

残疾人事业现代化指标体系研究应在我国已有的残疾统计体系基础之上开展。我国残疾统计属于部门统计，目前已基本形成了以国家统计部门的法律法规和统计规范为指导、以残联为统计调查的组织实施主体、以相关职能部门的涉残统计为补充的统计体系。统计形式也日趋完善，既包括全国性和地区性的抽样调查与全面调查数据，也包括常规的残疾人事业统计和行政登记数据，涵盖了残疾

---

① 国务院关于印发"十四五"残疾人保障和发展规划的通知 [EB/OL]. http：//www.gov.cn/zhengce/content/2021-07/21/content_5626391. htm. 2021-07-21.

② 中共中央关于制定国民经济和社会发展第十四个五年规划和二〇三五年远景目标的建议 [EB/OL]. http：//www.gov.cn/zhengce/2020-11/03/content_5556991. htm. 2020-11-03.

人的康复、就业、教育、体育、宣传文化、维权、服务设施建设、组织建设等多方面的内容。中国残疾人联合会为了科学、有效地组织残联系统统计工作，规范统计调查行为，制定了残疾人事业统计年报、统计快报和基础统计台账制度，以及时掌握系统内各项业务工作的进展情况以及政策执行情况，发挥统计工作的服务和监督作用。2020年度中国残疾人事业统计调查制度（见表1）涉及康复、教育、就业、社会保障、宣传、文化、体育、维权、组织建设、服务设施等业务领域；台账制度包括康复、教育、就业、宣传文化、体育、维权、组织建设、服务设施和信息化等业务领域[①]。

表1　2020年全国残疾人事业各项统计调查内容与指标设置

调查名称	主要内容与指标					
	个人基本信息	医疗与康复	教育与就业	社会保障及需求	收入和住房	其他
全国残疾人基本服务状况和需求信息数据动态更新	姓名、残疾人证号、户口性质、婚姻、联系电话、建档立卡状况（农业）、监护人信息	过去两周内是否患有其他疾病、未治疗原因、上一年是否得到康复服务、未得到康复服务原因	识字情况、受教育程度、未入学原因、就业情况、未就业的生活来源和原因、上一年得到的就业帮扶	参保情况、上一年的社会救助及住房改善情况、上一年的社会福利补贴情况、托养服务需求、就业扶贫需求、康复需求、无障碍改造需求	家庭收入状况（非农业）、家庭住房状况	上一年家中是否进行过无障碍改造、文化体育活动，村（社区）的基本公共服务设施情况
全国残疾人人口基础数据库	姓名、身份证号、户口性质、监护人信息、联系电话、通信地址、是否持有残疾人证、生活能力、婚姻状况、个人特长、家庭状况	康复服务需求和已有的康复服务的医疗康复、辅助器具适配、康复训练、康复指导	受教育程度、在校学生的教育类型、农业和非农业人口就业状况、就业岗位分类、接受就业服务状况	社会保障、生活保障、本人需求、已接受的救助	本人年收入、家庭年总收入、家庭年总支出	—

① 凌亢，白先春，等. 中国残疾人事业发展报告（2006—2015）［M］. 北京：中国统计出版社，2017.

续表

调查名称	主要内容与指标					
	个人基本信息	医疗与康复	教育与就业	社会保障及需求	收入和住房	其他
残疾人事业统计调查制度	—	社区康复、总体康复服务情况、各类残疾基本康复服务情况、辅助器具服务情况、康复机构、康复人才	学前教育阶段、高中教育阶段、高等教育阶段、城乡残疾人就业状况、盲人按摩、残疾人就业，资金	社会保障、社会保险、托养服务	—	宣传、文化、体育、维权、组织建设、服务设施

三、残疾人现代化指标体系

20 世纪 80 年代末以来，我国现代化建设明显加快，国内学术界、政府研究机构及一些省（市、区）对现代化进程及指标体系进行多方探索，形成了一批研究成果。如原国家计委宏观经济研究院《现代化标准研究》提出我国基本实现现代化的标准指标体系，主要由经济发展、社会进步、人口素质和生活水平组成的四大类 15 项指标[①]；中国社会科学院《社会指标》课题组提出由人均国民生产总值、社会结构、人口素质、生活质量四个部分 16 项指标组成的社会指标体系；中国科学院中国现代化研究中心《中国现代化报告》采用第一次现代化测度分为经济、社会两大类 10 项评价指标，第二次现代化测度分为知识创新、知识传播、生活质量、经济质量四大类 16 项评价指标[②]；中国科学院可持续发展研究组编写的《中国可持续发展战略报告》从系统学出发，设计出总体层、表征集合层、水平指数层、基础要素层四层叠加的现代化评价指标体系[③]。另外，我国一些发达省（市、区）也开展了现代化指标体系的研究，主要集中在北京、

① 宏观经济研究院课题组，叶剑峰. 现代化标准研究 [J]. 宏观经济研究，2000（4）：41-45.

② 中国现代化报告课题组. 中国现代化报告 [M]. 北京：北京大学出版社，2003.

③ 中国科学院. 中国可持续发展战略报告 [M]. 北京：科学出版社，2005.

天津、江苏、浙江、广东、深圳、苏州、无锡、南通、昆山等地。如 2001 年，北京市统计局与有关单位共同研究提出了北京市现代化实现程度指标体系，包括经济现代化、社会现代化和城市建设现代化三方面 15 项指标；2012 年，江苏省委、省政府发布《江苏基本实现现代化指标体系》，该指标体系由经济发展、人民生活、社会发展、生态环境四大类 30 项指标组成等①。

虽然国内针对现代化及其评价指标体系的研究已有一定进展，但我国残疾人事业现代化研究并不充分，针对残疾人事业现代化的指标体系研究也仍处于初步探讨阶段。《"十四五"残疾人保障和发展规划》提出：到 2035 年，残疾人事业与经济社会协调发展，与国家基本实现现代化目标相适应。残疾人物质生活更为宽裕，精神生活更为丰富，与社会平均水平的差距显著缩小。平等包容的社会氛围更加浓厚，残疾人充分享有平等参与、公平发展的权利，残疾人的全面发展和共同富裕取得更为明显的实质性进展（见表 2）。我国有 8500 多万残疾人。"十四五"时期，由于人口老龄化加快等因素，残疾仍会多发高发。残疾人人数众多、特性突出，特别需要关心帮助②。

表 2 "十四五"残疾人保障和发展主要指标

类别	指标	2020 年	2025 年	属性
收入和就业	残疾人家庭人均收入年增长（%）	—	与国内生产总值增长基本同步	预期性
	城乡残疾人职业技能培训人数（人）	—	200 万	预期性
社会保障和基本公共服务	符合条件的残疾人纳入最低生活保障比例（%）	100	100	约束性
	困难残疾人生活补贴覆盖率（%）	100	100	约束性
	重度残疾人护理补贴覆盖率（%）	100	100	约束性
	残疾人城乡居民基本养老保险参保率（%）	90	>90	预期性
	残疾人城乡居民基本医疗保险参保率（%）	>95	>95	预期性
	残疾人少儿义务教育入学率（%）	95	97	预期性
	残疾人基本康复服务覆盖率（%）	>80	85	约束性
	残疾人辅助器具适配率（%）	>80	85	约束性
	困难重度残疾人家庭无障碍改造数（户）	—	110 万	约束性

① 佚名. 江苏省基本实现现代化指标体系 [J]. 领导决策信息, 2011（45）：27.

② 关于印发江苏省"十四五"残疾人事业发展规划的通知 [EB/OL]. 江苏省人民政府网, http://www.jiangsu.gov.cn/art/2021/11/18/art_64797_10117846.html.？gqnahi=affiy2&ivk_sa=1023197a. 2021-01-18.

表2中的"十四五"残疾人保障和发展主要指标，较好地把握了残疾人现代化的基本规律，体现了现代化的主要特征，具有较强的时代特征和明显的区域特点，遵循了科学性、可比性、连续性、前瞻性、全面性、导向性等现代化指标选取的原则。由"十四五"发展规划内容可以看出，残疾人事业现代化的评价指标主要集中在收入、就业、社会保障和基本公共服务方面。其中，公共服务涵盖康复、教育、无障碍环境建设、社区服务等方面。

四、残疾人事业现代化指标体系框架——以江苏省为例

我国残疾人事业发展面临着不平衡不充分问题，决定了不同区域残疾人事业现代化进程必然有先有后。江苏作为我国东部地区发达的省份之一，其残疾人事业现代化建设具有先导性和典型性；同时，江苏内部的区域差异较大，可以看作为全国区域残疾人事业发展不平衡不充分的缩影，协调推进区域现代化是实现全省残疾人事业现代化的重要任务。开展残疾人事业现代化指标体系的监测与评估研究，不仅直接服务于江苏率先基本实现残疾人事业现代化的伟大实践，而且对于加快推进我国各地残疾人事业现代化建设具有重要的典型示范作用[1]。基于以上相关研究，从统计学视角把残疾人各项事业放在统一的分析框架下，通过编制残疾人事业现代化指标体系，可以全面把握江苏省残疾人事业发展现状，为我国残疾人事业发展提供决策参考。

（一） 基本原则

残疾人事业现代化指标体系的设置原则是坚持以残疾人事业与经济社会协调发展为前提，坚持以加快推进残疾人社会和服务体系建设为主线，坚持以"率先发展一流水平"为目标，坚持以城乡一体化发展为重点，坚持以残疾人多得实惠、共享发展成果为根本。具体遵循以下原则：

1. 科学性原则

"残疾人事业现代化"是一个系统性、综合性的概念，其内涵丰富，内容全

---

① 孙计领. 江苏省残疾人事业发展评价研究 [J]. 统计科学与实践, 2020 (1)：33-36.

面。指标体系设置体现了对残疾人事业现代化内涵的科学理解，不仅可以用于动态监测各地残疾人事业现代化的实现程度，同时可以提供"对标找差"的标准，协助决策。指标的设置应采用定量定性相结合的方式。定性方式描述残疾人事业现代化社会建设的总体目标、基本原则和详细内容，为残疾人事业现代化社会的建设提供方向性指导；定量是指对反映残疾人事业现代化实现程度的基本指标进行量化处理，从而实现残疾人事业现代化建设现状的直观量化①。

2. 可操作性原则

即具体指标可获得、可测量、可比较。所建立的指标体系要简单适用，选取的指标要具有代表性和广泛的认知度，含义清晰，口径统一。指标选取既要符合客观实际、便捷可得，又要简明易懂、避免冗余。尽可能利用已有数据，能将其直接运用于在全国各地区之间的横向比较，以便可以进行多角度的分析，确保指标测算结果的参考价值②。

3. 合理性原则

选取的指标体系应当遵从合理性原则，既可测度区域内残疾人事业现代化实现程度，又可开展区域间残疾人事业现代化实现程度的比较；既可用于各区域间同一时间的横向比较，又可用于区域内部多个时间点的纵向比较；既服务于各地政府的工作，又让残疾人群体有实实在在的感知，多角度综合性地反映社会各系统残疾人事业建设水平③。

（二）指标体系

为了正确引导残疾人事业朝着现代化的目标迈进，参考国内外现代化评价指标体系的既有成果，结合江苏省建设小康社会经验和现代化程度，借鉴党中央各部委政策文件、指导意见和发展规划、区域政策和技术文件，按照建立指标体系的基本原则，着重于上述内容的各个方面，本文初步提出了我国基本实现残疾人事业现代化指标体系共设置三级指标，其中一级指标包括生活质量、公共服务、社

① 蔡乌赶，许凤茹. 中国制造业产业链现代化水平的测度 [J]. 统计与决策，2021，37（21）：108-112.

② 胡建兰. 新时代"以人民为中心"共同富裕指标体系的构建 [J]. 改革与战略，2021，37（10）：32-39.

③ 吕承超，崔悦，杨珊珊. 现代化经济体系：指标评价体系、地区差距及时空演进 [J]. 上海财经大学学报，2021，23（5）：3-20.

会环境三个方面，二级指标项 12 项，三级指标项 18 项，指标涵盖残疾人生存、保障、发展等方面，体现了以残疾人为本的核心理念和平等参与共享的基本宗旨。

1. 指标选取

依据科学性、可操作性和合理性原则，确立评价我国残疾人事业现代化程度的三级指标。

（1）生活质量

生活质量又称生活水平。残疾人生活的总体水平是残疾人事业现代化的首要内容。测量生活水平的通用尺度是人均收入、消费水平和居住条件。现对残疾人生活水平的测量选取收入、消费水平、居住条件三个二级指标。

收入。收入是影响残疾人生活的基本因素，对于残疾人事业现代化发展有至关重要的作用。对应的三级指标选取主要是从家庭纯收入入手。设立全省残疾人家庭人均收入占全省人均收入比（X1）作为三级指标。

消费水平。选择残疾人家庭恩格尔系数（X2）作为残疾人消费水平指标。残疾人恩格尔系数（%）指残疾人家庭中食品支出金额占生活消费支出金额的比率。恩格尔系数是食品支出总额占个人消费支出总额的比重。一般认为，恩格尔系数大于 60% 为贫穷，50%～60% 为温饱，40%～50% 为小康，30%～40% 为相对富裕，20%～30% 为富裕，20% 以下为极其富裕。

居住条件。设定城镇残疾人住房拥有率（X3）作为三级指标。城镇残疾人住房拥有率指报告期内城镇残疾人中有住房（自有产权住房、廉租房或公租房等）的残疾人所占比例。该项指标体现了城镇残疾人的住房拥有状况。

（2）公共服务

包括残疾人康复、教育、就业、托养、无障碍、文化体育、维权等服务专项，服务机构，服务技术和绩效考评等多个维度。拟定残疾人就业、康复、托养、教育、文化体育娱乐等为主要向度，以最大限度满足残疾人服务需求、构建完善的城乡均等化的残疾人公共服务体系为目标。具体包括五个二级指标和九个三级指标。

就业。设定两个三级指标：残疾人就业率（X4）指报告期末在 16～59 周岁就业年龄段具有劳动能力的残疾人处于就业状态的所占比例。残疾人获得收入的主要来源就是劳动就业，失去了工作就丧失了主要经济收入，其基本生活则难以得到保障。因此，一个地区就业率的降低，必然带来很多社会的不安定因素。每万残疾人口就业服务机构数（X5）即全省残疾人口中残疾人就业服务机构所占比例，直接体现了残疾人就业服务水平。

康复服务。指采用医学的、工程的、心理的、社会的和教育的等各种手段，使残疾人的功能恢复到尽可能好的水平，以便在身体、精神、社会活动、教育就业等方面的能力得到最大限度的发挥，从而最大限度地实现回归社会。选定社区基本康复服务覆盖率（X6）作为康复服务现代化的三级指标。社区基本康复服务覆盖率指能够为残疾人提供康复服务的社区占社区总数的比率。

托养服务。智力和精神残疾人受教育水平低、就业程度低、社会保障参与率低，在生存和发展方面面临着诸多困难和问题。建立托养服务机构是帮助残疾人家庭解决智力、精神及其他各类重度残疾人的基本生活照料、康复、护理等保障问题的重要途径。选定残疾人之家覆盖率（X7）、每万残疾人口托养服务机构数（X8）及每万残疾人口托养服务管理和服务人员人数（X9）作为该项目下的三级指标。反映了符合托养服务条件且有托养需求的残疾人接受托养服务的比率，及接受托养服务机构的人员配备情况。

教育。教育子系统的指标可以体现残疾人群体的基本文化素质。残疾人基本文化素质的提高有利于其满足自身发展的需要、获取参与社会的平等机会。目前，残疾人仍然需要依靠自身的劳动获得经济收入以维持基本生活，基本文化素质的具备能帮助残疾人更好、更快地掌握职业技术能力。此外，拥有文化知识的残疾人通常拥有更丰富多彩的生活世界，而且可以使残疾人社会更加秩序化、文明化。选取残疾人义务教育阶段毛入学率（X10）、残疾人平均受教育年限（X11）两个指标。残疾人平均受教育年限指报告期末6周岁以上残疾人受教育年限的总和除以6周岁以上人口数。残疾人平均受教育年限是保证残疾人群体文化素质持续发展的一个重要条件，提高残疾人平均受教育年限是保障其整体文化素质的基础。残疾人义务教育阶段毛入学率指报告期末接受义务教育的残疾人数占义务教育学龄段残疾人总数的比重。残疾人义务教育阶段毛入学率指标全面体现了残疾人群体基本文化素质的近况。

文化体育娱乐。残疾人大多因为行动不便而不参加文体活动，然而丰富多彩的体育活动对残疾人的身心发展有很大的帮助，是构建生活质量指标的重要组成部分。该二级指标包含的三级指标为残疾人社区文体活动参与率（X12），指报告期内6周岁以上经常参加村（社区）组织的文化体育活动占6周岁以上残疾人总数的比重。

（3）社会环境

社会环境是指人类生存及活动范围内的社会物质、精神条件的总和。拟将

（包括）无障碍环境、权益保障、助残帮扶、政府投入在内的四个二级指标和6个三级指标作为残疾人社会环境水平的具体指标。

无障碍环境。残疾人的无障碍环境设定无障碍建设与管理法规、家庭无障碍设施改造率两个三级指标。无障碍建设与管理法规（X13）指省（区、市）级就无障碍环境建设制定的相关规章政策数目。家庭无障碍设施改造率（X14）指报告期内已进行家庭无障碍设施改造的残疾人数占有家庭无障碍设施改造需求的残疾人总数的比重，重点解决肢体、听力、视力三类残疾人在家庭生活方面的障碍。

权益保障。本指标体系中权益维护下设每万残疾人口残疾人干部数和残疾人法律援助中心覆盖率两个三级指标。每万残疾人口残疾人干部数（X15），即省（区、市）级残联编制中残疾人干部人数占全省残疾人数的比例。在各级人大代表名额分配时应向弱势群体倾斜，吸纳和保证一定比例的优秀残疾人代表作为人大代表、政协委员组成代表残疾人利益的界别。残疾人法律援助中心覆盖率（X16），指各法律救助部门扎实提供法律服务妥善解决残疾人上报请求的法律援助中心覆盖率。

助残帮扶。助残帮扶是汇集社会力量，关爱帮扶残疾人群体的有效方式，每年开展此类活动有利于营造良好的社会关爱氛围。本指标体系中助残帮扶下设一个三级指标：每万残疾人口助残志愿者人数。每万残疾人口助残志愿者人数（X17）是帮扶与关爱残疾人的一大重要力量。

政府投入。设定残疾人事业投入增长与社会事业投入增长增幅（X18）作为三级指标。政府对残疾人事业的投入，采用持续增长动态发展指标，即当年政府对残疾人事业经费投入增长与同年政府对社会事业投入增长的比例必须相同，残疾人事业的公共投入至少与其他社会事业同比。要使残疾人事业与经济社会协调发展，只有不断增强政府保障经费，加大对残疾人现代化事业的财政支持，才能使残疾人事业的发展与社会经济发展同步。

2. 测算方法

本指标体系本着简单、实用的设计原则，初步考虑采用综合得分法来计算各地区各年份的分数。这个方法的好处是计算方法简单直接，计算结果清晰明确，是广泛用于综合评价指标体系的一种计算方法。具体来说，计算方法就是用实际值除以目标值，然后乘以相应的权重，得到单个指标的分值，最后将各项指标的得分加总，即为总得分。

指标体系共有 12 个二级指标，各二级指标包含名称、单位、权重、目标值、实现值五项因素。目标值是指到"十三五"末，即 2020 年应该达到的数值；实现值是指某年某个地区该指标实际达到的数值。江苏省残疾人事业现代化指标体系结构如表 3 所示①。

表 3　江苏省残疾人事业现代化指标体系

一级指标	二级指标	三级指标	权重
生活质量	收入	全省残疾人家庭人均收入占全省人均收入比（X1）	8
	消费水平	残疾人家庭恩格尔系数（X2）	7
	居住条件	城镇残疾人住房拥有率（X3）	8
公共服务	就业	残疾人就业率（X4）	7
		每万残疾人口就业服务机构数（X5）	5
	康复服务	社区基本康复服务覆盖率（X6）	5
	托养服务	残疾人之家覆盖率（X7）	4
		每万残疾人口托养服务机构数（X8）	5
		每万残疾人口托养服务管理和服务人员人数（X9）	3
	教育	残疾人义务教育阶段毛入学率（X10）	6
		残疾人平均受教育年限（X11）	3
	文化体育娱乐	社区文体活动参与率（X12）	7
社会环境	无障碍环境	无障碍建设与管理法规（X13）	3
		家庭无障碍设施改造率（X14）	8
	权益保障	每万残疾人口残疾人干部数（X15）	6
		残疾人法律援助中心覆盖率（X16）	4
	助残帮扶	每万残疾人口助残志愿者人数（X17）	7
	政府投入	残疾人事业投入增长与社会事业投入增长增幅（X18）	4

本文数据来源主要为江苏省残疾人专项调查的数据，除此之外，还采用了《中国残疾人事业统计年鉴》《中国统计年鉴》《中国教育年鉴》的部分相关数据。经对数据库中的原始数据信息进行清洗、整理和筛选后，将各项指标观察值

---

① 中国残疾人联合会. 中国残疾人事业统计年鉴（2020）［M］. 北京：中国统计出版社，2020.

整理如表 4 所示。

表 4　2019 年江苏省残疾人事业现代化各项指标观察值

指标（单位）	江苏省平均值	最高地（市）数值	最低地（市）数值
X1（%）	50.13	58.50	40.74
X2（%）	45.72	50.78	38.36
X3（%）	89.70	96.91	82.41
X4（%）	26.24	34.75	20.88
X5（个）	0.79	0.87	0.63
X6（%）	97.25	100	94.73
X7（%）	100	100	100
X8（个）	14.44	16.77	13.58
X9（人）	11.27	13.64	9.58
X10（%）	40.90	49.13	34.93
X11（年）	5.44	6.99	4.09
X12（%）	7.53	2.10	14.37
X13（个）	35	—	—
X14（%）	33.84	46.82	21.84
X15（人）	1.82	1.09	2.87
X16（%）	100	100	100
X17（人）	287.22	309.40	265.36
X18（%）	100	100	100

　　权重的确定采用专家法（德尔菲法）与层次分析法（AHP）相结合。根据专家和从业人员建议，已就业残疾人人均可支配收入与当地平均水平比例和残疾人主观评价应占较高权重。在判定各指标权重时，使用 AHP 方法，确定江苏省残疾人事业现代化指标体系为决策目标，考虑的因素为标准层，决策对象为指标层，制定结构层次表。建立比较判断矩阵 A，计算矩阵 A 的最大特征根和特征向量矩阵，并将特征向量矩阵归一化，其值为该层元素对上层元素的权重分布。权

重计算结果如表 3 所示①。

根据标准化后的指标值及对应权重，使用线性加权法将各指标值进行综合合成，从而对江苏省残疾人事业现代化实现程度进行测算。首先，将各要素指标下各监测指标的标准比值与相应的权数相乘，加总得到各要素指标的综合值，可用以反映各要素支撑的状况。其次，将各要素指标综合值与其相应的权数相乘，然后加总得到江苏省全面建设小康社会总体实现程度的综合度量。基于 TOPSIS 方法，以最高地（市）指标值组合为最优方案，最低地（市）指标值组合作为最劣方案，计算得到江苏省总体残疾人现代化指标值为 0.7125。

五、结论与建议

（一）残疾人事业现代化指标体系构建建议

经过长期努力，中国特色社会主义进入了新时代，开启了全面建设社会主义的新征程。残疾人事业的现代化，是党中央、国务院在新时代提出的鲜明要求。本文首先概述了"十四五"背景下对残疾人事业现代化提出的新要求和新目标以及构建指标体系、推动残疾人事业发展的意义，然后阐释了现代化和残疾人事业现代化的丰富内涵，并简单归纳出残疾人事业发展的历程，通过观察其发展趋势提高对残疾人事业工作的认识。以此为理论基础，构建出一套衡量江苏省残疾人事业现代化的指标体系。该指标体系涵盖生活质量、公共服务、社会环境 3 个一级指标、12 个二级指标和 18 个三级指标。然而，由于我国相关统计制度还不够完善、地区发展不平衡不充分特征较明显，该套指标体系可能不能很好地监测和评估全国残疾人事业现代化发展情况。针对该指标体系的不足之处，后期仍应在我国统计制度建设方面开展顶层推进。

（1）将残疾统计纳入全国范围的统计调查中。将其作为一个基本的统计指标，并在数据开发应用的过程中关注与残疾人相关的议题；同时在制度上加强统

---

① 樊希茜. 江苏省残疾人生活质量评价研究［D］. 南京：南京财经大学，2018.

筹协调涉残统计的部门，明确分工，消融部门统计制度和信息的森严壁垒，建立部门之间信息联动数据共享机制，全面开展残疾统计工作的顶层设计与顶层推进。

（2）促进度量指标的一致性。开展专题分析，研究适用于我国的残疾测量方法，增强各部门间以及不同年份、不同来源数据的可比性。在此基础上，促进我国残疾统计与国际接轨，推进残疾人事业的发展。

（3）完善涉残统计监督和管理体系。一方面加强政府相关部门间的沟通合作，既要加强政府相关部门对残联开展统计工作的监督，同时残联也要完善内部的监督和管理，加强对残疾统计数据质量的宏观控制；另一方面加强对涉残统计部门的监督和管理，建立统一的规章制度和数据质量管理办法，保证源头数据的质量。

（4）建立指标更新和数据采集保障机制。部分指标虽然有代表性，但由于数据来源支撑不足而不能被纳入指标体系中。为此，建议根据数据采集调查的配套保障程度，动态更新调整相关指标，从而更科学地体现残疾人事业现代化整体水平。

（二）江苏省残疾人事业发展建议

研究结果显示，江苏省残疾人事业坚持普惠与特惠相结合，坚持兜底保障与就业增收相结合，坚持政府扶持、社会参与与残疾人自强自立相结合，坚持"统筹兼顾，协调发展"原则，在不断提升残疾人生活质量的同时，缩小区域之间残疾人生活质量的差异。但是，残疾人事业发展水平不平衡不充分仍未解决。在有效提升残疾人收入、促进残疾人就业、确保残疾人教育水平方面仍存在较大问题。

（1）促进残疾人优势潜能的开发，推动残疾人及其家庭的高质量就业，增加经营性收入和工资性收入。经济收入是影响残疾人生活质量水平的关键因素，而就业又是其获得收入的主要来源。基于"平等、参与、共享"理念，就业机制应坚持以市场为导向，从而帮助树立现代文明社会的残疾人劳动就业观，改变雇佣制不利于残疾人招聘的观念；加强政府干预，加强残疾人就业服务管理，从而避免其合法利益遭受损失。鼓励通过多样化渠道安置残疾人就业，对雇用残疾人的用人单位给予政府补贴等优惠政策；积极构建扶助残疾人就业的社会支持网，充分利用现代科技信息技术，加快残疾人工作就业信息网的建设，以拓宽就业渠道；加大残疾人就业帮扶，增强就业能力，增加就业机会。转变残疾人传统的就业观念，在残疾人自主创业上给予更多的政策优惠和资金补贴，以促进创业带动就业。"十三五"期间，江苏省残疾人家庭人均可支配收入水平逐年提升。从收入结构来看，江苏省残疾人家庭收入来源主要是工资性收入和转移净收入，残疾人家庭收入增加主要来源于转移净收入、工资性收入。由此可见，经济社会的发展、社会保障和救助力度的加大带动了残疾人家庭收入的不断增长。为实现残疾人全面发展及共同富裕的目标，让残疾人过上更加美好的生活，结合实施乡村振兴战略、城乡融合发展试验及区域协调发展战略等，缩小残疾人发展状况与社会平均水平的差距。

（2）完善残疾人康复服务体系，提升残疾人康复服务水平。建立标准统一、更加规范、更高水平的残疾人康复服务体系，让有康复需求的残疾人得到个性化、专业化的康复服务。发挥医疗卫生和特殊教育等机构的康复服务功能，整合资源将符合条件的机构纳入基本医疗保险定点康复机构范围。

（3）大力推进残疾人受教育水平，加快推进特殊教育现代化建设。残疾人就业竞争力的增强离不开基础教育，全面良好的教育也是其自强自立的关键。健全残疾人特殊教育体系，帮助更多的残疾人走进学校，接受知识的熏陶；落实残疾人高中教育减免学费政策，大力开展职业技能培训，将普通教育和职业技术培训相结合。积极开展残疾儿童学龄前康复训练，对普惠性学前教育予以资助，提高日常生活能力和适应社会能力。促进布局合理、学段衔接、普职融通、社教结合、医教结合的残疾人教育服务体系进一步优化。全面推进融合教育，保障每一个残疾孩子都能接受合适的教育。

（4）科学规划残疾人基本公共服务事业，实施倾斜性制度政策。坚持以科学发展观为指导，积极完善残疾人基本公共服务体系，是提高其生活质量的根本保障。兼顾苏南、苏中、苏北不同地区残疾人基本公共服务质量发展差异、地区内残疾人各项公共服务质量发展不协调来科学制定规划方案，推动区域性残疾人事业的政策制定，确立与区域经济发展相协调的残疾人社会保障制度，才能实现江苏省残疾人事业健康成长。其中，康复是残疾人公共服务的重中之重，应建立以社区为基础的康复服务路径以弥补康复资源不足，并调动康复服务组织的积极性和协调性，进一步完善康复服务组织体系，努力保证每一个残疾人都能获得康复服务。倾斜性政策实施是关乎残疾人公共服务和社会保障覆盖率的决定性因素。首先，坚持普惠、特惠相结合的原则，优先发展残疾人的社会保障与公共服务。出台一系列可操作性强的特惠政策，以维护残疾人群体的社会权利。其次，在逐步缩小与社会平均水平之间、不同地区之间的残疾人生活水平差距的同时，出台倾斜性的残疾人社会保险和社会福利政策，把所有生活质量低下的残疾人归入低保的范围，因地制宜地制定托养补助、就业补助、住房补助、居家无障碍改造补贴、职业技能培训补助、教育补助、康复补助等各项补助政策。

［基金项目］本文系 2021 年江苏共享发展研究基地项目"残疾人事业现代化指标体系研究"（立项号：21gxjd02）的阶段性成果。

［课题组成员］牟民生、蔡翮飞、孙计领。

参考文献

［1］国务院关于印发"十四五"残疾人保障和发展规划的通知［EB/OL］. http：//www. gov. cn/zhengce/content/2021 – 07/21/content _ 5626391. htm. 2021 – 07-21.

［2］中共中央关于制定国民经济和社会发展第十四个五年规划和二〇三五年远景目标的建议［EB/OL］. http：//www. gov. cn/zhengce/2020 – 11/03/content _ 5556991. htm. 2020-11-03.

［3］凌亢，白先春，等. 中国残疾人事业发展报告（2006—2015）［M］. 北京：中国统计出版社，2017.

［4］宏观经济研究院课题组，叶剑峰. 现代化标准研究［J］. 宏观经济研究，2000（4）：41-45.

［5］中国现代化报告课题组. 中国现代化报告［M］. 北京：北京大学出版社，2003.

［6］中国科学院. 中国可持续发展战略报告［M］. 北京：科学出版社，2005.

［7］佚名. 江苏省基本实现现代化指标体系［J］. 领导决策信息，2011（45）：27-27.

［8］关于印发江苏省"十四五"残疾人事业发展规划的通知［EB/OL］. 江苏省人民政府网，http：//www. jiangsu. gov. cn/art/2021/11/18/art_64797_10117846. html. ？gqnahi=affiy2&ivk_sa=1023197a. 2021-01-18.

［9］孙计领. 江苏省残疾人事业发展评价研究［J］. 统计科学与实践，2020（1）：33-36.

［10］蔡乌赶，许凤茹. 中国制造业产业链现代化水平的测度［J］. 统计与决策，2021，37（21）：108-112.

［11］胡建兰. 新时代"以人民为中心"共同富裕指标体系的构建［J］. 改革与战略，2021，37（10）：32-39.

［12］吕承超，崔悦，杨珊珊. 现代化经济体系：指标评价体系、地区差距及时空演进［J］. 上海财经大学学报，2021，23（5）：3-20.

［13］中国残疾人联合会. 中国残疾人事业统计年鉴（2020）［M］. 北京：中国统计出版社，2020.

［14］樊希茜. 江苏省残疾人生活质量评价研究［D］. 南京：南京财经大学，2018.

可行能力视域下江苏省农村残疾人口实现共同富裕的长效机制

吴玉霞[*]

内容摘要：残疾人口共享我国经济发展成果和实现共同富裕是当前迫切需要解决的重要问题之一，其中的主要政策着力点在于农村残疾人口的福利改善和共同富裕。本文基于阿玛蒂亚·森的可行能力理论，从提高其可行能力、化解残疾人口福利获得障碍入手，在探讨江苏省农村残疾人群体返贫阻断和实现共同富裕面临的挑战的基础上，构建了江苏省农村残疾人口实现共同富裕的长效机制，并给出相应的政策空间和具体建议。研究发现，构建江苏省农村残疾人口实现共同富裕的长效机制，在顶层设计上可以考虑建立以政府为主导、市场主体广泛参与、以支持性就业为核心的农村残疾人口融合发展的支持体系；在具体推进策略上，加快推进农村地区基本公共服务均等化，是帮助农村残疾人口实现共同富裕的最重要的关键措施。

关键词：农村残疾人口；共同富裕；长效机制；可行能力理论；基本公共服务均等化

　＊ 吴玉霞，经济学博士，应用经济学博士后，南京特殊教育师范学院教授，硕士生导师；研究领域为残障统计，区域经济。

一、引言

在习近平总书记的带领下，在全国人民的共同努力下，经过八年的脱贫攻坚战，到 2020 年底我国彻底消灭了绝对贫困，提前十年实现了《联合国 2030 年可持续发展议程》确定的减贫目标。这是一个伟大的成就，下一步中国扶贫工作的重点转为如何缩小收入分配差距，解决收入分配领域两极分化严重和社会公平问题。在此目标基础上，中央又提出了共同富裕的远大目标，这既是社会主义制度在经济领域的内在要求，也是民心所向，是巨大的民生工程。至此，中国特色社会主义发展到现阶段，以人为本和共同富裕已经成为国家和社会的共同价值取向。而作为弱势群体的残疾人口的发展和获得感是国家现阶段和未来需要长期重点关注的工作内容之一，如何实现这个群体的共同富裕，成为残疾人口共享我国经济发展成果首先需要解决的问题。

根据《中国残疾人事业统计年鉴 2020》的最新数据，截至 2019 年，我国现有持证残疾人口 3681.72 万人，其中农村持证残疾人口为 2905.83 万人，约占残疾人口总数的 78.93%，可见，我国残疾人口实现共同富裕的主战场在广大的农村地区。而由于我国长期存在的城乡二元经济特征，在经济发展相对欠发达的农村，残疾人口在教育、医疗、社会保障等各方面又都处于相对弱势的地位，再加上家庭和社会无障碍环境建设方面的严重不足，使得农村残疾人口成为弱势群体中的弱势群体，从而在一定程度上限制了农村残疾人口的就业和发展，也在很大程度上降低了其所获得的社会福利水平。因此，当前我国残疾人口实现共同富裕的关键在于农村残疾人口的福利改善。

本文将重点聚焦到贫困程度相对更深的农村残疾人口群体，摆脱传统的"收入中心论"的脱贫思路，对贫困问题的研究由单维度考量过渡到多维度考量，采用福利经济学的代表性人物诺贝尔经济学奖获得者阿玛蒂亚·森的可行能力理论，把提升农村残疾人口的可行能力、消除贫困残疾人口社会机会欠缺、化解残疾人口收入转化障碍作为脱贫的切入点，从提高其可行能力、化解残疾人口福利获得障碍入手，探讨江苏省农村贫困残疾人群体返贫阻断并实现共同富裕的长效机制，且给出相应的政策空间和具体建议。

二、可行能力视域下农村残疾人口致贫原因及影响因素理论分析

（一） 可行能力的含义及经济意义

因福利经济学的研究获得诺贝尔经济学奖的经济学家阿玛蒂亚·森，对发展提出了一个以自由来概括的新视角，提出发展是扩展人们享有的真实自由的一个过程①。即自由是发展的首要目的，自由也是促进发展不可缺少的手段。在此理论框架下，经济发展被解释为自由的增长，人们的生活质量不是根据财富，而是根据自由来衡量。而自由被定义为实质意义上的自由，包括免受困苦诸如饥饿、营养不良、可避免的疾病、过早死亡之类的基本的可行能力，以及能够识字算数、享受政治参与等的自由②。从而强调自由是人们能够过自己愿意过的那种生活的"可行能力"。从这个意义上讲，一个人的"可行能力"就是对于此人是可行的、能享有的有价值的生活的"功能性活动"的各种组合。因此，能力就是一种自由，并且是能过有价值的生活的实质自由，这意味着个人享有的"机会"，以及个人选择的"过程"，那么一个人能够实现的能力可以通过他的实际选择表现出来。

（二） 自由、机会公平与提高人的可行能力

如何提高人们的可行能力呢？阿玛蒂亚·森强调，应以公共行动来创造条件，使市场得以良好地发挥作用，通过市场机制的有效运行，在提升效率的同时，提供更高的公平性来实现，即要创造条件实现"机会"平等。而这就为我们提供了公共政策介入的空间。

---

① 阿玛蒂亚·森. 以自由看待发展 [M]. 任赜，于真，译. 北京：中国人民大学出版社，2002.
② 同①。

机会平等的前提是保证人们能够获得充分的自由。可行能力理论强调的自由，主要包括：①政治自由。②经济条件。指个体享有的将其经济资源运用于消费、生产、交换的机会。③社会机会。指个体在教育、医疗及其他方面所享有的选择机会。④透明性保证。指人们在社会交往中需要的信用，即保证个体可以在信息公开和明晰的条件下自由地交易。⑤防护性保障。指由国家或社会为弱势群体提供的资金、服务和发展机会的安全网制度，保证民众的基本生存能力，包括固定的制度性安排和临时应需而定的安排。

可行能力理论认为，在人们享有充分自由的市场经济条件下，通过创造更多的机会公平，可以提高人们的可行能力，从而提升人们的福利水平。这就为我们正确评价地区和居民福利水平提供了一个新的理论支撑，也为测度区域福利水平提供了一种新的科学合理的研究思路和方法。

（三）可行能力视域下的贫困衡量标准

按照贫困的内涵不同，可以将贫困分为绝对贫困、相对贫困和多维贫困，其中，绝对贫困是指贫困人口的收入不足以维持基本正常生活需要的生存状态，直接表现为低收入；相对贫困是指相对于一般群体的生活水平而言的相对低水准的生存状态，相对贫困测量的是财富或收入在不同社会阶层、社会群体之间的分配问题[1]，表现为社会财富或收入在个体间的分配不平等，反映了社会发展的不平衡、不充分和收入分配不均。这是最常见的贫困分类标准。

近年来，基于可行能力标准又衍生出了多维贫困的概念，指的是贫困人口基本可行能力的被剥夺，不仅反映了贫困人口收入不足的"贫"，也体现了个体或家庭没有能力获得教育、卫生、安全饮水等基本服务的"困"，强调贫困是一种人们遭受多维度剥夺的现象[2]。可见，从衡量标准来看，绝对贫困衡量的是绝对收入水平，相对贫困衡量的是收入的相对差距，而多维贫困衡量的是以消费、健康、教育为主的福利水平。从中可以看出，基于可行能力视角的多维贫困指标能够更全面、细致地反映个体自由或能力被剥夺的情况。正是阿玛蒂亚·森的可行能力理论，使得我们对贫困的分析视角由单维贫困拓展到多维贫困。

---

① 李强. 相对贫困与绝对贫困 [J]. 中国社会工作，1996（5）：18-19.
② 王小林. 贫困测量：理论与方法：第二版 [M]. 北京：社会科学文献出版社，2017.

（四）可行能力视域下农村残疾人口致贫原因

根据阿玛蒂亚·森的可行能力理论，贫困被视为基本可行能力的被剥夺，而不仅仅是收入低下，收入短缺是导致残疾人贫困的直接原因，而缺乏"可行能力"才是导致其贫困的深层次根源。基于可行能力视角，农村残疾人口的致贫原因可以概括为可行能力低，即个体自身能力有限，可行能力不足。因此，我国农村残疾人口主要的致贫原因包括以下四点：

1. 权利贫困

权利贫困主要指农村残疾人口享受政府提供的基本公共服务的差异，突出表现为农村残疾人口在接受教育、享受医疗服务和社会保障等方面的基本公共服务不充分，即某些权利相对被部分剥夺，比如：农村残疾人口由于自身能力有限，没有获得良好的教育，从而无法胜任收入水平较高的工作；由于户籍等原因造成的社会保障等基本公共服务享受不充分等，这种权利贫困客观上造成农村残疾人口获得的收入、消费、健康和教育为主的福利水平相对较低。

2. 能力贫困

权利与能力密切关联，权利贫困，尤其是受教育权利的享受不充分，在很大程度上必然会带来能力贫困和机会不平等，比如，由于受教育有限，再加上身体上的残障，很多农村残疾人口进入社会以后一般综合技能水平较低，只能从事技术含量水平较低的工作，因此收入水平较低，如此恶性循环，从而使得农村残疾人口在经济实力、心理承受能力等各方面水平普遍偏低，陷入能力贫困的困境。

3. 健康贫困

健康贫困长期被简单理解成"因病致贫""因病返贫"，其概念及基本内涵学界也尚未完全达成一致。目前，学界对健康贫困的定义主要有以下两个方向：一种是指健康的不良状态，指在健康能力、权利等方面的缺失，另一种则是将健康与贫困联系在一起，强调"贫困—疾病"的相互作用与动态过程，"因贫致病"和"因病致贫"都是这一循环中的具体过程与某一侧面①。虽然残疾人由于身体上客观存在的残障，丧失了部分生活及社会能力，但他们仍然有权享有尽量

① 张蕾，孙计领，崔牛牛. 加强残疾人健康扶贫与乡村振兴衔接融合的对策研究［J］. 人口与发展，2021（5）：121-129.

高标准的生活。因此，基于可行能力的视角，健康贫困可以理解为由于疾病的困扰造成能力的缺失，导致经济活动参与能力被部分剥夺，进而加剧贫困的发生。

4. 精神贫困

在连续几年的脱贫攻坚战实践中，也可以看到极个别的农村贫困者"等要靠"思想严重，主动脱贫思想薄弱、内生脱贫动力不足成为后脱贫时代农村相对贫困治理的新挑战。在农村残疾人口中也存在类似情况，因此，精神贫困也必须引起高度重视。

精神贫困背后还是教育权利享受不充分。归结起来，无论是权利贫困还是能力贫困、精神贫困，其背后最主要的原因是农村基本公共产品提供不足，公共服务水平较低。相对于城市来说，我国广大农村普遍存在政府公共产品提供不足的情况。例如，农村小学近些年撤点并校的情况比较突出，往往一个镇只有一所中心小学，师资也很有限，农村教育资源供给不足。农村的医疗保障和医疗服务水平也很有限。

三、江苏省农村残疾人口实现共同富裕面临的困境

1. 残疾人口实现共同富裕的难点在农村

根据中国残联统计数据，截至 2020 年底，江苏省共有持证残疾人口 169.86万人，其中农村持证残疾人口为 132.8 万人，占比为 78.19%（见表 1）。

表 1　江苏省 2010~2020 年持证残疾人口构成

年份	总人口（人）	农村人口（人）		城镇人口	
		人口数（人）	占比（%）	人口数（人）	占比（%）
2010	—	—	—	—	—
2011	1125824	928533	82.48	197291	17.52
2012	1345043	1115720	82.95	229323	17.05
2013	1347603	1116866	82.88	230737	17.12
2014	1480935	1213238	81.92	267697	18.08

年份	总人口（人）	农村人口（人）		城镇人口	
		人口数（人）	占比（%）	人口数（人）	占比（%）
2015	1556034	1274230	81.89	281804	18.11
2016	1485456	1212239	81.61	273217	18.39
2017	1559492	1258218	80.68	301274	19.32
2018	1624718	1310643	80.67	314075	19.33
2019	1666079	1286516	77.22	379563	22.78
2020	1698585	1328042	78.19	370543	21.81

资料来源：2020年中国残联官网及历年《中国残疾人事业统计年鉴》。

表1显示，自2010年以来的近十年，江苏省农村残疾人口在总残疾人口中的占比都在八成左右，可见解决农村残疾人口的返贫阻断及共同富裕问题是提升江苏残疾人口福利水平的关键。《中国残疾人事业统计年鉴2014》显示，江苏省2013年实际入残疾人口库的人数为286.61万人，规模比当年实际登记在册的持证残疾人口数134.76万人整整多了151.85万人，说明江苏省实有残疾人口数大约应为持证残疾人口数的一倍。因此可以推算，截至2020年底，江苏省实有农村残疾人口约为270万人，约占全省人口数的3.18%，这部分农村残疾人口的相对贫困程度应该是比较深的。

2. 农村残疾人口就业率低

表2显示了江苏省2010~2019年农村残疾人口就业及参加实用技术培训情况。从就业上看，农村残疾人口中能就业的约为70万人，占实际农村残疾人口数的25%~30%，即大约只有1/3的人能够实现社会就业，可见农村残疾人口的就业情况很不乐观。低就业意味着低收入，虽然农村已经基本脱贫，但是由低收入造成的脱贫不解困问题非常突出，所以这部分人实现共同富裕的关键点是必须想方设法提高农村残疾人就业率。

表2　江苏省2010~2019年农村残疾人口就业及参加实用技术培训情况

年份	就业情况		农村残疾人实用技术培训			新型农村养老保险（万人）
	就业人数（万人）	从事农村种养加的残疾人口（万人）	培训总人次（万人次）	扫盲人数（人）	经费投入（万元）	
2010	77.18	—	1.73	—	1409.4	166.33

年份	就业情况		农村残疾人实用技术培训			新型农村养老保险 (万人)
	就业人数 (万人)	从事农村种养加的残疾人口 (万人)	培训总人次 (万人次)	扫盲人数 (人)	经费投入 (万元)	
2011	73.8	—	2.3	—	971.1	101.1
2012	69.9	—	1.82	—	1093.7	33.82
2013	68.3	—	1.76	—	1118.9	—
2014	67.8	—	1.84	—	1126.8	—
2015	67.7	—	1.87	—	1091.91	—
2016	—	4.57	1.43	2740	355.25	—
2017	—	4.46	1.02	2576	299.4	—
2018	—	11.5	0.8	2178	264.1	—
2019	—	9.39	0.7	1990	211.6	—

资料来源：历年《中国残疾人事业统计年鉴》。

由表2可知，对农村残疾人口实用技术的培训远远没有跟上，无论是在培训总人次还是经费总投入上都远远不够，对于提升农村残疾人口技能来说几乎是杯水车薪，而且2016年以后，这部分经费投入急剧下降，对于农村残疾人口的培训力度有所减弱。从中可以看出，提高农村残疾人口可行能力的政策措施远远不够。

3. 农村残疾人口社会保障水平低

同时，从表2也可以看出，同期农村残疾人口获得的新型农村养老保险也很有限，2012年约有一半的人没有参加新型农村养老保险。按理农村养老保险已经普及，目前农村残疾人口应该都已经享有基本养老保险，但是由于财政资金有限，对农村基本养老保险主要是扩面，保证给广大农村居民一个最基本的保障，但目前的农村基本养老保险额度还不足以维持农村居民的基本生活。尤其是对于农村残疾人口来说，由于能力受限，这部分保障显然是不够的。由于残疾所带来的就业不足与社会保障不足的叠加，使得农村残疾人口相对贫困程度更深。

4. 农村残疾人公共服务可得性较弱

从农村残疾人口康复服务方面来看，2019年江苏省开展社区康复服务的县（市）有37个，占全部52个县（市）的71.2%，说明大多数县（市）都相对比较重视残疾人的康复问题，这对于保障农村残疾人口保持最基本的生活质量可能有所帮助，但是具体效果如何，由于数据的缺失，不得而知。但是从中可以看出，由于农村残疾人公共服务可得性较弱，机会不平等状况更加突出，返贫阻断并实现共同富裕的难度更大。

需要说明的是，囿于统计指标的变迁和统计口径的限制，目前无法得到江苏省农村残疾人口社会生活情况的全面数据，比如受教育情况、收入及消费情况等，这也限制了本文关于这部分数据分析更深入地展开。关于农村残疾人口社会生活情况其他方面的数据有待于进一步深入残联和基层农村一线进行实地调查。

四、江苏省农村残疾人口实现共同富裕面临的挑战

由于就业率低、收入低、社会保障水平低，江苏省农村残疾人口虽然已经脱贫，但是返贫风险非常高。如果不能妥善解决残疾人教育和就业问题，短暂脱贫后返贫在所难免，而共享中国经济发展成果，从而实现共同富裕更是无从谈起。

1. 实现共同富裕面临的挑战

从可行能力理论出发，江苏省农村残疾人口实现共同富裕面临的挑战主要表现在：

（1）就业率低，就业质量差。从现有数据看，超过一半的农村残疾人口没有实现就业，其主要生活来源是政府提供的低保和残障补助。除了重度残疾完全丧失劳动能力的人以外，很多有劳动能力或部分劳动能力的残疾人仍然处在失业状态。即便是已经就业的残疾人，就业质量也比较差，就业岗位与本人实际情况匹配度低，绝大多数残疾人仍然从事着一些简单的、重复性的劳动，创造社会价值较低，从而收入较低。

（2）收入低。绝大多数已经实现就业的农村残疾人所获得的工资很低，工资水平仅仅能够维持较低水准的日常生活，很多残疾人虽然已经脱贫，但是随时都有返贫的风险，贫困阻断的任务更重。

（3）教育水平较低，谋生能力不高。由于教育水平较低，很多农村残疾人掌握的谋生技能较少，限制了其就业能力。即便是在互联网如此发达，开网店、网上提供服务等自我雇佣就业机会很多的情况下，仍然无法实现自主就业，无法

摆脱收入低、生活质量较差的被动局面。其中有技能水平差、就业能力不足等被动的因素，也有等、靠、要等消极的主动放弃就业的因素，政府提供的低保和残障补助金虽然较低，但是足以维持其日常生活，这部分人的精神贫困特征比较明显，自我激励较差。

2. 返贫阻断面临的挑战

我们也可以看到，江苏省农村残疾人返贫阻断并进一步实现共同富裕面临的挑战主要有：

（1）农村公共服务水平较低，残疾人存在享有公共服务权利上的贫困。目前我国对农村提供的公共服务水平较低，而且区域差异性较大，城乡二元经济特征比较明显。改善这种情况，需要投入大量财政资金，经济压力较大。

（2）农村残疾人人力资本投资不足。残疾人也是人力资本，但是目前对于残疾人的人力资本投资严重不足，在农村残疾人就业压力较大的情况下，应当持续加大这部分投入，积极提高残疾人的职业技能。

（3）就业形式以庇护性就业为主，支持性就业不足。庇护性就业属于"输血型"救助，残疾人主动性较差，一般收入也较低，虽然从生活上有可以满足基本生活的收入，但是残疾人一般在特定场所工作，一定程度上处于与社会隔离的状态，社会融入较差。

（4）农村无障碍环境建设短缺，残疾人社会融入较差。目前城市的无障碍设施建设基本已经具备，很多出行不便、信息获取有困难的残疾人可以走出家门到社会上去工作，从而提高收入水平和生活质量，但是在县城、镇及广大的农村，无障碍设施建设几乎空白，这就限制了很多残疾人的就业及就业半径，也限制了残疾人的社会融入。解决这些问题，一方面需要政府财政资金的支持，另一方面也需要全社会层面的动员，积极推进残疾人口的社会融合。

五、可行能力理论视域下江苏省农村残疾人口实现共同富裕的长效机制

2021年1月制定的《江苏省国民经济和社会发展第十四个五年规划和二〇三五年远景目标纲要》（以下简称《纲要》）提出，要以"强、富、美、高"新

江苏建设为统领，把"争当表率、争做示范、走在前列"作为江苏现代化建设阶段的使命要求。其中，江苏将更加重视民生发展，主要目标是加快民生品质提升，促进共同富裕。这为农村残疾人口实现共同富裕提供了很好的契机。

"十四五"时期，构建江苏省农村残疾人口返贫阻断并进一步实现共同富裕的长效机制，应以《纲要》的实施为契机，基于可行能力理论，以提高农村残疾人口公平地享有政府基本公共服务的权利为切入点，从提升农村残疾人口基本公共服务水平入手，以实现农村残疾人口充分就业为抓手，在教育、医疗、卫生、文化及无障碍环境建设等方面多管齐下，共同发力，全面推进新时代残疾人的社会融合，最终目的是提升农村残疾人口的可行能力，帮助他们摆脱权利贫困、能力贫困和精神贫困，激发和增强其积极参与社会经济生活、努力实现共同富裕的内生动力。具体来说，主要包括以下三点：

1. 顶层设计

提升残疾人可行能力，尽量实现充分就业，是残疾人返贫阻断并进一步实现共同富裕的根本途径。促进残疾人就业兼具经济、社会和政策三重效益，既是残疾人增加经济收入、保障基本生活的重要途径，也是残疾人实现全面康复的核心内容。这是一个系统工程，需要从社会融合视角全面展开。对于农村残疾人口来说，实现充分就业的难度更大。因此，在顶层设计上，可以考虑建立以政府为主导、市场主体广泛参与、以支持性就业为核心的农村残疾人口融合发展的支持体系。具体来说，可以分解为以促进农村残疾人口返贫阻断为短期目标，以推进残疾人全面社会融合发展并最终实现共同富裕为长期目标，以提高农村残疾人可行能力为出发点，以提供支持性融合就业岗位和其他非正规就业岗位为手段，由政府提供提升残疾人口可行能力的公共服务，并逐步完善公共服务体系，在立法层面制定支持性法律法规，提供从教育、就业到生活的一揽子制度保障，由市场主体提供支持性就业岗位和其他非正规就业岗位，以实现充分就业为抓手，从而实现农村残疾人口的融合发展和共同富裕。

2. 残疾人就业政策目标由庇护性就业向支持性就业转变

对于农村残疾人口就业来说，最主要的就业形式为非正规就业。以往我们对农村残疾人就业的支持手段是以庇护性就业为出发点，提供兜底性的非正规就业岗位。庇护性就业政府为主动方，农村残疾人为被动方，本质上"重康复、轻就业"，社会和市场的参与程度较低，残疾人收入水平低，甚至有时候会低于社会平均工资水平，另外残疾人社会融合的程度低，工作场所与社会隔离，这导致残疾人被排除在常态的社会生活之外，庇护性就业也面临一定的社会排斥与职业排斥。

支持性就业指为培养和帮助残疾人获得工作和持续支持的就业形式，目的是保障残疾人的就业权利，实现社会融合。支持性就业是一种更接近市场环境的开放式就业模式，它不同于庇护性就业所推行的"训练—安置"模式，其运行方式是"安置—培训—支持"，工作岗位是"先安置、后培训"，由就业辅导员在竞争性工作场所为残疾人持续提供训练，以提高其工作能力及与同事的互动，当残疾人的表现符合工作场所的要求后，就业辅导员逐渐退出工作现场，改为以追踪的方式提供服务。这显然是基于可行能力视角的残疾人就业形式，更符合可行能力理论的政策含义，而且支持性就业可以将政府对残疾人就业的扶持从"输血式"支持转向"造血式"支持，这样一方面减少了财政资金的支出，另一方面也更有利于残疾人更好地融入社会和身心康复。

3. 积极促进残疾人口的社会融合和全面发展

残疾人的社会融合是一个全新的概念，包括自我融合、关系融合和情感融合。残疾人共享社会发展成果的前提是必须在社会融合中实现残疾人的全面发展。具体来说，可以通过融合教育提升农村残疾人口的职业技能水平，以支持性就业为载体，通过支持工作整合型社会企业构建融合发展平台，推进农村残疾人口工作环境的融合和社会的融合。

六、实现江苏省农村残疾人口共同富裕的政策支持体系

中国在经济快速增长和减少贫困方面取得了"史无前例的成就"，2020 年中国消除了绝对贫困，后续的主要任务是解决相对贫困问题，并逐步实现残疾人口的共同富裕，共享社会发展成果。基于可行能力视角，实现江苏省农村残疾人口共同富裕的长效机制与具体政策空间安排，原则上主要体现为加快推进农村地区基本公共服务均等化。农村相对贫困不仅是多维贫困，更重要的是基本公共服务不足的发展型贫困，是实现人的全面发展的机会、能力和动力不足的发展型贫困。基本公共服务作为一项基本权利，是构筑发展机会的关键，也是形成发展能力的基础，可以说基本公共服务是构筑发展机会、形成发展能力和激发发展动力的关键因素。因此，加快推进农村地区基本公共服务均等化，是帮助农村残疾人

口返贫阻断并逐步实现共同富裕的最重要的关键措施。

1. 持续完善农村残疾人口公共服务体系

在技术操作层面上，应改变原有基本公共服务提供思路，由政府的单一财政投入增长模式转向提高弱势群体获取各种基本公共服务权利的模式，即要保证农村残疾人口有条件享受到在数量和质量上与其他城乡居民大体均等的基本公共服务的权利，包括政府提供的义务教育、医疗救助和社会保障等基本公共服务。我国基本公共服务均等化进程扩面的目标已经实现，未来的重点是提高基本公共服务的标准，持续完善农村残疾人口公共服务体系，当然这需要坚实的财政支出实力。这就需要从宏观层面回到经济增长上来，在经济增长中才能达成共同富裕的根本目标。经济增长是一个大的领域，可用的政策工具非常多。比如，坚持转换增长新动能，以创新驱动保持经济中高速增长态势，增强国民经济综合实力，夯实财政增收基础；同步推进城镇化与逆城镇化，在城乡双向发展进程中，提高居民收入水平和社会福利水平；等等。

2. 融合教育是农村残疾人口阻断贫困代际传递、实现共同富裕的根本途径

在最重要的受教育权利层面，政府可以持续加大对农村地区职业技术学校和特殊教育学校的教育投入，发展融合教育，同时，优化农村学校布局和教育体系，配备足够的师资，并提高农村地区教师待遇，确保农村残疾人口都有机会和权利接受适合自身能力的以及提升能力需要的高质量的学历教育和技能培训等非学历教育，通过融合教育提高农村残疾人口的就业、健康等可行能力。

3. 完善就业政策支持体系，推进农村残疾人口支持性就业

农村残疾人口返贫阻断和实现共同富裕的根本出路还是要实现充分就业，收入提高了，各种能力也就相应提升了。推动就业是一个系统工程，提升农村残疾人口支持性就业就更为艰难。具体来说，一是可以加强对农村残疾人口的职业教育和就业技能培训，二是要完善财政、金融、社会支持等各种政策支持体系，三是可以借助社会力量积极创造适合残疾人从事的就业岗位，比如积极融入互联网经济，甚至可以融入数字经济等新型业态，拥抱新的就业模式，创造更多的就业岗位。

4. 完善社保体系，加大社会救济力度，提升农村残疾人口的抗风险能力

目前我国城乡二元经济特征仍然很显著，农村居民享受到的各项社会保障水平仍然远远低于城镇人口。虽然残疾人口可以享受残疾补贴，但农村残疾人口享受的托底残疾人生活补贴和重度残疾人护理补贴标准非常低，只能缓解残疾人口的生活压力。未来要切实提高农村人口的社会保障水平，对于农村残疾人口更应该给予更多的照顾。

5. 健全多层次医疗保障和康复体系

康复和复健是提升残疾人口生活质量和幸福度的必要保证，应进一步加大投入，一方面是保证农村残疾人口不能因病致贫、因残致贫，另一方面要增加残疾人康复机构建设和投入，满足残疾人口康复和复健的需要。

6. 积极推进农村无障碍环境建设

目前，城镇的无障碍环境建设得到了一定的重视，盲道和信息化等无障碍设施建设已经基本普及，但是在广大农村，无障碍环境建设还处于比较落后的状态，农村残疾人口出行非常困难，生活质量和就业都受到了很大限制。应大力加强农村无障碍环境建设，包括推进农村残疾人家庭无障碍改造工作，提升社会公共环境中的无障碍设施水准。例如，提升通信交流手段等信息化建设水平，大力推广手语、字幕和语音、盲文，以及具有高科技含量的通信与网络等平台，为残疾人的学习、工作和生活提供交流便利。

参考文献

［1］阿马蒂亚·森. 以自由看待发展［M］. 任赜，于真，译. 北京：中国人民大学出版社，2002.

［2］陈云凡. 残疾人就业政策保障机制优化探讨［J］. 残疾人研究，2015（1）：51-54.

［3］冯敏良，高扬. 残疾人就业能力理论及其政策演进［J］. 残疾人研究，2016（4）：7-11.

［4］华学成，许加明. 阿马蒂亚·森的自由发展观对中国农村反贫困的启示［J］. 学海，2017（5）：220-224.

［5］胡志平. 基本公共服务、脱贫内生动力与农村相对贫困治理［J］. 求索，2021（11）：146-155.

［6］李强. 相对贫困与绝对贫困［J］. 中国社会工作，1996（5）：18-19.

［7］马俊丽，何爱霞. 可行能力视角下继续教育阻断农村残疾人贫困代际传递的作用机理与推进方略［J］. 中国职业技术教育，2021（9）：31-38.

［8］王小林. 贫困测量：理论与方法：第二版［M］. 北京：社会科学文献出版社，2017.

［9］杨琳琳. 可行能力视角下残疾人就业的实现困境与完善路径［J］. 残疾人研究，2016（4）：12-17.

［10］易艳阳. 资源禀赋、可行能力与残障青年创业支持——基于 Z 市典型案例的分析［J］. 社会科学辑刊，2020（2）：87-94.

［11］岳映平，贺立龙. 精准扶贫的一个学术史脚角：阿马蒂亚·森的贫困观［J］. 经济问题，2016（12）：17-20，56.

［12］张蕾，孙计领，崔牛牛. 加强残疾人健康扶贫与乡村振兴衔接融合的对策研究［J］. 人口与发展，2021（5）：121-129.

乡村振兴战略背景下江苏农村
社区治理现状调查报告

涂平荣[*]

内容摘要：本次调查主要通过网络问卷调查研究方法，以具有江苏农村社区生活或工作经历的人员为调研对象，本次调查共有353位调研对象认真填写了网络问卷，有效问卷率为100%。调查数据显示，乡村振兴背景下江苏农村社区治理已取得一些可喜的成绩，如本次调查活动中调查对象对所在社区的评价中选择了"提供防疫服务"的占83%，表明农村社区在为居民提供防疫服务中深得人心，作用显著；此外，农村社区在提供社区公共服务、解决一些社区纠纷，提供环境整治、安全教育等服务的作用也很明显；在提供社区医疗服务、提供社区就业、农业生产指导等方面也发挥了一定的作用。但也存在调研对象对农村社区工作的总体评价不高、社区公共服务供给面临的困境犹存、社区民主状况依然堪忧等现实问题。上述问题的产生既有客观层面的因素，也有主观方面的原因，具体表现为农村社区治理制度不完善、社区管理者与参与者的自身素质不高；农村社区经济发展水平不高、社区居民行使民主的时间成本较高；社区居民行使民主的制度不完善，社区居民行使民主的能力有限。针对这些问题，综合本次问卷调查数据与已有研究成果，课题组研究提出了以下对策和建议，即创新宣传教育形式，加强社区治理政策制度的宣传教育力度与广度；建立健全农村社区治理制度并强化其执行力度，切实保障社区居民基本公共服务与民主权利；加快农村社区居民基本社会公共服务与民主权利保障体系建设，加强农村社区居民的教育与管理。

---

* 涂平荣，男，南京特殊教育师范学院教授，博士，硕士生导师，江苏省决策咨询重点研究基地——江苏共享发展研究中心方向带头人；研究领域为伦理学与公共事业管理。

关键词：乡村振兴战略；江苏农村；社区治理

一、调查目的与对象

（一）调查目的

为全面深入了解乡村振兴背景下江苏农村社区治理存在的问题，更好地推进农村社区治理体系与治理能力现代化，由南京特殊教育师范学院涂平荣教授主持的江苏省社科应用研究精品工程项目：乡村振兴背景下江苏农村社区治理问题研究（编号：21SYB-032）课题组设计了网络问卷（问卷星），对江苏农村社区治理问题进行了网络问卷调查。通过网络问卷调查和线上访谈等方式，全方位、多渠道摸清江苏农村社区治理实况，系统梳理成功的经验与存在的问题，全面掌握江苏农村社区工作人员与村民的真情实感及改进意见，为提升江苏农村社区治理能力与治理体系提供决策依据与路径选择。同时，以调查数据为依据，客观全面分析影响和制约江苏农村社区治理能力与治理体系现代化的各种因素，在综合各种文献的基础上，从制度层面和技术层面，切实探寻推进江苏农村社区治理能力与治理体系现代化的切实可行路径，打造推进江苏农村社区治理的"江苏样板"与"江苏方案"。

（二）调查对象

本次调查对象为具有江苏农村社区生活或工作经历的人员，共收到有效问卷353份。调查对象的基本情况具体如下：

（1）性别结构：本次调查对象中男性占17.85%，女性占82.15%。

（2）年龄结构：本次调查对象中20岁以下占79.04%，21~40岁占20.11%，41~60岁占0.85%，无60岁以上人员。

（3）所受教育程度：本次调查对象中小学学历占0.28%，高中学历占3.97%，大专及以上学历占95.75%。

（4）所从事的工作：本次调查对象中党政机关工作人员占0.28%，企事业单位职工占 0.57%，个体私营业主占 0.57%，大中专院校学生占 58.64%，农民占 0.57%，自由职业者占 0.57%，其他占 38.81%。

二、调查方法与步骤

（一）调查方法

1. 问卷法

受新冠疫情影响与经费、时间等因素制约，大面积、大范围地实地发放问卷与当面访谈存在困难，新冠疫情风险大，防疫成本高，本次问卷调查以网络问卷为主，经过课题负责人精心谋划，课题组成员充分利用了各自的资源，除了自身亲力亲为之外，还委托亲朋好友与学生将网络问卷链接直接发送给各自熟悉的在江苏农村社区生活与工作的人员填写，保证了调查对象的真实性与有效性。本次调查在课题组骨干成员的协调与努力下，有效问卷 353 份，有效问卷率为 100%。

2. 调查步骤

首先是依据研究内容设置网络调查问卷，课题组成员充分利用了地缘优势与人脉资源，把问卷星通过微信与 QQ 发送到熟人与朋友的微信群或 QQ 群，让那些具有江苏农村社区生活或工作经历的人员填写问卷；问卷星发布两个月后，开展统计问卷星相关数据的工作，撰写调查报告。

三、调查内容的数据分析

（一）关于调查对象对所在社区的总体评价的数据分析

本次调查数据表明，调查对象对所在社区治理参与度偏低，选择"不了解，不关心"的占 17%，所占比重也位居第二；选择"偶尔参与社区治理"的占 15.3%；选择"有一点了解"的占 60.34%，占了绝大部分；选择"积极参与社区治理"的仅占 7.37%。

（二）关于调查对象对所在社区建设为自身带来的便利的数据分析

本次调查对象中选择"提供防疫服务"的占 83%，表明农村社区在提供防疫抗疫服务中深得人心，作用显著；选择"提供社区公共服务、解决一些社区纠纷"的占 74.22%，表明农村社区在提供公共服务、解决一些社区纠纷的作用也很大；选择"提供环境整治、安全教育等服务"的占 72.24%，表明农村社区在提供环境整治、安全教育等服务的作用也很大；选择"社区医疗"的占 58.07%，表明农村社区在提供社区医疗服务方面作用尚可；选择"提供社区就业、农业生产指导等"的占 46.74%，表明农村社区在提供社区就业、农业生产指导等方面的作用一般；选择"民主参与"的占 43.34%，表明农村社区居民的民主参与度不高；选择"其他"的占 16.71%，表明农村社区还有一些其他作用，需要进一步完善与发挥农村社区的作用。

（三）关于调查对象对所在社区环境卫生总体状况评价的数据分析

本次调查对象中选择"一般"的占 63.46%，这个比例较高，选择"差"的占 2.83%，选择"没有改善"的占 1.42%，这两个比例都很低。这几组数据表明，调查对象对所在社区环境卫生总体状况只能说是基本认可；选择"很好"的占 32.29%，这个比例相对不高，表明农村社区环境卫生状况还有待进一步提升，农村社区环境卫生工作仍需要重点跟进。

（四）关于调查对象对所在社区目前存在的环境卫生问题的数据分析

本次调查对象中选择了"生活垃圾"的占 76.2%，这个比例较高，表明农村社区环境卫生问题的主要源头在生活垃圾；选择"无"的占18.41%；选择"农业生产污染"的占17.85%；选择"工业生产污染"的占13.31%，这三个比例均较低，表明农村社区环境卫生问题的农业生产污染、工业生产污染源头虽然不多，但仍要注意，不可忽视。

（五）关于调查对象对当前农村社区存在环境问题原因的数据分析

本次调查对象中选择"环保意识薄弱"的占71.39%，选择"社区监管力度不够"的占61.47%；选择"宣传教育工作不到位"的占56.66%；选择"政策不完善"的占47.88%；选择"人员短缺"的占46.46%；选择"其他"的占12.46%。数据表明，当前农村社区环境问题产生的最主要原因：一是环保意识薄弱，二是社区监管力度不够，三是宣传教育工作不到位，四是人员短缺，五是其他。因此提高农村社区居民的环保意识形势紧迫、任务艰巨，加强农村社区环保的监管力度与宣传教育工作，补充农村社区环保工作人员也是解决当前农村社区环境问题的重要举措。

（六）关于调查对象对当前农村社区急缺设施的数据分析

本次调查对象中选择"图书馆"的占75.92%，选择"文化广场"的占58.92%；选择"居民活动室"的占49.86%；选择"社区医院"的占47.03%；选择"儿童活动"的占43.06%；选择"其他"的占13.31%。数据表明，当前农村社区最急缺的设施是图书馆，这个比例高达75.92%，然后依次是文化广场、居民活动室、社区医院、儿童活动，最后是其他。

（七）关于调查对象对所在社区工作重点的数据分析

本次调查对象中选择"养老服务"的占74.50%；选择"医疗服务"的占75.07%。两组数据表明，农村社区养老服务与医疗服务已经是农村社区工作的重中之重，是农村社区居民最关切的问题；选择"困难户、残疾人服务"的占67.71%，表明农村社区困难户、残疾人服务仍是社区的重点工作，弱势群体亟待关注、弱有所扶仍是农村社区民生之需；选择"学校教育"的占 58.64%，表明农村社区学校教育工作仍然是重头戏，58.64%的比例也不容忽视；选择"法律援助"的占 51.84%，表明农村社区法律纠纷依然形势严峻，居民的法律意识有所提升，51.84%的居民知道通过法律援助维权或解决法律纠纷；选择"就业技术培训"的占 41.93%，表明农村社区就业技术培训需求仍然比例不低，需要较多；选择"农业技术援助"的占 38.81%，表明农村社区就业技术培训需求仍然比例不低，需要较多的是农业技术；选择"其他"的占 11.05%，这个比例也不容忽视。

（八）关于调查对象对所在社区最喜欢的社区活动的数据分析

本次调查对象中选择"文艺活动"的占 75.92%，这个比例最高，表明农村社区居民对"文艺活动"需求与参与率较高，农村社区应作为工作重点，以满足社区居民需求；选择"技能培训"的占 46.74%，这个比例也不低，且与社区居民的劳动就业息息相关，属于民生问题；选择"竞赛游戏"的占 43.06%，这个比例也不低，属于社区居民的娱乐活动形式；选择"知识讲座"的占 33.43%，这个比例也不算低，属于社区居民的精神文化活动，对于提高社区居民的文化水平与丰富精神生活大有裨益；选择"其他"的占 16.71%，这个比例也不容忽视，农村社区还是应尽可能地开发与组织一些形式新颖，为社区居民喜闻乐见的社区文化体育活动。

（九）关于调查对象对当前社区中存在的最主要问题的数据分析

本次调查对象中选择"公共活动场所和公益设施不健全"的占 58.07%，比例最高，表明农村社区公共服务基础设施仍然是短板，不能满足社区基本公共服务需求；选择"社区服务不全面，服务质量不高"的占 56.94%；选择"居民观念未改变，参与度不高"的占 54.96%，这两个比例也比较高，表明"社区服务不全面，服务质量不高""居民观念未改变，参与度不高"等也是农村社区的主要问题；选择"社区公共设施缺乏维护和更新"的占 49.58%，选择"社区经济发展水平低"的占47.31%，这两组数据也表明"社区公共设施缺乏维护和更新"与"社区经济发展水平低"问题也比较严重；选择"社区环境未得到根本改善"的占34.84%，说明农村社区环境问题也不可忽视；选择"其他"的占11.9%。

（十）关于调查对象对所在社区内的一般事务由谁来决定的数据分析

本次调查对象中选择"社区委员会"的占70.82%，比例最高，表明绝大多数农村社区的一般事务由社区委员会决定；选择"乡（镇）政府"的占40.79%，比例次之，表明四成的农村社区的一般事务由乡（镇）政府决定；选择了"原村委会成员"的占36.26%，比例位居第三，表明三成以上的农村社区的一般事务仍然由原村委会成员决定；选择"其他"的占1.42%。

（十一）关于调查对象对所在社区民主状况的数据分析

本次调查对象中选择"只关心社区的一些重要事项"的占31.16%，这个比例是最高的，表明调查对象的民主参与度不高；选择"不了解"的占21.53%，表明调查对象不关心本社区的民主状况或是社区工作人员相关工作宣传不到位；选择"一般都是村委会直接做决定"的占18.98%；上述数据表明调查对象所在社区民主状况不佳，实际上选择"居民对社区事务积极发表意见建议"的也仅仅占28.33%。

（十二）关于调查对象对所在社区民主不高的可能原因的数据分析

本次调查对象中选择"居民无暇顾及社区事务"的占33.99%，比例最高，成为调查对象所在社区民主不高的最主要原因；选择"民主过程历时较长，降低办事效率"的占28.61%，比例次之，成为调查对象所在社区民主不高的次要原因；选择"社区内治理状况未改变"的占20.68%，也是调查对象所在社区民主不高的原因之一；选择"居民文化素质低，参与不了"的占8.78%，选择"与我无关"的占 7.93%，这两组数据比例虽不高，但农村社区居民无能力行使民主与不愿意行使民主的情况也不容忽视。

（十三）关于调查对象对所在社区委员会是否做到了事务公开、政务公开的数据分析

本次调查对象中选择"是，及时向居民公开"的占 53.82%；选择"否，不会主动公开"的占 8.22%，这个比例虽然不高，但表明农村社区事务未公开、政务未公开现象仍然存在；选择"偶尔会"的占 18.7%，表明少数农村社区事务公开、政务公开不彻底；选择"不了解"的占 19.26%，表明仍有少数农村社区居民对事务公开、政务公开不知悉。

（十四）关于调查对象对所在社区民主效果的数据分析

本次调查对象中选择"一般，一些情况下会"的占 56.66%，表明农村社区实施民主、尊重民意的比重还不够高；选择"很好，决策充分考虑民意"的仅占 33.43%，表明农村社区的民主程度与认可度还不够高；选择"决策毫无体现，只是形式"的占 5.1%，选择"较差"的占 4.82%，这两组数据的比例虽然很低，但也不能忽视。

（十五）关于调查对象对所在社区工作存在问题的主要原因的数据分析

本次调查对象中选择"政策不完善"的占 59.21%；选择"社区居民参与不够"的占 58.36%；选择"资金不足"的占 55.81%；选择"无效管理"的占 51.27%；选择"居委会成员素质有待提高"的占 49.01%，这几组数据比例相差不大，表明均是主要原因，要引起高度重视。选择"其他"的占 9.35%，比例虽不高，但也不容忽视。

（十六） 关于调查对象认为加强农村社区治理的主要措施的数据分析

本次调查对象中选择"加强基础设施建设，完善服务体系"的占79.04%；选择"完善农村社区治理机制，提高治理能力"的占76.49%；选择"提高社区村民素质，积极参与社区治理"的占71.95%；选择"拓展农村产业发展模式，实现集体经济增收"的占66.29%；表明上述措施大多数农村社区居民基本认可，符合当下推进江苏农村社区治理能力与治理体系现代化的发展诉求与发展方向。选择"其他（可补充）"的占10.48%，这个比例虽然不高，但表明加强农村社区治理的主要措施仍然需要继续完善。

四、调查中发现的主要问题

（一） 当前江苏农村社区工作的总体评价不高

通过对调查问卷的数据分析，发现当前江苏农村社区的总体评价不高，具体表现如下：

第一，在对当前江苏农村社区的总体评价的问卷中，调查数据表明调查对象对所在社区居民社区治理的参与度偏低，选择"不了解，不关心"的占17%，所占比重位居第二；选择"偶尔参与社区治理"的占15.3%；选择"有一点了解"的占60.34%，占了绝大部分，说明农村社区治理工作宣传不到位、措施不得力；选择"积极参与社区治理"的仅占7.37%。

第二，在对社区环境卫生问题的总体评价中，本次调查对象中选择"一般"的占63.46%，这个比例较高，表明调查对象对所在社区环境卫生总体状况只能说是基本认可的；选择"很好"的仅占32.29%，这个比例不高，表明当前江苏农村社区环境卫生工作力度、广度与深度均不够，完全认可的人数不多。

第三，在调查当前农村社区急缺哪些设施的数据中，选择"图书馆"的占

75.92%，选择"文化广场"的占 58.92%；选择"居民活动室"的占 49.86%；选择"社区医院"的占 47.03%；选择"儿童活动"的占 43.06%。数据表明当前农村社区最急缺的设施是图书馆，这个比例高达 75.92%，其他如文化广场、居民活动室、社区医院、儿童活动室等设施也急缺，且占比均在 43.06% 以上，这些数据从侧面反映出当前江苏农村社区基本公共设施与场所还缺乏，远不能满足社区居民的公共服务需要，特别是优质基本公共服务的需求，也影响到社区居民的生活。

（二）当前江苏农村社区公共服务供给面临的困境犹存

第一，公共活动场所和公益设施不健全。在关于调查对象对当前社区中存在的最主要问题是什么的数据中，本次调查对象中选择"公共活动场所和公益设施不健全"的占 58.07%，比例最高，说明农村社区提供基本公共服务的基础设施仍然是短板，仍然不能满足社区基本公共服务需求，制约着社区公共事业发展，影响了居民享受的基本公共服务的数量与质量。

第二，社区服务不全面，服务质量不高。在关于调查对象对当前社区中存在的最主要问题是什么的数据中，本次调查对象中选择"社区服务不全面，服务质量不高"的占 56.94%，这个比例也比较高，表明"社区服务不全面，服务质量不高"也是农村社区存在的主要问题，如社区基本公共服务的范围不广、幅度不大、力度不够、对象不全、内容不细、质量不高。

第三，居民观念未改变，社区治理参与度不高。在关于调查对象对当前社区中存在的最主要问题是什么的数据中，本次调查对象中选择"居民观念未改变，参与度不高"的占 54.96%，这个比例也比较高，表明"居民观念未改变，参与度不高"等也是当前农村社区的主要问题，如社区居民仍然思想保守，墨守成规，抱着"事不关己，高高挂起"的心态，社区活动不愿参加，不会参加（能力不足），或不屑于参加，甚至对自己不利的活动不仅不参加还要反对，给社区治理制造障碍或麻烦。

第四，社区公共设施缺乏维护和更新。在关于调查对象对当前社区中存在的最主要问题是什么的数据中，本次调查对象中选择"社区公共设施缺乏维护和更新"的占 49.58%，这个比例也比较高，表明"社区公共设施缺乏维护和更新"等也是当前农村社区治理的主要困境，如社区的公共道路、垃圾装置设施、宣传窗、公共娱乐设施等缺乏保养、维护，损坏了也不能及时更新，影响了居民对社区基本公共设施的使用。

第五，社区生活垃圾问题令人担忧。在关于调查对象对当前社区中存在的最主要问题是什么的数据中，本次调查对象中选择"社区环境未得到根本改善"的占 34.84%，说明农村社区环境问题也不可忽视。特别是在问及社区目前主要存在哪些环境卫生问题的数据中，本次调查对象中选择"生活垃圾"的占 76.2%，这个比例非常高，表明农村社区环境卫生问题的主要源头在生活垃圾；选择"无"的仅占 18.41%。数据表明农村社区环境卫生状况还有待进一步提升，农村社区环境卫生工作仍需要重点跟进。

（三） 当前江苏农村社区民主状况依然堪忧

第一，在对所在社区内的一般事务由谁来决定的调查数据中：本次调查对象中选择"乡（镇）政府"的占 40.79%，比例位居第二，数据显示四成的农村社区的一般事务由乡（镇）政府决定；选择"原村委会成员"的占 36.26%，比例位居第三，数据显示三成以上的农村社区的一般事务仍然由原村委会成员决定。选择"其他"的占 1.42%。社区自治或社区居民参与社区治理的比重较低。

第二，在关于调查对象对所在社区民主状况如何的数据中：本次调查对象中选择"只关心社区的一些重要事项"的占 31.16%，这个比例是最高的，这个数据显示调查对象的民主参与度不高；选择"不了解"的占 21.53%，数据显示调查对象不关心本社区的民主状况；选择"一般都是村委会直接做决定"的占 18.98%。上述数据显示调查对象所在社区民主状况不佳，实际上选择"居民对社区事务积极发表意见建议"的也仅仅占 28.33%。

第三，在关于调查对象对所在社区委员会是否做到了事务公开、政务公开的数据中：本次调查对象中选择"是，及时向居民公开"的占 53.82%；选择"否，不会主动公开"的占 8.22%，这个比例虽然不高，但数据表明农村社区事务未公开、政务未公开现象仍然存在；选择"偶尔会"的占 18.7%，表明少数农村社区事务公开、政务公开不彻底；选择"不了解"的占 19.26%，表明仍有少数农村社区居民对事务公开、政务公开不知悉。

第四，在关于调查对象对所在社区民主的效果如何的数据中：本次调查对象中选择"一般，一些情况下会"的占 56.66%，表明农村社区实施民主、尊重民意的比重还不够高；选择"很好，决策充分考虑民意"的仅占33.43%，表明农村社区的民主程度与认可度还不够高；选择"决策毫无体现，只是形式"的占5.1%，选择"较差"的占4.82%，这两组数据的比例虽然很低，但也不能忽视。

五、上述问题的主要成因分析

上述问题的产生既有客观层面的因素，也有主观方面的原因，具体表现为农村社区治理制度不完善，社区管理者与参与者的自身素质不高；农村社区经济发展水平不高，社区居民行使民主的时间成本较高；社区居民行使民主的制度不完善，社区居民行使民主的能力有限。详情如下：

（一）当前江苏农村社区工作的总体评价不高的成因分析

1. 农村社区治理制度不完善

近年来，国家关于农村社区治理的政策制度较多，但在执行的过程中也存在一定的难度，如在关于调查对象对所在社区工作存在问题的主要原因是什么的数据中：本次调查对象中选择"政策不完善"的占59.21%，居成因之首，政策制度不完善，影响了社区居民对社区工作的好评指数；选择"资金不足"的占55.81%，说明蛋糕还不够大，不能较好地满足社区公共服务的基本需求；选择"无效管理"的占51.27%；选择"社区监管力度不够"的占61.47%。这些数据均可从侧面说明当前农村社区治理的政策制度还存在漏洞，存在管理不力或过度管理。

2. 社区管理者与参与者的自身素质不高

近年来，国家对农村社区治理人员配备有所增加，但工作人员缺乏培训，工作方式方法与能力也有待提升，且配置数量也不足，同时农村社区居民自身素质也不高，参与社区治理的观念与能力等均不足，当社区工作危害到自身利益时，不少居民不会顾全大局，难免会对社区工作人员做出不公正的负面评价。如在关于调查对象对所在社区工作存在问题的主要原因是什么的数据中：本次调查对象中选择"社区居民参与不够"的占58.36%；选择"居委会成员素质有待提高"

的占 49.01%，这几组数据比例较大，表明均是主要原因。

（二）当前江苏农村社区公共服务供给面临的困境的成因分析

1. 农村社区经济发展水平不高

经济基础决定上层建筑，近年来国家对农村社区的公共投入有所增加，但仍存在"僧多粥少"的现象，难以满足农村社区日益增长的对美好、高质量公共服务的需求，加上农村社区经济发展水平不高，也没有足够的资金投入本社区的公共服务设施的更新与添置，以及工作人员足额配备与业务能力培训提升等。在关于调查对象对当前社区中存在的最主要问题是什么的数据中，本次调查对象中选择"社区经济发展水平低"的占 47.31%，选择"资金不足"的占 55.81%，这两组数据均从侧面显示"社区经济发展水平低"是造成当前农村社区治理的困境的成因之一，毕竟社区的经济发展是社区发展之基，更是社区治理能力提升与治理现代化的基础，只有社区的经济水平提升了，社区居民的生活水平才能相应提升，社区的公共设施才有足够的资金去维护、更新或添置。

2. 社区管理者与参与者的自身素质不高

在关于调查对象对当前农村社区存在环境问题的原因是什么的数据中：本次调查对象中选择"环保意识薄弱"的占 71.39%，选择"社区监管力度不够"的占 61.47%；选择"宣传教育工作不到位"的占 56.66%；选择"人员短缺"的占 46.46%。选择"其他"的占 12.46%。数据表明当前农村社区环境问题产生的最主要的原因：一是环保意识薄弱，二是社区监管力度不够，三是宣传教育工作不到位，四是人员短缺，五是其他。因此提高农村社区居民的环保意识形势紧迫、任务艰巨，加强农村社区环保的监管力度与宣传教育工作，补充农村社区环保工作人员也是解决当前农村社区环境问题的重要举措。

（三）当前江苏农村社区民主状况依然堪忧的成因分析

1. 社区居民行使民主的时间成本较高

本次调查对象中选择"居民无暇顾及社区事务"的占 33.99%，比例最高，成为调查对象所在社区民主不高最主要的原因。在关于调查对象对所在社区民主状况如何的数据中：本次调查对象中选择"只关心社区的一些重要事项"的占31.16%，比例也是最高的。

2. 社区居民行使民主的制度不完善

本次调查对象中选择"民主过程历时较长，降低办事效率"的占28.61%，成为调查对象所在社区民主不高的次要原因；选择"社区内治理状况未改变"的占20.68%，也是调查对象所在社区民主不高的原因之一。在对所在社区内的一般事务由谁来决定的调查数据中：本次调查对象中选择"乡（镇）政府"的占40.79%，比例位居第二，数据显示超四成的农村社区的一般事务由乡（镇）政府决定，这就一定程度上剥夺了农村社区居民的自治权。

3. 社区居民行使民主的能力有限

在社区民主的实施效果如何调查数据中，选择"不了解"的占21.53%，这个数据一定程度上也可反映出社区居民对民主的认知能力有限；在关于调查对象对所在社区如果民主不高可能原因是什么的数据中，本次调查对象中选择"居民文化素质低，参与不了"的占8.78%，选择"与我无关"的占7.93%，这两组数据比例虽不高，但农村社区居民无能力行使民主与不愿意行使民主的情况也不容忽视。

六、应对上述问题的对策与建议

乡村振兴背景下江苏农村社区治理已取得一些可喜的成绩，如本次调查活动中调查对象对所在社区的评价中选择了"提供防疫服务"的占83%，表明农村社区在为居民提供防疫抗疫服务中深得人心，作用显著；选择"提供社区公共服务、解决一些社区纠纷"的占74.22%，表明农村社区在提供公共服务、解决一些社区纠纷方面的作用也很大；选择"提供环境整治、安全教育等服务"的占72.24%，表明农村社区在提供环境整治、安全教育等服务的作用也很明显；选择"社区医疗"的占58.07%，表明农村社区在提供社区医疗服务的作用尚可；选择"提供社区就业、农业生产指导等"的占46.74%，表明农村社区在提供社区就业、农业生产指导等方面也发挥了一定的作用；选择"民主参与"的占43.34%，表明农村社区居民的民主参与度也有四成以上，对社区民主建设也有一定的作用。但由于主客观等原因，也存在当前江苏农村社区工作的总体评价不高、公共服务供给面临的困境犹存、民主状况依然堪忧等现实问题，针对这些问题，综合本次问卷调查数据与已有研究成果，提出以下对策和建议：

（一）创新宣传教育形式，加强社区治理政策制度的宣传教育力度与广度

1. 切合农村社区实际，创新农村社区政策制度的宣传教育形式

农村社区居民生活在农村，但昔日的村委会已成社区居委会，农民已成社区居民，一定程度上还具有农村村民与城市居民的双重特征。农村社区政策制度宣传教育形式要切合农村社区的特点与实际，有针对性、有目的性地开展相关的宣传教育工作。农村社区经济水平发展相对较低，交通相对落后，现场宣传教育的时间与经济运行成本也相对较高，而网络、广播、电视、微信、QQ 等多种媒介的宣传教育作用可跨越时空限制，有效降低宣传教育成本，有时还需要社区工作人员会点方言、懂点土话，这样对部分居民的宣传教育效果会好些，特别要采取农村社区居民喜闻乐见的多种形式，这样才能取得更好的效果。

2. 加大力度与强度，全方位多渠道宣传农村社区治理层面的政策制度

针对问卷中显示的不少农村社区居民对自身权益相关的政策制度不了解、不知道、不关心等问题，不会行使民主权利，也暴露了我们对农村社区治理层面的政策制度宣传教育的力度与广度不够，宣传教育对象的范围不广，因此，我们应该充分、广泛利用社区的公共场地、网络、广播、电视、报刊、微信、QQ 等多种媒介向农村社区居民多宣传，加大农村社区治理政策制度的宣传教育与贯彻落实力度，全方位、多渠道宣传农村社区治理层面的政策制度，同时大力宣传社区好人好事，弘扬互帮互助，努力营造社区良好的精神风貌与和谐的社区氛围。

（二）建立健全农村社区治理制度并强化其执行力度，切实保障社区居民基本公共服务与民主权利

1. 建立健全农村社区治理制度

当前农村社区治理问题较多，实效不佳与当前农村社区治理制度不完善也有很大关联。因此，建立健全农村社区治理制度势在必行。一是建立健全农村社区

党建制度，要充分发挥党建引领农村社区治理的功效，把党建工作层层落实到农村社区的各个环节，通过建立健全农村社区基层党建网格制度，建立"村下设党支部—党小组—党员中心户"三级党建网格制度，由党支部书记担任一级网格长，党小组长担任二级网格长，村民组内党员中心户党员为三级网格员，每个网格员联系服务 10~15 户农户，负责把党和国家的各项政策制度宣传教育、执行与督促到位到人，确保梯级传达，层层落实；二是切实完善农村社区干部管理制度，包含农村社区干部选拔任用制度、培训教育制度、激励制度、考核制度、淘汰制度；三是建立健全社区自治制度，特别建立社区重大事项广泛讨论、集体协商与共同决策制度，切实推进村民自治，全面推进村级民主选举、民主管理、民主决策、民族监督，为居民有效行使民主权利提供制度保障。

2. 加大农村社区治理政策制度的执行力度

当前农村社区治理与公共服务政策制度的执行力度不够、刚性不强，损害了农村社区居民的正当合法权利与利益。加上我国农村社区治理起步晚、居民多、事务杂、居民素质不高，特别是农村社区社会公共事业发展底子薄、基础差、起步晚，社区居民的权益保障面窄力弱、所能提供的基本公共服务数量有限、质量不高等客观因素，这些都严重制约了农村社区治理政策制度在农村社区的执行效果与落实程度。因此，加大农村社区治理政策制度的执行力度，切实保障农村社区居民的社会公共服务与民主权益势在必行。

农村社区基本公共服务与乡村振兴属于社会公共事业，是党委政府的基本工作职能，各级党委、政府应将农村社区公共事业发展与乡村振兴工作纳入当地基本公共服务与社会保障和优先发展的地位，并纳入当地年度工作计划与年终考核指标，依法依规加大农村社区公共事业发展与乡村振兴的人力物力投入，实现当地农村社区公共事业高质量发展与乡村振兴同步进行、协调发展，各级部门与社区工作人员要齐抓共管、协调推进，切实保障农村社区居民在基本公共服务与民主权益等方面的政策制度得以有效贯彻与全面落实。同时要组建一支专业化、职业化、人性化的农村社区服务工作与权益执法、监管工作队伍，去有效落实农村社区治理政策措施与有力保障农村社区居民的合法权益，尽心尽力服务好农村社区居民，以实际行动推动乡村振兴。

3. 切实保障农村社区居民的基本公共服务与民主权利

针对问卷中显示出的农村社区治理政策制度自身需要完善的问题，相关部门应全面谋划、精心布局，建长效机制、补眼前短板、兜基本底线，完善农村社区治理政策制度，切实提供社区基本公共服务，并优先、重点保障农村社区的残疾人等弱势群体基本生活需求与公共服务。同时要加大农村社区社会公共服务基础设施与人员投入，加快健全农村社区基本公共服务体系，加大对农村社区基础公共服务设施的维修、更新或添置力度，加大社区医疗、教育、就业、托养、无障碍设施、公共文体设施与活动、民主宣传、维权等事关农村社区切身生活需求与民生问题的制度性安排，尽量补上保障农村社区居民的社会公共服务与民主权利的短板，助推乡村全面振兴。

（三）加快农村社区居民基本社会公共服务与民主权利保障体系建设，加强农村社区居民的教育与管理

农村社区治理政策制度执行效果不佳，服务对象评价不高除了与当前农村社区居民基本社会公共服务与民主权利保障体系不完善有关，与服务对象——农村社区居民自身素质也有关联，因此，加快当前农村社区居民基本社会公共服务与民主权利保障体系建设，加强对农村社区居民的教育与管理也势在必行。

1. 加快农村社区居民基本社会公共服务与民主权利保障体系建设

首先，政府要加大对农村社区居民基本社会公共服务与民主权利保障的基础设施建设与资金投入，建立健全或增容扩量农村社区公共服务的专项资金与设施场所，扩大服务设置的类型与数量质量，提高公共服务档次，切实增加服务的范围与内容，为农村社区居民提供便捷优质的服务机构。

其次，各部门要统一认识，齐抓共管，积极配合，特别是社区工作人员要全力以赴、积极协调，全面推进各服务机构的精细化管理与优质化服务，建立健全农村社区公共事业发展、民主权利保障监管机制与工作绩效的考核及奖惩机制，通过制度设计见成效，通过民主治理见效益。

最后，要加大对农村社区工作人才的培养力度，努力建设一支德才兼备、廉洁奉公、敬业奉献的高素质管理队伍与一批无私奉献、充满爱心、精益求精的专业技术队伍从事农村社区治理工作与服务事业。鼓励各级各类服务机构培养、选拔、引进与使用一批又一批一专多能的农村社区工作业务骨干，并从生活上、工作上、政治上全面关心与爱护他们，切实提高他们的福利待遇，促进农村社区治理工作与服务体系建设持续、健康、有序发展。

2. 加强农村社区居民教育与管理

首先，要广泛宣传，积极引导，教育广大农村社区居民以主人翁的姿态，身体力行地关心关爱与支持社区公共事业发展，自觉维护、保护社区公共设施与环境卫生，自觉遵纪守法与行使民主权益，积极参与社区公益活动，特别是社区残疾人等弱势群体要勇敢地面对现实，抛弃自卑自孤、自怨自艾、自暴自弃等心理，树立自尊、自爱、自信、自立、自强等精神，主动融入社区，拥抱社会，在力所能及的范围内回报与奉献社区。

其次，大力宣传与弘扬社区先进事迹与模范行为，激励农村社区居民向成功人士、先进人物与典型事例看齐，帮助社区少数落后分子树立生活与事业发展目标，发扬乐观进取精神，不断超越自我，鼓励自尊自爱、自立自强，依据自身情况，积极投身社区公益事业与提升自身能力，争先创优，为家庭、为社区、为社会多做贡献。

最后，加强对农村社区居民的道德教育与法制教育，采用农村社区居民喜闻乐见的形式，通过鲜活的故事与典型事例，引导、教育与帮助农村社区居民树立正确的道德观与法制观，学会新时代中国特色社会主义道德常识与法律基础知识，特别是与自身相关的法律常识，学会运用法律武器，维护自身的合法权益，依法行使民主权利，从而也能从实施对象的角度提高农村社区治理政策制度贯彻落实的实效性。

［基金项目］本研究报告系 2021 年江苏省社科应用研究精品工程项目：乡村振兴背景下江苏农村社区治理问题研究（编号：21SYB-032）成果之一。

附录

乡村振兴背景下江苏农村社区治理状况调查问卷

1. 您的性别（　　）[单选题]

选项	小计	比例
A. 男	63	17.85%
B. 女	290	82.15%
本题有效填写人次	353	

2. 您的年龄（　　）[单选题]

选项	小计	比例
A. 0~20 岁	279	79.04%
B. 21~40 岁	71	20.11%
C. 41~60 岁	3	0.85%
D. 60 岁以上	0	0
本题有效填写人次	353	

3. 您所受教育程度（　　）[单选题]

选项	小计	比例
A. 小学	1	0.28%
B. 初中	0	0
C. 高中	14	3.97%
D. 大专及以上	338	95.75%
本题有效填写人次	353	

4. 您从事哪个方面的工作？（   ）［单选题］

选项	小计	比例
A. 党政机关工作人员	1	0.28%
B. 企事业单位职工	2	0.57%
C. 个体私营业主	2	0.57%
D. 大中专院校学生	207	58.64%
E. 农民	2	0.57%
F. 自由职业者	2	0.57%
G. 其他	137	38.81%
本题有效填写人次	353	

5. 您对所在社区的总体评价？（   ）［单选题］

选项	小计	比例
A. 不了解，不关心	60	17%
B. 有一点了解	213	60.34%
C. 偶尔参与社区治理	54	15.3%
D. 积极参与社区治理	26	7.37%
本题有效填写人次	353	

6. 您认为社区建设为您带来哪些便利？（   ）（可多选）［多选题］

选项	小计	比例
A. 提供社区公共服务、解决一些社区纠纷	262	74.22%
B. 提供防疫服务	293	83%
C. 提供环境整治、安全教育等服务	255	72.24%
D. 提供社区就业、农业生产指导等	165	46.74%
E. 社区医疗	205	58.07%

续表

选项	小计	比例
F. 民主参与	153	43.34%
G. 其他	59	16.71%
本题有效填写人次	353	

7. 您感觉所在社区环境卫生总体状况如何？（　　）［单选题］

选项	小计	比例
A. 很好	114	32.29%
B. 一般	224	63.46%
C. 差	10	2.83%
D. 没有改善	5	1.42%
本题有效写人次	353	

8. 您认为社区目前主要存在哪些环境卫生问题？（　　）［多选题］

选项	小计	比例
A. 工业生产污染	47	13.31%
B. 农业生产污染	63	17.85%
C. 生活垃圾	269	76.2%
D. 无	65	18.41%
本题有效填写人次	353	

9. 您认为当前农村社区存在问题的原因是什么？（　　）（可多选）［多选题］

选项	小计	比例
A. 环保意识薄弱	252	71.39%
B. 宣传教育工作不到位	200	56.66%
C. 社区监管力度不够	217	61.47%

续表

选项	小计	比例
D. 政策不完善	169	47.88%
E. 人员短缺	164	46.46%
F. 其他	44	12.46%
本题有效填写人次	353	

10. 您认为社区急缺哪些设施?（ ）（可多选）［多选题］

选项	小计	比例
A. 居民活动室	176	49.86%
B. 图书馆	268	75.92%
C. 文化广场	208	58.92%
D. 社区医院	166	47.03%
E. 儿童活动	152	43.06%
F. 其他	47	13.31%
本题有效填写人次	353	

11. 您认为社区工作的重点是哪些?（ ）（可多选）［多选题］

选项	小计	比例
A. 学校教育	207	58.64%
B. 养老服务	263	74.50%
C. 医疗服务	265	75.07%
D. 农业技术援助	137	38.81%
E. 法律援助	183	51.84%
F. 就业技术培训	148	41.93%
G. 困难户、残疾人服务	239	67.71%
H. 其他	39	11.05%
本题有效填写人次	353	

12. 您最喜欢的社区活动是（　　）（可多选）［多选题］

选项	小计	比例
A. 文艺活动	268	75.92%
B. 知识讲座	118	33.43%
C. 竞赛游戏	152	43.06%
D. 技能培训	165	46.74%
E. 其他	59	16.71%
本题有效填写人次	353	

13. 您认为当前社区中存在的最主要问题是什么？（　　）（可多选）［多选题］

选项	小计	比例
A. 社区服务不全面，服务质量不高	201	56.94%
B. 社区经济发展水平低	167	47.31%
C. 公共活动场所和公益设施不健全	205	58.07%
D. 社区公共设施缺乏维护和更新	175	49.58%
E. 社区环境未得到根本改善	123	34.84%
F. 居民观念未改变，参与度不高	194	54.96%
G. 其他	42	11.9%
本题有效填写人次	353	

14. 您所在社区内的一般事务由谁来决定？（　　）（可多选）［多选题］

选项	小计	比例
A. 原村委会成员	128	36.26%
B. 社区委员会	250	70.82%
C. 乡（镇）政府	144	40.79%
D. 其他	5	1.42%
本题有效填写人次	353	

15. 您所在社区民主状况如何? ( ) [单选题]

选项	小计	比例
A. 居民对社区事务积极发表意见建议	100	28.33%
B. 只关心社区的一些重要事项	110	31.16%
C. 一般都是村委会直接做决定	67	18.98%
D. 不了解	76	21.53%
本题有效填写人次	353	

16. 如果民主不高, 您认为可能是因为? ( ) [单选题]

选项	小计	比例
A. 居民无暇顾及社区事务	120	33.99%
B. 与我无关	28	7.93%
C. 社区内治理状况未改变	73	20.68%
D. 民主过程历时较长, 降低办事效率	101	28.61%
E. 居民文化素质低, 参与不了	31	8.78%
本题有效填写人次	353	

17. 社区委员会是否做到了事务公开、政务公开? ( ) [单选题]

选项	小计	比例
A. 是, 及时向居民公开	190	53.82%
B. 否, 不会主动公开	29	8.22%
C. 偶尔会	66	18.7%
D. 不了解	68	19.26%
本题有效填写人次	353	

18. 您所在的社区民主的成果如何？（　　）［单选题］

选项	小计	比例
A. 很好，决策充分考虑民意	118	33.43%
B. 一般，一些情况下会	200	56.66%
C. 较差	17	4.82%
D. 决策毫无体现，只是形式	18	5.1%
本题有效填写人次	353	

19. 您认为社区工作存在问题的主要原因是什么？（　　）（可多选）［多选题］

选项	小计	比例
A. 资金不足	197	55.81%
B. 无效管理	181	51.27%
C. 政策不完善	209	59.21%
D. 居委会成员素质有待提高	173	49.01%
E. 社区居民参与不够	206	58.36%
F. 其他	33	9.35%
本题有效填写人次	353	

20. 您认为加强农村社区治理的主要措施有哪些？（　　）（可多选）［多选题］

选项	小计	比例
A. 完善农村社区治理机制，提高治理能力	270	76.49%
B. 加强基础设施建设，完善服务体系	279	79.04%
C. 拓展农村产业发展模式，实现集体经济增收	234	66.29%

续表

选项	小计	比例
D. 提高社区村民素质，积极参与社区治理	254	71.95%
E. 其他（可补充）	37	10.48%
本题有效填写人次	353	

第四篇
无障碍环境建设与通用设计

包容性包装设计中盲文运用与无障碍功能优化

常晓茗　　郑昕怡*

内容摘要：结合 2021 年出台的国家标准，优化商品包装中盲文的使用和设计，提升商品无障碍功能属性。采用文献法梳理有关盲文运用的国家标准历史沿革，通过现实社会中对商品的实际个案访谈调研，对盲文在商品中的运用进行设计与应用分析。按照国家标准的要求进行分析、设计与展示包装上的盲文，通过对商品包容性设计理念、视力残疾人实际特点与需求，推广包装上的盲文设计，使其广泛应用于各类生活用品与商品。通过设计案例提出商品无障碍优化的策略，改善包装无障碍功能，突围式实现商品设计的人文属性与社会价值责任。通过对包装的进一步设计，将简短的指引性盲文与残健群体皆可扫描使用的二维码技术相结合。呼吁盲文在商品中广泛运用，潜移默化地实现残疾人特别是视力残疾者的权利推动，实现向全民推广与普及"平等、共享、发展"理念的真正传导，推动残疾人权利有效实现。

关键词：包容性设计；盲文；无障碍；功能优化

---

* 常晓茗，南京艺术学院博士在读，南京特殊教育师范学院管理学院副教授，江苏共享发展研究基地成员；主要研究领域为残疾人文化权利。郑昕怡，南京艺术学院副教授，博士在读，主要研究领域为产品开发设计与形态设计。

一、引言

中国残疾人联合会公布数据显示，2010 年末，全国有 1263 万视力残疾人，占全国残疾总人数的 14.85%①。视力残疾分为盲和低视力两大类，两者区别在于光感及视野半径的定残要求，其中盲人属于视力全功能丧失，其视力功能往往由听觉、触觉代偿。在书面文字使用中，盲文通过点字、凸点等形式，使盲人通过触感获得文字信息。在商品中通过凸点显示重要信息，是保证视力残疾人群获得商品知情权、消费知情权的重要手段之一，盲文在商品包装设计中得到重视及科学运用将高效提升商品设计的人文属性与包容性。

2021 年 3 月，由国家康复器械质量监督检验中心、中国残疾人辅助器具中心、中国盲人协会、盲文出版社起草，国家市场监督管理总局、国家标准化管理委员会发布了《无障碍设计 盲文在标志、设备和器具上的应用》（GB/T 39758—2021）国家标准，这是继 2018 年《包装 药品包装上的盲文》（GB/T 37105—2018）发布之后，第二个应用于盲文在日常物品标识及使用要求的国家标准。该标准规定了盲文在标志、设备和器具上应用的基本要求，包括盲文尺寸参数、使用的材料特性及实际应用指南。国家标准的发布与出台对商品包装设计中盲文的使用进行了有效的规范，对盲文在标志、设备、器具上的使用要求上也进行了科学规定，对于提升盲文高效实现触觉阅读、实现实物产品、商品包容性设计有着重要意义。

---

① 中国残疾人联合会.2010 年末全国残疾人总数及各类、不同残疾等级人数［EB/OL］. https：// www. cdpf. org. cn//zwgk/zccx/cjrgk/15e9ac67d7124f3fb4a23b7e2ac739aa. htm. 2021-02-20.

二、有关盲文运用的国家标准

（一）无障碍相关的国家标准

国家标准化管理委员会承担下达国家标准计划，批准发布国家标准，审议并发布标准化政策、管理制度、规划、公告等重要文件的职能。

在国家标准化管理委员会官方网站上显示无障碍相关国家标准共 11 条，其中 2008 年 7 月发布的 1 条标准已经废止，其余 10 条属于现行国家标准，其中的 GB/T 10001.9—2021 替代被废止的 GB/T 10001.9—2008。在无障碍相关的国家标准中，全部是推荐性国家标准，而非强制性国家标准，详情如表 1 所示。与商品设计紧密相关的国家标准包括：《包装　无障碍设计　一般要求》《无障碍设计　盲文在标志、设备和器具上的应用》《包装　无障碍设计　信息和标识》《包装　无障碍设计　易于开启》，这 4 条国家标准在 11 条国家标准中属于采标（国家标准采用国际标准的简称①）。

表 1　无障碍相关国家标准

序号	标准号	采标	标准名称	类别	状态	发布日期	实施日期
1	GB/T 40306—2021	是	包装　无障碍设计　易于开启	推标	现行	2021.5.21	2021.12.1
2	GB/T 40334—2021	是	包装　无障碍设计　信息和标识	推标	现行	2021.5.21	2021.12.1
3	GB/T 10001.9—2021	否	公共信息图形符号　第9部分：无障碍设施符号	推标	现行	2021.3.9	2021.10.1
4	GB/T 39758—2021	是	无障碍设计　盲文在标志、设备和器具上的应用	推标	现行	2021.3.9	2021.3.9
5	GB/T 37668—2019	否	信息技术　互联网内容无障碍可访问性技术要求与测试方法	推标	现行	2019.8.30	2020.3.1

---

① 国家标准化管理委员会. 国家标准采用国际标准工作指南（2020 年版）[J]. 轻工标准与质量, 2021（1）：12, 18.

续表

序号	标准号	采标	标准名称	类别	状态	发布日期	实施日期
6	GB/T 37434—2019	是	包装　无障碍设计　一般要求	推标	现行	2019. 5. 10	2019. 12. 1
7	GB/T 37333—2019	否	铁道客车及动车组无障碍设施通用技术条件	推标	现行	2019. 3. 25	2019. 7. 1
8	GB/T 33660—2017	否	城市公共交通设施无障碍设计指南	推标	现行	2017. 5. 12	2017. 12. 1
9	GB/T 32632.2—2016	否	信息无障碍　第2部分：通信终端设备无障碍设计原则	推标	现行	2016. 4. 25	2016. 12. 1
10	GB/T 31015—2014	否	公共信息导向系统　基于无障碍需求的设计与设置原则	推标	现行	2014. 9. 3	2015. 2. 1
11	GB/T 10001.9—2008	否	标志用公共信息图形符号　第9部分：无障碍设施符号	推标	废止	2008. 7. 16	2009. 1. 1

资料来源：国家标准化管理委员会国家标准全文公开系统（https：//openstd. Samr. gov. cn/bzgk/gb）。

（二）盲文运用相关的国家标准

截至 2021 年 8 月，国家标准化管理委员会官方网站上显示我国盲文相关国家标准共计 10 条，其中 3 条已经于 2000 年 10 月后由陆续发布的新的国家标准代替，其余 7 条皆为现行国家标准：包括《中国盲文》《中国盲文音乐符号》《盲文印刷纸》《中国盲文数学、物理、化学符号》《盲文写字板》《包装　药品包装上的盲文》以及与无障碍国家标准交叉的《无障碍设计　盲文在标志、设备和器具上的应用》。《包装　药品包装上的盲文》《无障碍设计　盲文在标志、设备和器具上的应用》两项国家标准为采标，如表 2 所示。

表 2　盲文相关国家标准

序号	标准号	采标	标准名称	类别	状态	发布日期	实施日期
1	GB/T 39758—2021	是	无障碍设计　盲文在标志、设备和器具上的应用（与表1第4项相同）	推标	现行	2021. 3. 9	2021. 3. 9

续表

序号	标准号	采标	标准名称	类别	状态	发布日期	实施日期
2	GB/T 39889—2021	否	盲文写字板	推标	现行	2021.3.9	2021.3.9
3	GB/T 37105—2018	是	包装 药品包装上的盲文	推标	现行	2018.12.28	2019.7.1
4	GB/T 18028—2010	否	中国盲文数学、物理、化学符号	推标	现行	2011.1.14	2011.5.1
5	GB/T 22826—2008	否	盲文印刷纸	推标	现行	2008.12.30	2009.9.1
6	GB/T 15720—2008	否	中国盲文	推标	现行	2008.9.19	2009.3.1
7	GB/T 16431—2008	否	中国盲文音乐符号	推标	现行	2008.9.19	2009.3.1
8	GB/T 18028—2000	否	中国盲文数学、物理、化学符号	推标	被代替	2000.4.5	2000.10.1
9	GB/T 16431—1996	否	中国盲文音乐符号	推标	被代替	1996.6.7	1996.12.1
10	GB/T 15720—1995	否	中国盲文	推标	被代替	1995.9.8	1996.3.1

资料来源：国家标准化管理委员会国家标准全文公开系统（https://openstd.Samr.gov.cn/bzgk/gb）。

盲文国家标准的发布，对于规范盲文使用与运用，特别是盲文的拼法规则，明确汉字与盲文之间的关系以及盲文在标志、设备和器具上应用的基本要求等重要方面做出了规定，使盲文使用与应用有了统一、可操作性、指导性的原则，也使得商品设计中盲文的运用有了非常重要的参考依据，防止出现在商品设计中盲文使用不规范给视力残疾使用者带来困扰以及由此引发无障碍功能失效等问题。

无障碍相关国家标准和盲文国家标准中所涉及的内容，在实际操作领域中都有可能会被应用于商品设计中，因此非常有必要对无障碍以及盲文的相关国家标准进行了解和强调，以期在未来的商品设计中对该问题加以重视。

三、盲文在包装中的设计应用

（一）盲文在包装与物品上的现实应用

现阶段我国实际使用物品中采用的盲文，最常见的是人民币纸币币面上的盲文，由于纸币材料的耐磨性使得纸币上的盲文能够在高流通水平上仍然保持触感和辨识度。我国在第四套人民币主币上开始加印盲文，这些小黑点错综排列，仔细触摸，可感觉微微凸起，视障人士通过触摸黑点多少及分布便可区分面值，如图1所示。从第四套人民币开始，"中国的货币上第一次有了盲文面额标识，这在当时世界各国的钞票设计中也不多见"[①]，后续我国纸钞上都使用了带黑点的盲文面额标识，这种面额识别与盲文点数对应，后来人民币上的盲文面额标识又经历了两次改进，将原来的面额标识的点进行了变形处理，如图2所示。

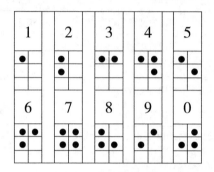

图1 盲文点数对照图

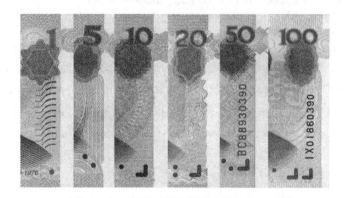

图2 人民币上的盲文

在我国药品包装中，已经出现了采用盲文的包装，还有一些随身的便携式药盒采用了盲文设计，帮助视力残疾人日常生活用药；在包括化妆品、洗发水、沐浴露、护肤品、护发素等日化包装中，也有盲文的使用；在食品包装中，盲文也

---

① 卢伯雄. 第四套人民币的七个首创 [J]. 东方收藏, 2018 (5): 99-101.

有应用，尤其是饮料包装，盲文在玻璃瓶、易拉罐等材质上都有采用；我国生产的一款传统口味汽水，在2011年更换包装后，其瓶身就有盲文标识，而且盲文标识的内容还是对视力残障人士的温馨提示，如图3所示。

图3　我国在售商品的盲文包装

外包装上的盲文展示，帮助视力残疾者充分参与社会，从一定程度上使残疾人与健全人能够平等享有社会发展的成果，也可以通过这种无障碍友好型包装设计、广大消费者群体的采购行为等活动将残健平等理念进行广泛传播，通过这种包装设计传递企业文化、彰显企业社会责任。盲文设计既呈现出传统产品更新换代、设计升级的匠心之处，也能体现产品面向消费者群体时的体贴周到，提升消费者的好感度。甚至海外部分知名商品采用通过含有盲文的产品外包装、盲人采购过程展示型广告，进一步提升产品话题热度与销售热度。这些国内在售的商品采用盲文设计，大部分是国内同类产品中的首创、独创及力作，甚至有的设计实现了该类产品外包装盲文从无到有的突破。

（二）盲文在商品包装应用中的缺陷

为了充分了解视力障碍者在实际生活中使用商品的主观体验，将视力障碍者作为盲文应用于商品包装设计的焦点用户，对五位视力障碍者进行了个案访谈，通过访谈提纲的内容了解现实生活中的实际感受，五位被访者基本情况如表3所示，访谈提纲如表4所示。访谈详情采用"被访者代码—问题编号"的方式备注呈现。

表3　被访者基本情况

编号	被访者代码	年龄	学历	视力障碍情况	居住区域	访谈方式	访谈详细程度
01	A	26	硕士在读	低视力	城市	电话	详细
02	B	22	硕士在读	全盲	城市	在线	详细
03	C	22	硕士在读	全盲	城市	在线	详细
04	D	21	本科	全盲	城市	在线	详细
05	E	25	大专	低视力	城市	在线	一般

注：编号表示访谈顺序。

表4　访谈提纲

问题编号	访谈提纲内容	问题指向
01	在生活中，食品、化妆品、药品等生活产品的包装中，是否遇到过盲文包装标识的商品，它们的品名是什么？	盲文包装广泛性
02	作为亲历者在购买商品、药品的主观体验是怎样的？	焦点用户体验
03	如果生病时用药，如何解决？	重点问题关注
04	对生活中的商品便利有何期待？	无障碍环境期待
05	其他补充性回答或弹性提问？	提纲外信息获取

根据访谈中被访者的信息反馈，发现盲文包装的应用，首先是盲文包装应用很少，在长期的购物活动中，几乎很少遇到盲文包装商品，不同城市区域的视力障碍者都不能便利地获得有盲文信息支持的商品，仅有的一两个产品是有盲文标识外包装的产品，在盲人群体中有比较广泛的使用。"目前接触过的是两个产品：生活中用的，一个是护肤品，品牌叫 VNN（品牌代称，非原品名），另一个是玻璃瓶装汽水，叫 BBY（品牌代称，非原品名）。"（A-01）"我觉得有盲文包装的商品的确挺少的，基本上没有遇到过。"（B-01）"我之前用过一个叫 VNN（品牌代称，与 A-01 指的为同一品牌）的国产护肤品品牌，他们家的商品包装上就印有盲文，其他的国内产品就没见到过盲文的了。但是我以前在超市看到一些进

口零食如巧克力印有盲文，不记得品牌了。"（C-01）"盲文外包装的产品，我貌似没遇到过，或者说是平时没注意到。"（E-01）其次是仅有的部分商品采用盲文包装，但盲文内容显示信息极其有限，大部分盲文显示以品名、数字为主。特别是对于药品通用名称、单次用量及最大用量、禁忌证、药品保存条件和期限等重要信息，不能通过进一步的设计提供给视力障碍用药需求者，而这些重要信息都是用药者必须在用药前掌握，如果一旦摄入药物有偏差，甚至会带来生命威胁。"我用过的药物，我没有印象哪个有过盲文包装，应该我用过的药都是没有的。"（B-02）"用药的话一般是问别人，独自用药的风险得自己承担，即便知道药名，说明书也读不了，或许拍照扫描转文字可以，但经常出错。就是可以用手机拍一下照片，然后用软件把文字识别出来，但是识别文字的这个过程会出错。"（B-03）"如果包装提供盲文会好一点儿，但盲文可能还不够，因为盲文能写的字数有限。"（E-03）"除了品名，盲文没有写别的，可能是因为盲文面积大、成本高吧。"（C-03）"买药的话，买其他东西也是一样的，就是问别人，确实采购的时候，自己单独去拿不能知道是什么，生产日期也不知道，都是问别人，确实有点需要麻烦别人。实在没办法就拍一下，用手机转换一下。"（A-02）药品包装采用盲文，对于视力残疾者用药安全具有非常重要的作用。因此在药品外包装信息上采用无障碍设计，不仅针对视力障碍者，还对视力水平下降的老年人有极大的帮助。

另外，盲文在包装中的标准化运用有待完善。国家标准 GB/T 39758—2021 在 2021 年 3 月推行，这意味着未来的盲文在无障碍设计中将会得到强有力的规范。"有盲文标示的商品确实比较少见，但我应该见过两三次吧。具体的品牌我也记不太清楚，但应该主要是药品上，好像食品包装上也有，我第一次见到有盲文包装的药品应该是个德国的药品。上面采用的是德国的盲文，德国盲文和我们的不同，我不认识。"（D-02）药品包装上采用盲文设计，国家标准已经先于《无障碍设计 盲文在标志、设备和器具上的应用》在 2018 年做出了规定，即 GB/T 37105—2018《包装 药品包装上的盲文》。但是现阶段药品包装设计中，盲文应用并不多见，部分应用盲文的药品，其盲文呈现的内容也不如一般文字详尽，这是未来药品包装设计中需要得到重视的一部分内容。

（三）盲文应用存在不足的成因

盲文在包装设计中存在缺陷，主要原因是广大商家在包装中加入或嵌入盲文提示，受于包装大小、材质的限制。完整翻译自汉语的盲文，点字所占的整体面积大于普通汉字所占的面积，因此包装设计中必须有效设计盲文点字所占空间和相应内容，这使得盲文运用在日常商品中受到一定限制，盲文版的完整说明书的内容长度和厚度也远高于原文字说明书，在包装中占据过多空间，在有限的包装上能完整体现内容，需要借助新的技术共同完成设计。盲文同现代互联网技术相结合能极大改善包装空间有限的情况下，盲文所述内容无法充分展示的问题，例如通过规范的盲文提示，指导视力障碍人士扫描商品包装上指定区域二维码，二维码是网站文字或添加语音信息技术手段，使得视力障碍人士通过盲文提示能便捷了解到产品二维码所处的位置，并进一步通过二维码了解商品详情，有效解决盲文对商品包装面积有要求的难题。

盲文在包装设计中存在缺陷，另一个原因是成本问题：一是广大商家受制于盲文知识的专业成本，二是更新包装设计的生产成本。中国现行盲文是由六个凸点作为基本结构，正确运用盲文需要经过专业的学习，将汉字材料翻译为盲文同样需要专业人士的智力支持。全国掌握盲文的专业人士数量有限，一般多为特殊学校的教师，厂商有时候也很难直接对接到盲文专业人士，盲文标识的内容编辑、合理设计受限。厂商进行包装设计时，如果没有强制性要求，很少会养成盲文标注的习惯，也因盲文的专业知识不易获取等原因，设计主体会放弃盲文嵌入，加之添加盲文将原有包装进行更新升级也会产生相应的成本，很多商家对盲文加入包装的热情度并不高。解决这一问题的关键在于降低盲文纳入包装的成本，便利地开展盲文与产品信息的合理融合，例如通过盲文专业人士翻译，制作出规范统一、用语简洁、设计规范、所占面积与商品包装相适配的盲文透明贴，盲文内容主要指导视力障碍者扫描二维码或者通过语音信息获得商品进一步详情，这种设计可以最大限度地减少原包装设计的变动，仅需批量制作盲文透明贴、产品详情二维码贴至商品包装合适之处，不影响原有包装信息的获取。

目前盲文在包装中的运用还存在材质限制的瓶颈问题，包装材质过硬过软都不利于盲文在包装上的设计与呈现，只有合适的硬度、耐磨损的材质才适合商品在流通环节中包装上的盲文信息能长久留存，在商品包装材质各异的情况下，这些局限可以通过盲文与现代信息技术、互联网技术相结合的方式去解决，这也将成为包装设计无障碍优化的一条现实路径。

四、包装设计中无障碍功能优化

(一) 标准化设计观念的渗入

学习"以高标准助力高技术创新，促进高水平开放，引领高质量发展"的重要指示精神，结合 2020 年版《国家标准采用国际标准工作指南》，在国家强调的重点支持领域的采标项目中瞄准国际标准提高水平，加快推进中国标准与国际标准之间的转化运用，做好国家标准采用国际标准的工作。2020 年版《国家标准采用国际标准工作指南》中特别强调了八大重点采标领域列入国家标准制修订计划，其中消费品涵盖纺织品、家用电器、照明电器、家具、服装鞋帽、化妆品和日用化学品、儿童用品等领域。这些领域与民众生活商品关系密切，在现阶段应广泛使用国家标准中规定的标准化盲文及其无障碍信息的规范设计。

目前，国家标准 GB/T 39758—2021《无障碍设计　盲文在标志、设备和器具上的应用》已经做出详细规定，要求"同时使用盲文及普通文字时，其可读性应互不影响。盲文应位于可以安全触摸的位置，如远离热源或尖锐的边缘。盲文表示的内容被修改时，应立即更新相应的盲文"，"盲文不应呈对角、弯曲或上下颠倒排列。一个或多个盲文方周围应留有空白区域"。盲文点横截面应为圆弧形，不应为平的或尖的，如图 4 所示。其中，底部直径 d 的参数尺寸为 1.0~1.7mm，盲文点中心垂直高度 h 的参数尺寸为 0.3~0.7mm。

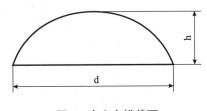

图 4　盲文点横截面

注：d——底部直径；h——盲文点中心垂直高度。

盲文点和盲文方的结构应符合图 5，a、b、p、q 的距离应满足表 5 的要求。

如使用，规格宜符合国家标准或地方标准；单个或多个盲文方四边应至少有 6 毫米空白区域，如图 6 所示；应使用空白区域防止阅读盲文时手指被突出物所干扰，如图 7 所示。

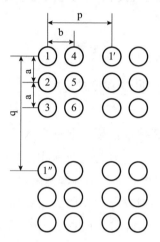

图 5　盲文点和盲文方的结构及距离

注：a——垂直点距（点 1 和点 2 之间距离）；b——水平点距（点 1 和点 4 之间距离）；p——方距（点 1 和点 1′之间距离）；q——行距（点 1 和点 1″之间距离）。

表 5　盲文点和盲文方之间的距离　　　　　　　　单位：mm

参数	描述	盲点之间的距离
a	垂直点距（点 1 和点 2 之间距离）	2.2~2.8
b	水平点距（点 1 和点 4 之间距离）	2.0~2.8
p	方距（点 1 和点 1′之间距离）	5.1~6.8
q	行距（点 1 和点 1″之间距离）	10.0~15.0

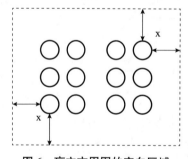

图 6　盲文方周围的空白区域

注：x——空白区域。

图 7　突出物妨碍手指阅读盲文示例

（二）包容性设计理念沉淀与技术代偿

包容性设计理念，一直以来倡导将设计与社会需求紧密连接，以应对老龄化、残疾和社会公平等问题[①]。设计中如何更好地实现包容性理念，一是有正确的社会发展意识，无障碍权利的获得是功能障碍者本身就应有的权利，而不是通过其他群体给予的权利，功能障碍者自身就拥有得到无障碍支持和环境友好的权利；二是产品设计的目标，是通过设计逐步降低使用者门槛而非提高使用者门槛，产品设计本身服务于人类群体，设计来源于生活和创意但最终服务于人，这是设计者的初衷，服务于人需要尽可能减少因设计造成的排斥和无意识偏见；三是通过其他的发展领域获得更全面的观念，例如性别意识主流化帮助人们更好地认知在更多的环境中注重性别平等，残障平等意识主流化也将帮助设计者们或者拥有设计领域话语权威的群体更广泛了解功能障碍人群的发展历程与实际需求。

技术代偿并非要求工业设计技术进行颠覆性革命，而是在原有传统产品基础上，进行设计微调、提档或升级，通过平等、融合等发展理念的输入，结合工业设计中包容性设计方式，实现商品"尊重人群的多样性，减少对弱势群体的歧视和排斥"[②]。包装中采用盲文设计，从技术代偿的成本上来说，具有便捷的特点，符合现代生活要求，和现有部分商品未采用盲文指引相比，外包装或说明书中采用盲文进行翻译，使视力残疾人群自主了解商品详情时不受人员导购条件限制、不受外出采购陪同条件状况限制，商品详细信息同时能够面向健全人群体和视力障碍群体，实现消费采购领域中的商品知情权的残健平等。

（三）提升盲文在包装中的艺术价值

盲文在包装设计中进行运用，重要的功能表现在对信息无障碍地传播，包括

① Clarkson P J, Coleman R. History of Inclusive Design in the UK [J]. Applied Ergonomics, 2015 (46)：235-247.

② 汪晓春，焉琛，陈睿博. 无障碍设计、通用设计与包容性设计的比较研究 [C] //中国设计理论与技术创新学术研讨会：第四届中国设计理论暨第四届全国"中国工匠"培育高端论坛论文集，2020（9）：116.

商品基本信息、重要提示与注意事项等内容，商品包装中采用盲文，不仅仅体现了盲文在商品包装上所呈现的使用属性和信息传播属性，更重要的是体现了人类平等这一基本社会价值观念，是对人类真善美本质的一种细腻展示，因此从宏观意义上来说，盲文在商品包装中本身就带有自身的广义美学属性。从设计角度来说，优秀的包容性设计应该具备实用功能、关怀属性以及吸引其他人士主动参与的特征，因此盲文在商品包装中的运用，既要注重标准化原则的遵守，又要注重设计美感与实用价值兼顾。这种美学价值有助于吸引更多的人士关注相关的问题，意义在于进行更为积极的理念传播，形成潜移默化的引导作用。

同时，由于盲文本身由圆点构成，圆点本身就能独立成为艺术元素，甚至是常见时尚元素中的一种。圆点的合理分布能给视觉感知一种填充感，圆点之间的距离能给视觉活泼感。很多产品包装设计热衷于采用圆点作为元素，并在此基础上加以创作，有的和盲文进行了很好的融合，如图8所示。因此，无论是以盲文点阵的形式出现的与材质一致色彩的设计，还是以黑色实心圆点出现的盲文凸点设计，其本身融入商品包装设计，并增添商品设计美感的价值是很大的。这既是商品包装升级换代的动力，也是商品包装自身兼容能力的体现。

图8　盲文设计融入产品包装

资料来源：2016年黄铅笔获奖作品（Soap Co. by Paul Belford Ltd，Design and Art Design）。

（四）盲文包装设计无障碍功能优化案例

通过考察市面上在售的营养保健品发现，营养保健品大多以药瓶方式进行封装，瓶身的平均尺寸约为 5.5cm(d)×10cm(h)，标签面积受瓶身尺寸限制，平均约为 15cm(l)×6cm(w)，标签上通常需要标注营养品成分、产地、含量、生产批号、保质期等相关信息，因此较难空出特定的盲文区域，如直接在文字上覆盖盲文字符，在一定程度上也会降低标签信息的可读性及美观度，受限于市面上同类包装中极度缺少盲文考量的原因之一，此次国家出台相对完善的盲文包装细则，为中国包装设计提供了更加全面的思考维度，笔者尝试以保健品药瓶包装作为切入点，将新国标与新技术媒介结合应用，探讨包容性包装设计的更多可能。

1. 营养品包装包容性设计细节

通过五位视力障碍者个案访谈获知，中青年视力障碍者能够通过智能手机较为熟练地进行扫码，并通过扫码后文字转语音的方式进行语音阅读获取信息，在互联网、智能手机新技术与辅助技术引导下，视力障碍者获取信息的途径并非只有通过传统盲文触摸获得，这为包容性包装设计提供了新的综合性思路——由于药瓶标签面积受限，笔者选择将二维码放置在瓶盖顶部，如图9所示。既方便盲人对二维码进行定位，又能够较大程度地避免由于曲面瓶身导致图像无法完全显示，需要视力障碍者寻找恰当位置反复扫描的实际操作问题。瓶盖顶部设计二维码为视障者提供便利的同时，也更便于普通用户获取产品信息，从而呈现更加简洁明快的标签视觉设计。

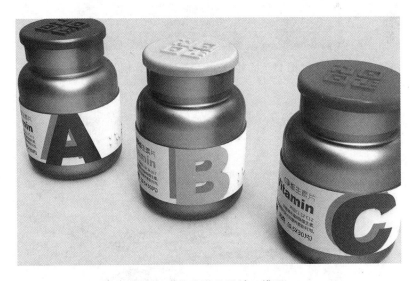

图9　药瓶瓶盖处设计二维码

资料来源：笔者团队设计。

2. 基于国标盲文的触摸体验考量

以《无障碍设计 盲文在标志、设备和器具上的应用》（GB/T 39758—2021）中的相关数据为基准，将"请扫描瓶盖二维码获取更多产品信息"简化为盲文中表达更为简短明确的语句表达：请扫瓶盖二维码，如图 10、图 11、图 12 所示。从而缩短盲文字符的长度，方便应用在药瓶有限的标签面积上，并设定了三种横向间距的盲文排列方式，分别为 7mm/8mm/9mm，如图 13 所示，且制作了标准的实物盲文标签，如图 14 所示，将标签贴至瓶身给盲人进行测试，如图 15 所示。测试的结果表明，在标签面积限定的范围内，可以适当放宽字符间距，以获得更好的盲文阅读（触摸）效果。

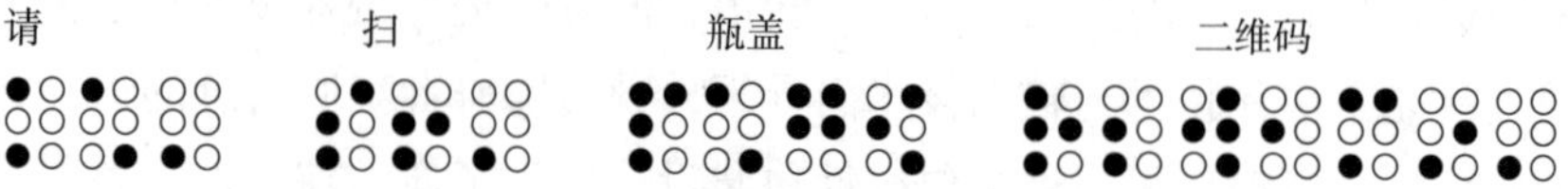

请　　　　　　扫　　　　　瓶盖　　　　　　　二维码

图 10　汉语与盲文互译

资料来源：笔者团队设计。

图 11　盲文与二维码综合设计示例

资料来源：笔者团队设计。

图 12　瓶身盲文设计放大示意图

资料来源：笔者团队设计。

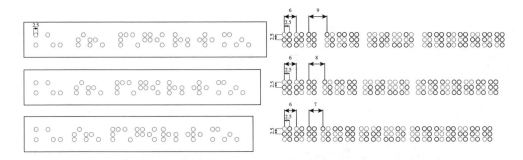

图 13　三种横向间距的盲文排列方式

资料来源：笔者团队设计。

图 14　可贴瓶身的盲文标签成品（内容：请扫瓶盖二维码）

资料来源：笔者团队设计。

图 15　视力障碍者触摸盲文标签测试现场

资料来源：笔者团队设计。

五、结语

通过对包装的进一步设计，将简短的指引性盲文与残健群体皆可扫描使用的二维码技术相结合，在商品有限的包装空间中完成商品信息的完整呈现，帮助视力障碍人群平等实现商品信息知晓权。对原包装迭代升级的成本无须大幅提高，盲文标签可采用透明、软质材质在包装底部附近一圈进行外贴，不影响原有标签呈现；瓶盖二维码可采用外贴、喷涂等方式，节约设计与生产成本。充分解决受制于包装大小、材质的限制，受制于盲文知识的专业成本与更新包装设计的生产成本等问题。通过实验测试发现，如果包装中留给盲文的区域面积尚有一定空间，可以在实际盲文设计时适当放宽字符间距，保证更好的触摸可识别度，以方便视力障碍者能够更高质量获得盲文阅读（触摸）效果。

呼吁盲文在包装中的广泛运用，是期待在国家标准指导下，通过商品的包容性设计，在商品销售、展示以及使用过程中，潜移默化地实现残疾人特别是视力残疾者的权利推动，实现向全民推广与普及"平等、共享、发展"理念的真正传导，这是推动残疾人权利有效实现的可靠途径。在这一过程中，既注重盲文使用的规范性、合理性与标准度，保持盲文在包装设计中的正确使用，又注重包容性设计视角下，扫除商品设计中对残疾人群体的无意识排斥，提高商品设计无障碍功能及面向残疾人的友好度。渗透于商品设计中的无障碍设计及包容性设计理念，对残疾人权利提升的传播速度和力度不亚于新闻媒体的广泛动员与宣传。

参考文献

［1］中国残疾人联合会. 2010 年末全国残疾人总数及各类、不同残疾等级人数［EB/OL］. https：//www. cdpf. org. cn/zwgk/zccx/cjrgk/15e9ac67d7124f3fb4a23b7e2ac739aa. htm

［2］国家标准化管理委员会. 国家标准采用国际标准工作指南（2020 年版）

[J]. 轻工标准与质量，2021（1）：12，18.

[3] 卢伯雄. 第四套人民币的七个首创 [J]. 东方收藏，2018（5）：99-101.

[4] Clarkson P J, Coleman R. History of Inclusive Design in the UK [J]. Applied Ergonomics，2015（46）：235-247.

[5] 汪晓春，焉琛，陈睿博. 无障碍设计、通用设计与包容性设计的比较研究 [C] //中国设计理论与技术创新学术研讨会：第四届中国设计理论暨第四届全国"中国工匠"培育高端论坛论文集，2020（9）：116.

[6] 黄凌玉. 视觉障碍者日常用品创新设计研究 [J]. 包装工程，2018（7）：114-117.

[7] 漆尉琦，李素，魏远廷. 老龄化社会网购商品包装设计的人文关怀 [J]. 包装工程，2021（7）：256-262.

[8] 李佳蓉，张彬，董华. 包容性设计视角下"人—技术—世界"间障碍的动态研究 [J]. 设计，2020，33（15）：71-73.

[9] 姜可. 老年人无障碍产品设计 [J]. 包装工程，2006（12）：296-297，347.

[10] 史雯雯. 杭州地铁包容性设计及优化策略 [J]. 城市交通，2020（11）：75-83.

[11] 章玉铭，吴翔. 面向居家老人的安全设计研究 [J]. 包装工程，2020（6）：23-32.

[12] 吴国荣，夏风玉. 通用设计原则在学龄前儿童餐具设计中的应用研究 [J]. 包装工程，2014（2）：75-81.

[13] 赵英杰. 基于视障人士护肤品的无障碍设计应用 [J]. 绿色包装，2021（5）：85-89.

[14] 刘洪吉，陈晓娟. 钢琴琴键盲文贴的研究和设计 [J]. 大众标准化，2019（13）：52-53.

[15] 刘文良，李毛，李丽. 药品包装结构功能强化设计研究 [J]. 装饰，2019（9）：104-107.

[16] 贺景涵. 面向视力残障者的无障碍药品包装设计 [J]. 艺术科技，2019，32（7）：179.

[17] 董玉妹，董华. 面向老龄化社会的包容性设计赋能：能力和权力向度 [J]. 创意与设计，2021（2）：98-106.

江苏省城镇老旧小区无障碍环境改造技术指南研究

陈从建　钱声源　杨会良[*]

内容摘要： 从建设安全便捷、健康舒适、多元包容的无障碍环境的社会需求入手，结合近年来江苏省部分城镇老旧小区改造的状况，分析改造后仍存在的技术短板，总结经验成果，针对城镇老旧小区道路、居住绿地、配套公共设施、居住建筑、家庭无障碍及标识系统等无障碍设施提出改造和提升技术方案。通过对老旧小区无障碍环境改造和提升保障机制研究，进一步优化城镇老旧小区改造驱动创新机制，形成指导性对策和建议。可为江苏省或其他省份的城镇老旧小区改造工作提供借鉴和参考。

关键词： 老旧小区；无障碍环境；改造提升；技术指南

一、城镇老旧小区无障碍环境改造作为"民生实事工程"势在必行

第七次全国人口普查结果显示，江苏省已进入深度老龄化社会，有各类残

---

* 陈从建，江苏开放大学建筑工程学院副教授，硕士，全国无障碍市县村镇实地检查组专家，江苏共享发展研究基地特聘专家；主要研究领域为无障碍环境建设、无障碍技术标准。钱声源，江苏开放大学建筑工程学院副教授，硕士，南京市无障碍环境督导专家；主要研究领域为无障碍环境建设标准，无障碍信息化建设。杨会良，南京特殊教育师范学院管理学院教授，博士生导师，江苏共享发展研究基地首席专家；主要研究领域为公共管理、教育经济与管理、残疾人事业管理。

疾人数 479.3 万人，占总人口的 6.40%。为数量庞大的老年人、残疾人提供居住、出行和服务便利，是推进基本公共服务均等化、全面建成小康社会的重要任务，是推动改革发展成果更好惠及人民群众、满足人民美好生活需要的重要举措，是弘扬敬老助残的社会风尚、积极应对人口老龄化的迫切要求。为深入贯彻中共中央、国务院关于老年人、残疾人工作有关决策部署，落实《中华人民共和国国民经济和社会发展第十四个五年规划和二〇三五年远景目标纲要》和《国务院关于印发"十四五"残疾人保障和发展规划的通知》等文件要求，江苏省连续四年将老旧小区改造提升列入江苏省政府"民生实事工程"加以推进。本文利用"十三五"期间昆山市创建全国文明城市和南京市江宁区、海安市创建全国无障碍环境建设示范城市（县）的时机，以城镇老旧小区改造和提升项目为研究载体，编制《江苏省城镇老旧小区无障碍环境改造技术指南》（以下简称《指南》），用于指导江苏省城镇老旧小区无障碍环境改造和提升。这是提升江苏省城镇无障碍环境建设水平的创新举措，具有重要的现实意义（见附录）。

二、《江苏省城镇老旧小区无障碍环境改造技术指南》在设计上的先进性和科学性

一是《指南》具有先进性。目前国内外关于城镇老旧小区的无障碍环境改造研究较少，仅局限于无障碍设施的合理布置和空间布局研究，很少涉及改造和提升方案研究。《指南》针对以上情况，基于江苏省城镇老旧小区无障碍环境改造实践案例，重点研究城镇不同小区环境（外部环境、内部通道和居住空间）特征，针对残疾人（肢体残疾、视力残疾和听力语言障碍）和老年人需求，以老旧小区无障碍环境设计、施工、验收、管理和使用维护为主体，提出老旧小区无障碍环境改造和提升的方案、策略及建议。《指南》明确了江苏省城镇老旧小区无障碍环境改造和提升的总体要求，可以统筹和指导全省范围内各类城镇老旧小区无障碍环境改造工作，重点可为城镇老旧小区道路、居住绿地、配套公共设施、居住建筑、家庭无障碍及标识系统等无障碍设施的改造和提升提供技术指导。《指南》的研究结论具有一定的先进性，为完善江苏省城镇老旧小区改造提

升提供理论支撑和政策引导。

二是《指南》具有科学性。《指南》是在江苏省住房和城乡建设厅科技项目《新时代江苏城市老旧小区无障碍环境改造规划与发展指南研究》（2019ZD026）的基础上，通过对老年人、残疾人生理、心理、行为特征和需求进行分析研究，以人体工程学、行为心理学以及现有设计规范和准则为理论基础，通过学科交叉研究，基于无障碍环境设计通用性、系统性、安全性、精细化、高标准等原则，对江苏省城镇老旧小区无障碍环境改造和提升提出具体要求。《指南》还通过对老旧小区无障碍环境改造和提升保障机制"破"与"立"的研究，进一步优化城镇老旧小区改造驱动创新机制。最后通过对部分老旧小区无障碍设施改造效果进行评价，找出存在的技术短板，基于案例分析，形成"PDCA"循环，并反馈工作实践，保证了指南编写的科学性。指南与《建筑与市政工程无障碍通用规范》和《无障碍设计规范》是有机整体关系，相互补充。

三、《指南》在实施上的可操作性和效益性

一是与规范能有机衔接形成互补。《指南》是为加强江苏省城镇老旧小区无障碍环境改造工作而制定的技术指导性文件。《建筑与市政工程无障碍通用规范》《无障碍设计规范》是无障碍环境建设的国家标准，《指南》旨在国家标准下，在城镇老旧小区无障碍环境改造和提升方面能与《建筑与市政工程无障碍通用规范》和《无障碍设计规范》有机衔接，形成互补。其定位为《建筑与市政工程无障碍通用规范》和《无障碍设计规范》层面下的专项指南，便于理解，方便使用，具有一定的可行性和较强的可操作性。

二是社会效益明显，实施效果良好。在昆山市中华北村、中华西村、里库二村及南京江宁区鑫泉东苑等老旧小区改造项目时，采用了本指南进行技术指导，均已取得良好的效果，得到当地小区居民的高度认可。本指南可以在全省范围内推广应用，对"十四五"期间江苏省开展城镇老旧小区无障碍环境建设和改造工作以及推动江苏省城乡无障碍环境建设协同发展具有较大作用，为2035年实现安全便捷、健康舒适、多元包容的无障碍环境奠定基础。

［基金项目］本文系 2021 年江苏共享发展研究基地项目"江苏省城镇老旧小区无障碍环境改造技术指南研究"（立项号：21gxjd11）的阶段性成果。

［课题组成员］袁娇娇、范晓玲、潘屹立、周序洋。

附录

江苏省城镇老旧小区无障碍环境
改造技术指南

前　言

　　《江苏省城镇老旧小区无障碍环境改造技术指南》是为加强江苏省城镇老旧小区无障碍环境改造和提升工作而制定的技术指导性文件。本指南与《建筑与市政工程无障碍通用规范》《无障碍设计规范》是有机整体关系。《建筑与市政工程无障碍通用规范》《无障碍设计规范》是无障碍设计的国家标准，本指南旨在国家标准下，在城镇老旧小区的无障碍环境改造和提升方面与国家标准形成有机衔接，互为补充。定位为国家标准层面下的专项指南，明确江苏省城镇老旧小区无障碍环境改造和提升方面的总体性要求；统筹和指导全省范围内各类城镇老旧小区无障碍设施的改造工作，重点为城镇老旧小区的道路、居住绿地、配套公共设施、居住建筑、家庭无障碍及标识系统等无障碍环境的改造及提升提供技术指导。

　　根据第七次全国人口普查结果，江苏省的常住人口中，60 岁及以上人口为 1850.53 万人，占比 21.84%，其中 65 岁及以上人口为 1372.65 万人，占比 16.20%。江苏省老龄化程度与全国的发展趋势相比已经进入深度老龄化社会，其占比已达到 14% 以上。从发展势态可以推断，到 2030 年前后，占比将达到 20% 以上，进入超级老龄化社会。目前江苏省人口老龄化程度仅次于北京市和上海市。此外，江苏省共有各类残疾人口 479.3 万人，占总人口的 6.40%。因此，加快城镇老旧小区无障碍设施的改造和提升工作，已成为提高人民群众生活水平的重要物质基础和基本保障。

　　党的十八大以来，以习近平同志为核心的党中央对无障碍环境建设高度重视，"以人民为中心"的发展思想，引领无障碍环境建设与新时代经济社会和社会文明同步发展。习近平总书记多次强调"全面建设小康社会，残疾人一个也不能少"，"无障碍设施建设问题是一个国家和社会文明的标志，我们要高度重视"。各级政府和职能单位应认真落实《无障碍环境建设条例》，明确无障碍设施建设的重要性，进一步增强做好这项工作的责任感和使命感。

本指南能够明确江苏省城镇老旧小区无障碍环境改造和提升的总体目标，通过制定具体的改造和提升方案，提出了城镇老旧小区无障碍环境改造和提升的发展方向，为老旧小区无障碍环境有机更新和可持续发展提供指导。以城镇老旧小区无障碍环境改造和提升技术方案为主，包括城镇老旧小区无障碍环境改造和提升机制等内容。老旧小区整体无障碍环境改造和提升包括硬件和软件两个方面。硬件方面为老旧小区的无障碍通行设施、无障碍服务设施和无障碍信息交流设施的改造和提升，软件的改造和提升为社区成员之间的关怀、礼让、协助和服务。

本指南在编制过程中，进行了广泛深入的调查研究，认真总结我国不同地区近年来老旧小区无障碍环境改造的实践经验，征求江苏省部分市县建设主管单位、残疾人联合会意见，以及编制《建筑与市政工程无障碍通用规范》《无障碍设计规范》《无障碍设施施工验收及维护规范》和《江苏省无障碍环境建设实施办法》的部分专家意见，采纳了部分老年人、残疾人代表的意见。在结合行业特点和要求的基础上，组织多次研讨，通过反复讨论、修改和完善，最后经审查定稿。

主编单位：江苏共享发展研究基地　　南京无障碍研究中心

参编单位：昆山市住房和城乡建设局　　昆山市残疾人联合会

编写人员：陈从建、钱声源、杨会良、袁娇娇、范晓玲、潘屹立、苏海花、严莹、火映霞、周序洋

审查人员：祝长康、刘宏

1 总则

1.1 指导思想

全面贯彻党的十九大精神，以习近平新时代中国特色社会主义思想为指引，按照无障碍环境建设的总体要求，以加强和改善老年人、残疾人无障碍居住、出行和服务为核心，积极推进理念创新和方法创新，补齐发展短板，加快城镇老旧小区的无障碍环境改造和提升，鼓励推广应用无障碍居住、出行新技术、新设备，提升服务水平，完善政策保障，不断满足广大老年人和残疾人安全、便捷、舒适、温馨的无障碍居住条件、出行环境及服务品质的需要。无障碍环境建设水平，体现着对特殊群体的关爱程度，代表着社会的文明程度。将老旧小区的无障碍环境改造和提升的要求落到实处，是对我国进入老龄化社会的积极应对，对于提升人民群众的获得感、幸福感、安全感，构建全龄友好型城市，推动城乡高质量协同发展具有重要意义。

坚持以人为本，树立全面、协调、可持续发展观念，不断满足人民群众对城镇宜居生活要求，完善江苏省新型城镇化功能，提升城镇居民的生活质量环境。加快老旧小区无障碍环境改造和提升工作，与"十四五"时期的无障碍环境市县村镇、文明城市、卫生城市、健康城市的建设和旧城改造等工作同步实施。立足新发展格局，坚持新发展理念，全力实施江苏省城镇老旧小区无障碍环境改造和提升的更新行动。

1.2 基本原则

1.2.1 人民为本，服务为先。着力践行"以人民为中心"的发展思想，切实保障和改善老年人、残疾人居住、出行的权益；以提升老旧小区无障碍服务品质为核心，创新服务模式，统筹服务资源，倡导志愿服务，为老年人、残疾人提供优质居住和出行服务。

1.2.2 老旧小区无障碍环境改造规划应纳入国家国民经济和社会发展规划以及国土空间规划，其规划、设计和施工应按照《建筑与市政工程无障碍通用规范》《无障碍设计规范》《无障碍设施施工验收及维护规范》等执行。

1.2.3 老旧小区既有无障碍设施改造，应根据城市经济发展水平，本着实事求是、量力而行、因地制宜的原则，制定改造和提升方案，有计划、有步骤地进行。

1.2.4　老旧小区无障碍设施改造应将无障碍设施改造规划与整体改造规划相结合。改造时，尽可能减少对现有环境和居民日常生活的影响，按照无障碍通用设计理念，使改造后的无障碍环境与原有环境景观相协调。对用于保障老年人、残疾人、孕妇儿童、伤病人等服务无障碍设施，要优先安排进行改造。

1.2.5　对具备提升改造条件的老旧小区，应加装无障碍电梯，推进配套公共设施、公共活动场所和老年人、残疾人家庭无障碍改造等。

1.2.6　相关部门可根据城市无障碍环境建设的发展需要，制订相应的老旧小区无障碍环境改造和提升计划，有步骤地实施无障碍设施建设和改造。

1.2.7　需求导向，因地制宜。科学把握老年人、残疾人居住、出行需求和特征，根据不同服务特点，结合当地经济发展水平等因素，稳步推进老旧小区的无障碍服务体系建设。

1.3　基本策略

1.3.1　无障碍设施标准化

江苏省城镇老旧小区的无障碍环境改造和提升应坚持无障碍标准化策略。即在对无障碍通行设施、无障碍服务设施、无障碍信息交流设施等硬件开展标准化改造的同时，通过创新无障碍服务模式、创建无障碍信息服务体系以及提升无障碍服务水平等策略，开展无障碍文化建设、落实无障碍政策制度等软件建设，从而保障老旧小区无障碍环境改造后的使用效率与无障碍服务体系有机衔接。

1.3.2　无障碍信息智慧化

江苏省城镇老旧小区的无障碍环境改造和提升应坚持推进无障碍信息化策略。即在老旧小区的无障碍环境改造和提升过程中引入信息无障碍技术，逐步通过无障碍地图、智慧出行 App、语音导航系统等进行无障碍产品的推广应用和无障碍信息平台构建，全面优化提升老旧小区无障碍的居住、出行和服务的便利性、多样化和智慧化。老旧小区的无障碍信息平台应为当地智慧城市、智慧社区的数字化平台预留融入接口。

1.4　编制依据

1.4.1　《中华人民共和国宪法》

1.4.2 《中华人民共和国老年人权益保障法》

1.4.3 《中华人民共和国残疾人保障法》

1.4.4 《无障碍环境建设条例》

1.4.5 《建筑与市政工程无障碍通用规范》（GB 55019—2021）

1.4.6 《无障碍设计规范》（GB 50763—2012）

1.4.7 《无障碍设施施工验收及维护规范》（GB 50642—2011）

1.4.8 《住宅设计规范》（GB 50096—2011）

1.4.9 《城市居住区规划设计标准》（GB 50180—2018）

1.4.10 《住宅建筑规范》（GB 50368—2005）

1.4.11 《江苏省住宅设计标准》（DGJ32/J 26—2017）

1.4.12 《老年人照料设施建筑设计标准》（JGJ 450—2018）

1.4.13 《适老化住宅设计规范》（DB330102/T 331—2018）

1.4.14 其他有关的法律、法规、规章和规范性文件

2 老旧小区道路无障碍环境改造和提升方案

2.1 对老旧小区内的人行道路系统与老旧小区出入口周围的城市道路的人行道路系统衔接处应进行坡化处理，增设和改造缘石坡道、轮椅坡道等无障碍设施，实现两者有效衔接。具体做法参照《建筑与市政工程无障碍通用规范》《无障碍设计规范》执行。

2.2 老旧小区内的主路均应设置人行道，沿着居民的行进路径设置缘石坡道、轮椅坡道、盲道及无障碍信息标识等无障碍设施。人行道结合小区的空间条件可以采取单侧或双侧设置方式，亦可通过用画线或颜色、标志等方式区分，人行道宽度不宜小于1.5m。

2.3 老旧小区道路的路面宽度一般为7~9m，出于安全优先因素，小区内部道路应按以下顺序考虑安排：人车分流（执行消防任务的除外）；人车混行，车辆单向行驶，与行人有隔离；双向混行，车辆与行人有隔离。

2.4 结合小区空间结构，按照进出分离、单向组织原则，因地制宜打造有序小区交通。扣除停车空间，主路双向通行的道路（7~9m），机动车车道宽度不宜小于5.5m；主路单向通行的道路（6~8.5m），机动车车道宽度不宜小于4.5m；次路单向通行的道路（4.5~6m），机动车车道宽度不宜小于4m。

小区道路断面优化建议

人行道　双向机动车道　人行道
≥1.5m　　≥5.5m　　≥1.5m
小区主路双向通行断面（7~9m）

单向机动车道　停车带　人行道
（消防通道）　2.5m　≥1.5m
　≥4.5m
小区主路单向通行断面（6~8.5m）

单向机动车道　画线
（消防通道）　人行道
　≥4.0m　　≥1.5m
小区次路单向通行断面（4.5~6m）

提示盲道

全宽式缘石坡道

2.5 老旧小区内人行道口或人行横道两端，设置缘石坡道，改造时应根据道路的具体情况，选择全宽式单面坡缘石坡道、三面坡缘石坡道和其他形式缘石坡道等。通常优先选择全宽式单面坡缘石坡道，具体做法参照《建筑与市政工程无障碍通用规范》《无障碍设计规范》执行。

2.6 居住建筑与配套公共设施之间人行道路，应保证无障碍设施贯通连续，凡地面有高差或有台阶时应坡化处理或设置轮椅坡道保障轮椅通行。坡化处理和台阶、轮椅坡道的具体做法参照《建筑与市政工程无障碍通用规范》《无障碍设计规范》执行。

2.7 小区内应设置抵达居住绿地的室外无障碍通道，通道保持连续，当地面有高差或有台阶时应改造为便于通行的无障碍通道。具体做法参照《建筑与市政工程无障碍通用规范》《无障碍设计规范》执行。

2.8 在盲人、视障者相对集中（指视障者人数占该居住区人口比例达1.5%）的老旧小区，在经常出入居住建筑和配套公共设施的人行道上设置盲道。在制定改造规划方案时应尽量避免与地下的管线重合，减少检查井对盲道的影响。具体做法参照《建筑与市政工程无障碍通用规范》《无障碍设计规范》执行。

2.9 老旧小区内人行道抵达无障碍出入口、低位服务设施、无障碍电梯、无障碍楼梯、无障碍厕所等位置时，铺设提示盲道，方便视觉障碍者继续行进、就地等候或进入。具体做法参照《建筑与市政工程无障碍通用规范》《无障碍设计规范》执行。

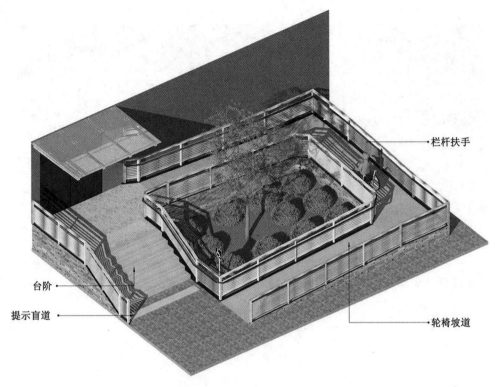

栏杆扶手

台阶

提示盲道

轮椅坡道

2.10 应将路线短，便于通行的停车位设置为无障碍机动车停车位，靠近无障碍出入口和无障碍电梯，同时设置停车线、轮椅通道线和无障碍标志和引导标识。具体做法参照《建筑与市政工程无障碍通用规范》《无障碍设计规范》执行。

2.11 无障碍机动车停车位改造数量应参考总停车数量，当总停车数在100辆以下时设置1个无障碍机动车停车位，在100辆以上时，应设置不小于总停车数1%的无障碍机动车停车位。具体做法参照《建筑与市政工程无障碍通用规范》《无障碍设计规范》执行。

2.12 在无障碍机动车停车位一侧应设置轮椅通道，通行宽度满足要求，轮椅通道与其服务的停车位无高差，在与人行通道衔接有高差时应设置缘石坡道。方便乘轮椅者直接进入人行通道和到达无障碍出入口。具体做法参照《建筑与市政工程无障碍通用规范》《无障碍设计规范》执行。

2.13 无障碍机动车停位的地面应平整、防滑、不积水，地面坡度符合要求。具体做法参照《建筑与市政工程无障碍通用规范》《无障碍设计规范》执行。

2.14 车库的人行出入口应改造为无障碍出入口。设置在非首层的车库应改造无障碍通道与无障碍电梯或无障碍楼梯连通，直达首层。

3 居住绿地无障碍环境改造和提升方案

3.1 居住绿地内无障碍环境改造和提升的范围及建筑物类型包括：出入口、游步道、休憩设施、儿童游乐场和休闲广场等。通常应把老旧小区居住楼栋周边场地改造为宅旁活动公共场地，距居住楼栋较远的宅间活动场地改造为主要集中活动公共场地，活动空间的绿地景观打造应方便轮椅使用者无障碍通行。

3.2 居住绿地的主要出入口应设置为无障碍出入口；有三个以上出入口时，无障碍出入口不应小于两个。具体做法参照《建筑与市政工程无障碍通用规范》《无障碍设计规范》执行。

3.3 居住绿地主要活动场地应改造为无障碍出入口，高差小于300mm时，所有出入口应为无障碍出入口。高差大于300mm时，当出入口少于三个，所有出入口应改造为无障碍出入口，当有三个及三个以上的出入口时，至少应改造为两个无障碍出入口。具体做法参照《建筑与市政工程无障碍通用规范》《无障碍设计规范》执行。

3.4 组团绿地、开放式宅间绿地、儿童活动场地、健身运动场出入口应设置提示盲道。具体做法参照《建筑与市政工程无障碍通用规范》《无障碍设计规范》执行。

3.5 居住绿地的地面应平缓防滑；地面有高差时，消除高差，并改造成无障碍通道。绿地内的游步道改造为无障碍通道，与人行通道连接，实现小区内各类活动场地、配套公共设施入口、住宅单元入口、停车场等有效衔接。具体做法参照《无障碍设计规范》执行。

3.6 居住绿地内的游步道及园林小品、廊、花架等休憩设施不宜设置高于地面450mm，也不宜设置台阶。如有高差，改造时应设置轮椅坡道，同时在休憩设施入口处设置提示盲道。具体做法参照《建筑与市政工程无障碍通用规范》《无障碍设计规范》执行。

3.7 绿地及广场设置休息座椅时，应留有轮椅停留空间。具体做法参照《建筑与市政工程无障碍通用规范》《无障碍设计规范》执行。

3.8 居住绿地内应在人流集中的位置设置无障碍标识标志牌，引导使用者到达无障碍设施位置。具体做法参照《建筑与市政工程无障碍通用规范》《无障碍设计规范》执行。

3.9　选择种植以乔木为主的林下改造铺装活动场地，林下净空不低于2.20m。儿童活动场地周围不宜种植遮挡视线的树木，保持较好的可通视性，不宜选用硬质叶片的丛生植物。乔木种植点距离道路或场地的缘石外侧不应小于500mm。

4 老旧小区配套公共设施无障碍环境改造和提升方案

4.1 无障碍出入口

4.1.1 老旧小区内的居民委员会、卫生站、健身房、物业管理、社区中心、商业等为居民服务的建筑宜设置一处无障碍出入口，且位于主要出入口。配套公共设施的出入口与室外地坪有高差或有台阶时，应坡化处理或设置轮椅坡道保障轮椅通行，地面平整、防滑。具体做法参照《建筑与市政工程无障碍通用规范》《无障碍设计规范》执行。

4.1.2 因空间限制，配套公共设施的无障碍出入口设于次要出入口时，须在主要出入口和无障碍通道的明显部位设置无障碍通道及引导标识。具体做法参照《建筑与市政工程无障碍通用规范》《无障碍设计规范》执行。

4.2 无障碍通道、门

4.2.1 配套公共设施无障碍通道改造保持贯通连续，实现首层建筑无障碍出入口与无障碍电梯、无障碍楼梯有效衔接，其地面应平整、防滑、反光小或无反光。若无障碍通道上有高差时，应进行坡化处理，高差过大时应改造成轮椅坡道。具体做法参照《建筑与市政工程无障碍通用规范》《无障碍设计规范》执行。

4.2.2 配套公共设施的无障碍通道的铺装材料应考虑材料的使用环境和行动不便者使用安全要求。铺装材料的防滑性应符合《无障碍设施施工验收及使用维护规范》的规定。

4.2.3 配套公共设施无障碍通道改造宽度应符合规范规定要求，具体做法参照《建筑与市政工程无障碍通用规范》《无障碍设计规范》执行。

4.2.4 固定在配套公共设施无障碍通道的墙、立柱上的物体或标牌距地面的高度、探出部分的宽度应符合规范规定要求，具体做法参照《建筑与市政工程无障碍通用规范》《无障碍设计规范》执行。

4.2.5 配套公共设施斜向自动扶梯、楼梯等下部空间部分，应设置安全挡牌，防止误入。

4.2.6 出入口门厅、过厅如需要改造为两道门，门扇同时开启时两道门的间距不应小于轮椅回转空间。具体做法参照《建筑与市政工程无障碍通用规范》《无障碍设计规范》执行。

4.2.7　门应满足老年人、肢体障碍者的使用需要，配套公共设施门厅应进行改造，不宜使用弹簧门和玻璃门。具体做法参照《建筑与市政工程无障碍通用规范》《无障碍设计规范》执行。

4.2.8　门扇应便于开关，门扇安装横扶把手，门扇内外留有足够的轮椅回转空间，门开启后净宽度应满足轮椅通行。具体做法参照《建筑与市政工程无障碍通用规范》《无障碍设计规范》执行。

4.3　无障碍电梯

4.3.1　已配备电梯的配套公共设施，在电梯改造时至少改造一部无障碍电梯。无障碍电梯的候梯厅、电梯轿厢、电梯门等均应符合要求，满足残疾人、老年人通行，具体做法参照《建筑与市政工程无障碍通用规范》《无障碍设计规范》执行。

4.3.2　有条件的配套公共设施加装电梯时，应至少配置一部无障碍电梯。候梯厅、电梯轿厢、电梯门等均应符合要求，满足残疾人、老年人通行，具体做法参照《建筑与市政工程无障碍通用规范》《无障碍设计规范》执行。

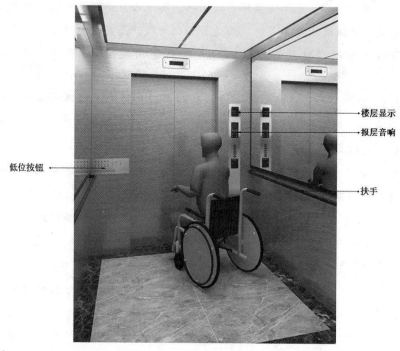

4.3.3 配套公共设施无条件加装电梯时，应至少改造一部无障碍楼梯。具体做法参照《建筑与市政工程无障碍通用规范》《无障碍设计规范》执行。

4.4 公共卫生间（厕所）和无障碍厕所

4.4.1 公共卫生间（厕所）和无障碍厕所应在公共服务设施内的明显部位设置无障碍标志，具体做法参照《建筑与市政工程无障碍通用规范》《无障碍设计规范》执行。

4.4.2 女卫生间（厕所）应各改造一个无障碍厕位和一个无障碍洗手盆，男卫生间（厕所）应各改造一个无障碍厕位、一个无障碍洗手盆和一个无障碍小便器。具体做法参照《建筑与市政工程无障碍通用规范》《无障碍设计规范》执行。

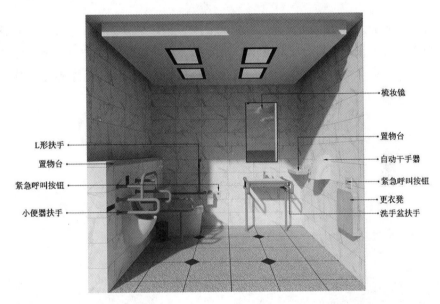

4.4.3 无障碍厕位应设置成无障碍坐便器，留有足够的活动空间方便乘轮椅者到达和进出。具体做法标准参照《建筑与市政工程无障碍通用规范》《无障碍设计规范》执行。

4.4.4 无障碍厕所应靠近公共卫生间（厕所）并且留有足够的回转空间，内部应设置无障碍坐便器、无障碍洗手盆、多功能台、低位挂衣钩和救助呼叫装置。具体做法参照《建筑与市政工程无障碍通用规范》《无障碍设计规范》执行。

4.4.5　公共卫生间（厕所）的无障碍厕位、无障碍洗手盆和无障碍小便器及独立设置无障碍厕所改造后的安全抓杆应安装牢固。具体做法参照《建筑与市政工程无障碍通用规范》《无障碍设计规范》执行。

4.4.6　公共卫生间（厕所）和无障碍厕所的出入口和内外无障碍通道应方便乘轮椅者进出和回转，地面有高差时应进行坡化处理或改造成轮椅坡道，厕所内部需留有足够的回转空间。具体做法参照《建筑与市政工程无障碍通用规范》《无障碍设计规范》执行。

4.4.7　公共卫生间（厕所）和无障碍厕所的门应方便开启，应设置为水平滑动式门或向外开启的平开门。具体做法参照《建筑与市政工程无障碍通用规范》《无障碍设计规范》执行。

4.5　其他

居民委员会、卫生站、健身房、物业管理、社区中心、商业等为居民服务的公共服务建筑应设有服务台、问询台、饮水器等低位服务设施，以方便乘轮椅者使用。具体做法参照《建筑与市政工程无障碍通用规范》《无障碍设施设计规范》执行。

5　老旧小区居住建筑无障碍环境改造和提升方案

5.1　无障碍出入口

5.1.1　老旧小区内高层、中高层、多层住宅和公寓等首层出入口与室外地坪有高差或有台阶时，应坡化处理或设置轮椅坡道保障轮椅通行。具体做法参照《建筑与市政工程无障碍通用规范》《无障碍设计规范》执行。

5.1.2　老旧小区内高层、中高层、多层住宅和公寓，首层出入口与室外地坪有高差的，因受场地限制，应设置垂直升降平台。同时注意垂直升降平台应设置安全防护措施和安全防护装置。具体做法参照《建筑与市政工程无障碍通用规范》《无障碍设计规范》执行。

5.2　无障碍通道、门

5.2.1　老旧小区居住建筑内部的无障碍通道改造应保持贯通连续，实现首层建筑无障碍出入口与无障碍电梯、无障碍楼梯有效衔接，其地面应平整、防滑、反光小或无反光。若无障碍通道上有高差时，应进行坡化处理，高差过大时应改造成轮椅坡道。具体做法参照《建筑与市政工程无障碍通用规范》《无障碍设计规范》执行。

5.2.2　居住建筑内部无障碍通道的铺装材料应考虑材料的使用环境和行动不便者使用安全要求。铺装材料的防滑性应符合《无障碍设施施工验收及维护规范》的规定。

5.2.3　居住建筑的门槛处应进行坡化处理。门厅和居室处门应进行改造，保障老年人、残疾人的使用及通行。具体做法参照《建筑与市政工程无障碍通用规范》《无障碍设计规范》执行。

5.2.4　老旧小区居住建筑改造后的无障碍通道宽度应符合规范规定要求，具体做法参照《建筑与市政工程无障碍通用规范》《无障碍设计规范》执行。

5.2.5　固定在老旧小区居住建筑无障碍通道的墙、立柱上的物体或标牌距地面的高度、探出部分的宽度应符合规范规定要求，具体做法参照《建筑与市政工程无障碍通用规范》《无障碍设计规范》执行。

5.2.6　老旧小区居住建筑入户单元门应进行改造，不宜使用弹簧门和玻璃门。门扇应便于开关，门扇安装横扶把手，门扇内外留有足够的轮椅回转空间，门开启后的净宽度应满足轮椅通行。具体做法参照《建筑与市政工程无障碍通用规范》《无障碍设计规范》执行。

5.3 无障碍电梯改造和提升

5.3.1 老旧小区高层住宅的电梯应满足乘轮椅者进出，至少改造一部为无障碍电梯。具体做法参照《建筑与市政工程无障碍通用规范》《无障碍设计规范》执行。

5.3.2 没有电梯的多层既有居住建筑具备条件时可根据实际情况加装电梯，同一单元至少加装一部无障碍电梯。具体做法参照《建筑与市政工程无障碍通用规范》《无障碍设计规范》执行。

模式一：楼栋北侧加装电梯错层入户。在楼梯间外加电梯间，与楼梯段的休息平台连接。楼栋多层使用电梯时，须向上步行半层才能到达入户层。

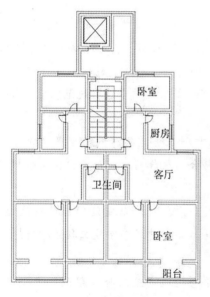

北侧加装电梯错层入户改造示意图

北侧加装电梯改造实例

模式二：楼栋南侧加装电梯平层入户，从楼栋南侧增设外廊通道与电梯井相连，实现从南侧进入电梯间实现直达入户层。对于一梯三户的单元住宅难以适用。

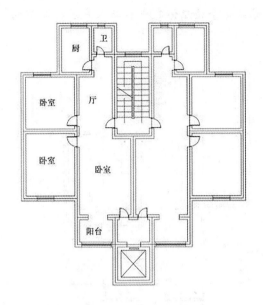

南侧加装电梯平层入户改造示意图

南侧加装电梯改造实例

模式三：楼栋楼梯间内加装电梯平层入户，加装电梯后可实现电梯间和楼梯间共用一个单元出入口，电梯也可直达入户层。

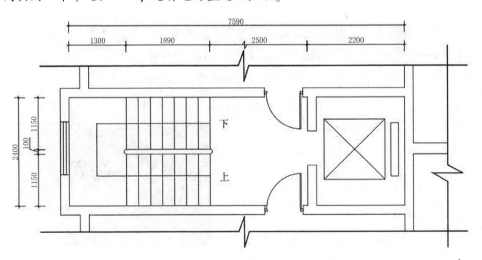

住宅楼内置加装电梯平层入户改造示意图

模式四：楼栋北侧加装电梯与单跑楼梯相组合平层入户，将楼梯间向外伸出一部分，去掉原双跑楼梯中一侧梯段，改造为单跑楼梯，结构上拆除为电梯留出空间，延伸休息平台与电梯间连接，保证每个楼层休息平台与入户层标高相同，实现平层入户。

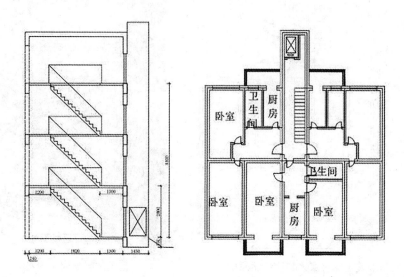

加装电梯与单跑楼梯相组合的平层入户改造示意图

5.4 加装双轨曲线座椅式电梯

在不破坏整个楼体结构的基础上，安装座椅式电梯以帮助残疾人、老年人自主上下楼。在其上下运行的过程中，上下楼的居民需要在平台处避让或侧身通行，一般在老旧小区住宅的单元户数不多时选择。

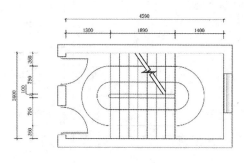

加装双轨曲线座椅电梯示意图

6 老旧小区家庭无障碍环境改造和提升方案

6.1 地面

6.1.1 在卫生间、厨房、卧室、阳台等区域进行地面防滑处理，铺设防滑砖或防滑地胶，避免残疾人、老年人滑倒。具体做法参照《无障碍设施施工验收及使用维护规范》执行。

6.1.2 对铺设水泥坡道或者加设橡胶等材质的可移动式坡道进行高差处理，保证路面平整防滑、无高差障碍，方便轮椅进出。

6.1.3 对地面进行平整硬化，方便轮椅通过，在高差变化处安装安全抓杆，辅助老年人通过。具体做法参照《建筑与市政工程无障碍通用规范》《无障碍设计规范》执行。

6.2 无障碍通道、门

6.2.1 移除门槛，并对卫生间、厨房等空间较窄的门洞进行拓宽，改善无障碍通道，方便轮椅进出。具体做法参照《建筑与市政工程无障碍通用规范》《无障碍设计规范》执行。

6.2.2 通往卧室、卫生间、厨房、阳台的通道应为无障碍通道，应在相应位置的一侧或两侧设扶手。具体做法参照《建筑与市政工程无障碍通用规范》《无障碍设计规范》执行。

6.2.3 房门改造应方便开启，增加通行宽度和辅助操作空间，不宜采用弹簧门、玻璃门。具体做法参照《建筑与市政工程无障碍通用规范》《无障碍设计规范》执行。

6.2.4 改造成下压式门把手或横扶把手，增加摩擦力和稳定性，实现用单手手掌或者手指轻松操作，方便残疾人、老年人开门。具体做法参照《建筑与市政工程无障碍通用规范》《无障碍设计规范》执行。

6.2.5 安装闪光振动门铃或可视化门铃，供听力、视力障碍的残疾人、老年人使用。

6.3 起居室

6.3.1 起居室内应有足够轮椅回转空间，沙发旁设有轮椅席位。具体做法参照《建筑与市政工程无障碍通用规范》《无障碍设计规范》执行。

6.3.2 沙发、茶几宜选用圆角设计或安装防撞护角。具体做法参照《建筑与市政工程无障碍通用规范》《无障碍设计规范》执行。

6.4 厨房、餐厅

6.4.1 家用厨房用具应充分考虑行动不便者动作空间尺寸需求，设置低位操作台、灶台、洗菜池，在其下方留出容膝空间，方便轮椅使用者或者体型矮小的老年人操作。具体做法参照《建筑与市政工程无障碍通用规范》《无障碍设计规范》执行。

6.4.2 燃气灶具应具有熄火后自动切断燃气功能，灶具下侧应设置防止烧伤、擦伤等危害的绝缘保护设施，在厨房醒目位置安装燃气泄漏闪光或音响报警装置。

6.4.3 餐桌椅宜选用圆角设计或安装防撞护角，下方应有容膝空间。具体做法参照《建筑与市政工程无障碍通用规范》《无障碍设计规范》执行。

6.4.4 吊柜下方宜设置开敞式中部柜、中部架，方便残疾人、老年人取放物品。

6.5 卧室

6.5.1 卧室内应有足够轮椅回转空间，床头设有轮椅席位。具体做法参照《建筑与市政工程无障碍通用规范》《无障碍设计规范》执行。

6.5.2 卧室内应安装床边护栏，安装抓杆，辅助残疾人、老年人起身和上下床，防止翻滚落地，保证睡眠和活动安全。具体做法参照《建筑与市政工程无障碍通用规范》《无障碍设计规范》执行。

6.5.3 卧室床垫高度应与轮椅座高平齐，床底留有轮椅踏板的活动空间。

6.5.4 床头柜应采用圆角设计或安装防撞护角，衣柜柜门宜选用移门和升降式挂衣杆。

6.5.5 卧室床头应设有呼叫按钮，写字台下部有足够的容膝空间，方便残疾人、老年人使用，具体做法参照《建筑与市政工程无障碍通用规范》《无障碍设计规范》执行。

6.6 卫生间、浴室

6.6.1 将蹲便器改为坐便器，减轻蹲姿造成的腿部压力，避免残疾人、老年人摔倒，方便使用。具体做法参照《建筑与市政工程无障碍通用规范》《无障碍设计规范》执行。

6.6.2　在如厕区或者洗浴区安装安全抓杆，辅助残疾人、老年人起身、站立、转身和坐下，安全抓杆应安装牢固。改造形式可采用一字形、U形、L形、135°形、T形等。具体做法参照《建筑与市政工程无障碍通用规范》《无障碍设计规范》执行。

6.6.3　洗手盆应方便乘轮椅者使用，下部有足够的容膝空间；宜用杠杆式或感应水龙头，方便残疾人、老年人开关水阀。具体做法参照《建筑与市政工程无障碍通用规范》《无障碍设计规范》执行。

6.6.4　拆除浴缸或淋浴房，更换浴杆、浴帘，增加淋浴空间，方便照护人员辅助残疾人、老年人洗浴。具体做法参照《建筑与市政工程无障碍通用规范》《无障碍设计规范》执行。

6.6.5　安装热水器，配置浴凳，辅助残疾人、老年人洗浴，避免滑倒，提高安全性。

6.3.6　在卫生间内设置呼叫按钮，具体做法参照《建筑与市政工程无障碍通用规范》《无障碍设计规范》执行。

6.7　阳台

6.7.1　阳台围栏或栏杆高度应符合设计要求，下端不应采用易碎材质。开放式阳台距地面300mm高度范围内不宜留空。在栏杆下方设置安全阻挡措施。

6.7.2　阳台的晾晒装置，宜为低位或电动升降等。

6.8　物理环境

6.8.1　房间内应安装自动感应式灯具，采用感应便携灯，避免直射光源和强刺激性光源，辅助残疾人、老年人起夜使用。

6.8.2　电源插座及开关应按照具体情况进行高、低位改造，避免残疾人、老年人下蹲或弯腰，方便插拔电源和使用开关。

6.8.3　在墙角安装防撞护角或者防撞条，避免老年人磕碰划伤，必要时粘贴防滑条、警示条等符合相关标准和老年人认知特点的提示标识。

6.8.4　房间内宜配置换鞋凳、适老椅等适老化家具。

6.8.5 房间内应设置红外探测器，紧急呼叫器，烟雾、煤气泄漏、溢水报警器等安全监控装置，用于监测残疾人、老年人动作或者居室环境现况，发生险情时及时报警。

7 老旧小区标识系统无障碍环境改造和提升方案

7.1 通往老旧小区的主要出入口、人行道路、居住建筑、配套公共设施、居住绿地等人流集中的位置，改造时应设置指示方向的无障碍设施标志牌，引导残疾人、老年人等到达无障碍设施位置。

7.2 老旧小区的主要出入口、无障碍通道、配套公共服务建筑出入口、厕所等无障碍设施位置在改造时，应设置无障碍设施标志牌。

7.3 具备提升条件的老旧小区主要的道路和配套公共服务建筑内宜设置无障碍地图，实现精准定位和实时导航，为残疾人、老年人的出行提供信息化服务。

8 保障措施

8.1 法规建设

完善的法规是老旧小区无障碍环境改造和提升的有力保障。老旧小区的无障碍环境改造和提升也是一个系统工程。其工作量大、涉及面广，任务艰巨，只有通过制定一系列相关的政府规章及规范性文件，明确各部门的职责，多部门联合形成合力，才可确保老旧小区的无障碍设施可持续建设和改造。同时，还要使老旧小区的无障碍设施纳入国土空间规划，标准设计，规范施工，保证老旧小区无障碍设施的改造有计划、有重点地推进。并促进老旧小区已有无障碍设施得到有效使用和规范管理，提高无障碍设施的改造提升及管理维护水平。为此，应在以下方面制定有关管理办法和规定：

8.1.1 在《无障碍环境建设条例》的基础上，制定《江苏省无障碍环境建设实施办法》，进一步明确老旧小区无障碍设施建设和改造责、权、利的具体管理办法。

8.1.2 制定老旧小区无障碍设施改造的资金投入机制和管理办法。

8.1.3 制定各政府职能部门对老旧小区无障碍设施监督管理的有关规定。

8.1.4 严格执行老旧小区既有建筑改造过程中无障碍设计图的审批管理规定，着重加强无障碍施工图的审查。

8.1.5 探索老旧小区无障碍环境改造和提升过程中的人性化、精细化、规范化的建设标准，形成专项系统性考核办法和评价指标。

8.2 组织保证

江苏省人民政府对老旧小区的无障碍设施建设和管理工作实行统一领导，市、县（区）人民政府负责本行政区域内无障碍设施的组织建设、改造和监督管理工作。江苏省人民政府成立老旧小区无障碍设施改造工作领导小组，省住房城乡建设厅、省发展改革委、省民政厅、省财政厅、省自然资源厅、省卫生健康委、省残联等相关单位为成员单位。协调领导小组办公室设在省住房城乡建设厅，负责老旧小区无障碍设施改造的组织协调、督促检查、技术指导等工作。领导小组各成员单位要加强政策研究，完善相关政策措施。各地政府要加强对老旧小区无障碍设施改造工作的领导，组建多部门参与的联合办公机构或者工作专班，负责老旧小区无障碍设施改造政策制定、规划计划编制以及改造方案审批等，协调解决实施过程中出现的新情况新问题。

各地政府对本地区老旧小区无障碍设施改造工作负主体责任，老旧小区无障碍设施改造工作应结合本地区老旧小区改造工作同时进行。住房和城乡建设、发展和改革、财政、自然资源等部门要加强协作配合，建立健全工作机制，落实好各项配套支持政策。街道社区要切实履行职责，深入细致做好群众工作，细化完善"一区一案"等相关工作。

结合高质量发展监测评价指标体系，进一步完善老旧小区无障碍设施改造评价指标和考核办法。成立无障碍工作监督员队伍，形成由民政、残联、老龄以及新闻宣传等多个部门共同参与的工作机制，综合协调指导、检查、督促无障碍环境改造和提升工作，以保障老旧小区无障碍环境改造和提升工作的有效实施。

在"十四五"期间，建议在全省范围内，制定老旧小区无障碍环境改造和提升政策文件，逐步探索开展一定规模数量（200个）的无障碍环境改造示范老旧小区，以"示范引领，驱动创新"，全面提升老旧小区的无障碍环境建设和改造工作。

8.3 完善治理机制 强化长效管理

新时代背景下，老旧小区的无障碍环境改造和提升工作将面临新形势、新任务、新要求，必须以习近平新时代中国特色社会主义思想为统领，不断完善体制机制建设。

8.3.1 建立党群服务（社区服务）中心，共同开展社区治理。原则上以社区为单位，设立一处党群服务（社区服务）中心。鼓励结合社区用房或利用小区存量空间，完善设施配置，改造无障碍设施，体现一定的社区文化特色。老旧小区的党员干部、老党员等应当发挥示范、动员和协调的作用，结合网格化管理和党建网络等信息平台，做好老旧小区无障碍环境改造和提升的宣传和推动，重点做好残疾人、老年人等社区成员的服务工作，推动社区治理能力的提升。充分发挥社区党组织的领导作用，建立健全社区多方参与的联席会议制度，统筹协调社区居民委员会、业主委员会、产权单位、物业服务企业等共同推进改造，组织引导社区内机关、企事业单位参与改造。搭建沟通议事平台，利用"互联网+共建共治共享"等线上线下手段，开展小区党组织引领的多种形式基层协商，促进居民主动参与改造项目清单的制定和实施。

8.3.2 保障信息渠道沟通畅通。社区服务中心与对老年人、残疾人等全体社区居民公开信息的渠道保持畅通，包括宣传栏、电子显示屏等传统发布方式。针对老旧小区治理、无障碍环境改造及发展规划有效地反馈意见，包括通过议事会、意愿墙以及对社区服务打分评价等。社区要设有专人维护信息沟通渠道方式，鼓励社区居民使用微信、QQ 等平台软件，也可以开发 App 或其他手段，加强与老年人、残疾人等社区成员的联系，创新信息沟通渠道，推进老旧小区无障碍环境改造治理。

8.3.3 社区应积极发展志愿者队伍。社区结合老旧小区的改造和提升工作，积极发掘小区里的热心人士、兴趣团体，推动成立志愿者服务队伍，为社区提供志愿服务。社区应有专人维护志愿者队伍，对接老年人、残疾人等求助者，招募志愿者。策划志愿者服务日定期提供服务项目，并以社区居民需求为导向，定期开展诸如出行、保健、生活服务、小区微改造、无障碍设施维护、社区文化活动等服务项目。

8.3.4 鼓励引入专业社区运营机构。结合小区的长远发展，有条件的小区可以引入专业社区运营机构。专业社区运营机构应当以社区、居民的需求为导向，因地制宜地为社区提供涵盖养老、教育、环保、青少年发展、助残、社区服务和社会工作等诸多领域的工作。

8.3.5 创新社会资源参与机制。除了政府和企业外，广泛调动社会资源，包括高校、研究机构、社会团体、志愿者和基金会等部门。老旧小区的无障碍环境改造和提升要鼓励各地创新社会资源参与机制、自下而上议题形成机制、社会组织备案制度、社会组织孵化培育制度等。通过社会资源参与可以更好地形成良好的社会氛围。

8.4 计划和资金

为切实保障规划指南内容的贯彻实施，江苏省有关管理部门应依据《无障碍环境建设条例》及有关法律、法规的规定，根据本指南的内容，对有关内容进行分解细化，拟订相关老旧小区无障碍设施的改造和提升计划并积极组织实施。各县（区）政府应根据实际情况，制定本辖区的老旧小区无障碍环境改造和提升计划，确定各年度重点项目，系统地加以推进实施。

老旧小区无障碍环境改造和提升经费应列入扩建、改建工程项目预算或环境整治项目预算，制定资金管理办法，确保专款专用。以市、县（区）两级财政作为老旧小区的无障碍基础设施、公共配套服务设施、居住绿地和出行道路系统等基础类部分改造的资金来源，对于加装电梯、老年人残疾人家庭无障碍等提升类部分，按照"三个一点"的原则，即由市、县（区）、业主单位共同承担。鼓励业主出资（自筹、公积金等），引导业主单位补充出资参与改造。各级政府可视财力和工作任务，加大对老旧小区无障碍环境改造和提升的资金投入。同时鼓励和引导社会资金参与后期有收益的改造项目，探索市场化资金投入，在具备产业开发条件的改造项目中，要求社会企业投入资金，完善周边配套设施，形成小区后续服务自我的"造血"能力。

8.5 宣传和培训

为发动全社会共同参与江苏省老旧小区无障碍环境改造和提升工程，形成有效的社会监督作用，市、县（区）各级政府和主管部门、新闻单位要结合本指南实施，积极搞好老旧小区无障碍环境改造和提升的宣传工作，营造一种全社会参与、建设和改造"无障碍环境"的氛围。

为确保江苏省老旧小区无障碍环境改造和提升工作的顺利开展，应充分发挥舆论引导作用，在社区和公共场所内开展无障碍宣传活动。有关单位应依据本指南及其他法律、法规，组织相关人员培训，增强无障碍意识。通过老旧小区改造、文明城市创建等载体，为老年人、残疾人营造一个安全、舒适、便捷和温馨的良好无障碍居住环境。